Origami

HOMO LUDENS

Origami

Die Kunst des Papierfaltens

von
James Minoru Sakoda

Hugendubel

Aus dem Amerikanischen von Peter Ripota.
Die Originalausgabe erschien unter dem Titel »Modern Origami«,
bei Simon & Schuster, New York.

CIP-Titelaufnahme der Deutschen Bibliothek
James Minoru, Sakoda:
Origami: Die Kunst des Papierfaltens
Aus dem Amerikanischen von – Ripota, Peter –
4. Aufl. – München: Hugendubel 1991
(Homo ludens)
ISBN 3-88034-089-7

4. Auflage 1991

Umschlaggestaltung: Dieter Bonhorst, München
Produktion: Tillmann Roeder, München
Satz: Fotosatz Otto Gutfreund, Darmstadt
Druck und Bindung: Wiener Verlag, Himberg

ISBN 3 88034 089 7
Printed in Austria

Vorwort

Während der letzten fünfzehn Jahre habe ich quadratische Papierstücke in Tiere, Blumen und menschliche Figuren verwandelt, in der Bahn, in Flugzeugen, bei Versammlungen und Parties, und besonders am Abend vor dem Fernseher. Während dieser Zeit habe ich selbst über hundert eigene Figuren entwickelt, die von meinen Freunden wegen ihrer Eleganz, ihrer Körperlichkeit, ihrer Komplexität oder einfach, weil sie so nett waren, bewundert wurden. Ab und zu habe ich die Faltschritte einiger dieser Figuren in einer Art Tagebuch notiert. Diese Notizen dienten aber nur als Gedankenstütze für mich selbst; für andere waren sie nicht geeignet. Ich habe auch versucht, einige dieser Figuren meinen Sekretärinnen, meinem Sohn Bill, einigen Freunden und den Teilnehmern des alljährlichen Origami-Kongresses im New Yorker Origami-Zentrum (veranstaltet von Frau Lillian Oppenheimer) beizubringen. Ohne schriftliche Unterlagen war das ein verlorener Kampf gegen die Erosion des Gedächtnisses. Die meisten Figuren vergißt man innerhalb von Tagen, Wochen oder Monaten. Ich fürchtete, daß meine Entwürfe verlorengehen würden, wie so viele andere vorher. Nun habe ich einige durch Fixierung der Faltschritte der Vergessenheit entrissen; sie können dadurch von anderen erlernt werden.

Mein besonderer Dank gilt Anneliese Greenier für die Zeichnungen meines «Origami-Tagebuchs« und Eileen Kelly für ihre anfängliche Unterstützung bei diesem Projekt. Ich mußte die Idee, andere meine Zeichnungen machen zu lassen, aufgeben; sie hatten sich anderen Aufgaben gewidmet und es war keiner da, diese mühsame Arbeit zu übernehmen. Ich danke der Verkäuferin in Oaks-on-the-Hill in Providence, die mich mit den Mars-Federn bekanntmachte, ohne die meine Zeichnungen nicht gelungen wären. Meinem Sohn Bill verdanke ich die Entwürfe für die Kuh und den Löwen und die technische Unterstützung bei den Fotos.

Auch einige Freunde haben mich zu diesem Projekt ermutigt, unter ihnen Herr und Frau Rolf Larsen und ihre Kinder Dick, Kris, Amy und Janet, die sich als Versuchskaninchen zur Überprüfung der Anweisungen zur Verfügung stellten. Sie waren Neulinge auf dem Gebiet des Papierfaltens, aber ihre Reaktionen auf meine schriftlichen Anweisungen ermutigten mich, das Buch zu vollenden. Außerdem möchte ich erfahrenen Faltern danken, die meine Anweisungen testeten und wertvolle Vorschläge zu ihrer Verbesserung machten. Unter ihnen waren Rae Cooker, Raymond McLain, Jessie Seto und Hermann Shall. Rheta Martin danke ich für ihre allgemeine Unterstützung und für das Tippen des Manuskripts. Dem Fachbereich Soziologie und Anthropologie der Brown University danke ich für sein Verständnis für meine nichtakademischen Aktivitäten.

Inhalt

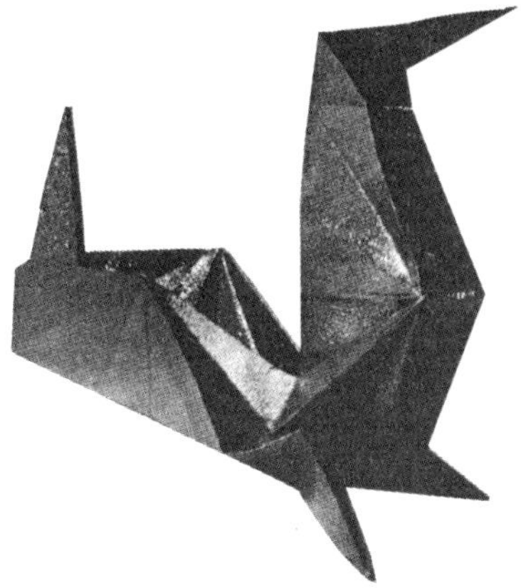

6. KAPITEL

Die T-Faltung 74

7. KAPITEL

Verschiedene Achtstern-Figuren 83

8. KAPITEL

Die Eulenform 96

9. KAPITEL

Die gestreckte Vogelform 106

10. KAPITEL

Die Froschform 120

11. KAPITEL

Die exzentrische Vogelform 128

Register 140

Literatur 141

Zu den Kirschblüten komme ich,
Und unter den Kirschblüten ruhe ich –
keine Pflichten zu erfüllen!

Buson

1. KAPITEL

Einführung in die Kunst des Papierfaltens (Origami)

CHARAKTER DES BUCHS

Ein Vorwurf, der gegen Origami-Bücher häufig erhoben wird, besteht darin, daß die Anweisungen schwer verständlich sind und am Ende nichts besonders Aufregendes herauskommt. Man beginnt mit einem Papierbecher, kommt zu einem Boot oder Ball (unter Studenten auch als Wasserbombe bekannt) und erreicht den Höhepunkt (wenn man Glück hat) mit einem sitzenden Kranich oder gar einem Frosch. Manche besondere Faltungen werden nicht richtig erklärt. Die Eltern können auch nicht helfen, und so wird das Origami-Buch (vielleicht ein Weihnachtsgeschenk) enttäuscht weggeräumt. Eine Ursache für viele Frustrationen liegt in dem Glauben, Origami sei eine Beschäftigung für Kinder und darum keines größeren Aufwandes würdig. Außerdem wollen viele die einleitenden Kapitel überspringen und gleich mittendrin anfangen.

Meiner Meinung nach wird dieses Buch dort Erfolg haben, wo andere versagten. Es richtet sich an Erwachsene und bietet Designs, die komplexer, aber auch befriedigender sind als die in konventionellen Büchern über die Kunst des Papierfaltens. Besondere Beachtung wird der systematischen Einführung von Grundsymbolen und der Abfolge von Anweisungen geschenkt. Die folgenden Kapitel sind nach wachsendem Schwierigkeitsgrad geordnet. Jedes Kapitel basiert auf einer Grundfaltung, wie etwa der Vogelform, dem achtzackigen Stern, der T-Faltung, der Eulenform, der Froschform usw., so daß sich aus dieser Grundform mehrere Objekte erzeugen lassen. Die Anweisungen sind noch immer etwas schwierig, trotz erklärender Worte, verschiedener Linien und Pfeile, der abgebildeten Ergebnisformen und zuletzt eines Fotos der fertigen Figur. Solche Anweisungen sind schwer zu schreiben und noch schwieriger auszuführen. Man muß der Reihe nach vorgehen, Kapitel für Kapitel, Anweisung für Anweisung, und nicht aufgeben, wenn man einmal steckenbleibt. Der Papierfalter wird durch das Ergebnis belohnt, wenn er zuletzt ein schönes und erfreuliches Gebilde in Händen hält, das ein Tor zu einer wunderbaren Fantasiewelt darstellt, die der Papierfalter mit anderen teilen oder allein genießen kann.

GESCHICHTE DES PAPIERFALTENS

Origami ist die japanische Bezeichnung für die Kunst des Papierfaltens (*ori* = falten, *kami* = Papier, das sich zu *gami* wandelt, wenn man es mit *ori* kombiniert). Origami bezeichnet auch die Verwendung von gefaltetem Papier für zeremonielle Zwecke, wie etwa das dekorative *noshi* (S. 11), welches man Geschenken beilegt. Heutzutage versteht man unter Origami die Technik des Papierfaltens zum Zwecke der Belustigung und Erbauung, ohne an besondere zeremonielle Verwendungen zu denken. In Japan ist Origami ein Spiel besonders für kleine Mädchen. In seiner traditionellen Form besteht Origami in der Erzeugung von Figuren aus einem quadratischen Stück Papier ohne Schneiden oder Kleben. Traditionelle Figuren sind unter anderem: der Helm *(kabuto)*, das Doppelboot *(nisobune)*, das Ausfaltboot *(fune)*, die Puppe *(yakkosan)* und der beliebte, elegant sitzende Kranich *(tsuru)*, die alle auf S. 11 abgebildet sind. Diese Figuren haben einfache Formen, vermutlich weil ihre Herstellung mündlich von der Mutter auf die Tochter weitergegeben wurde oder weil sie in Büchern für Kinder beschrieben sind. Die meisten traditionellen Figuren sind eher flach statt körperlich, schachtelförmig statt langgezogen und nicht sonderlich attraktiv als Schmuckobjekte. Eine Ausnahme bildet der sitzende Kranich, der Favorit bei den Japanern. Sein schmaler Hals und Kopf, die eleganten Linien und die dreidimensionale Form tragen zu seinem einnehmenden Äußeren bei.

Traditionelle Origami-Figuren

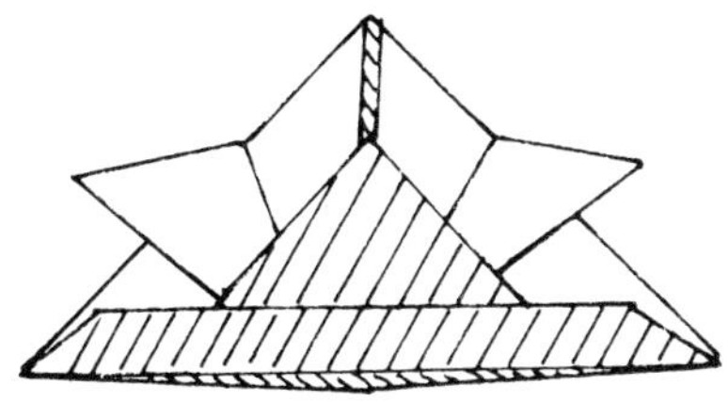

Samurai-Helm (kabuto)

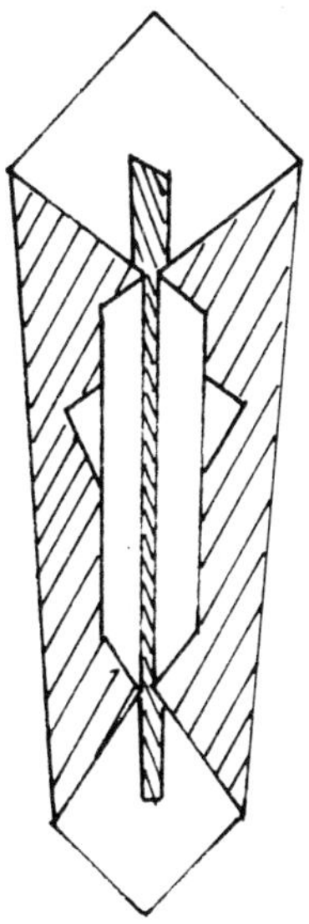

Dekoration (noshi)

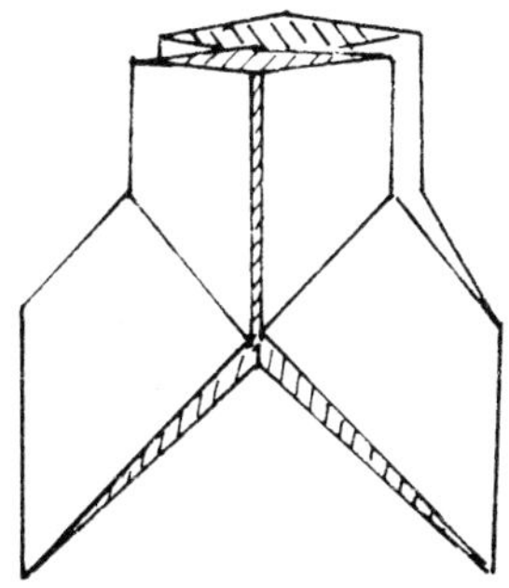

Hosen (hakama)

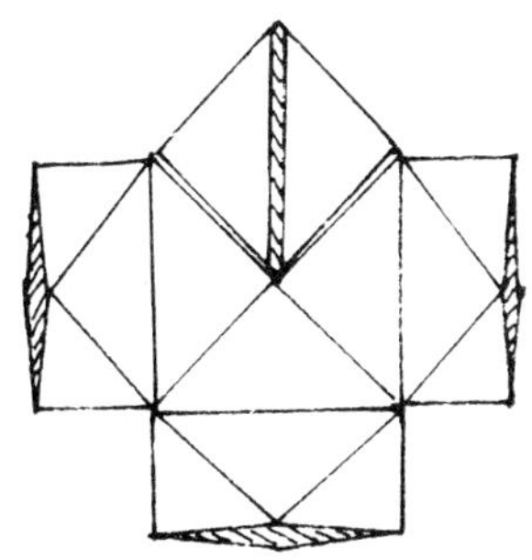

Puppe (yakkosan)

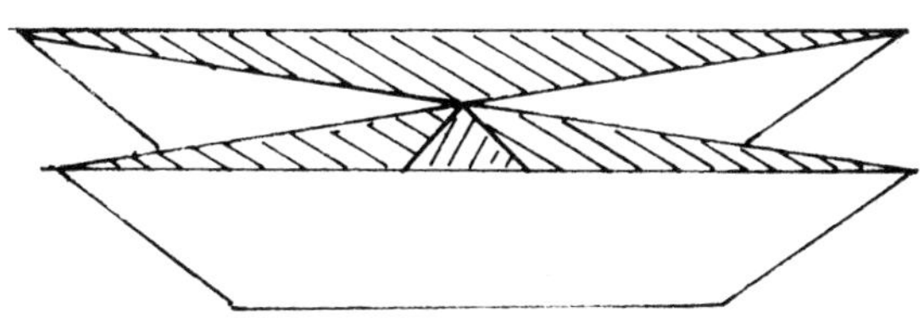

Doppelboot (nisobune)

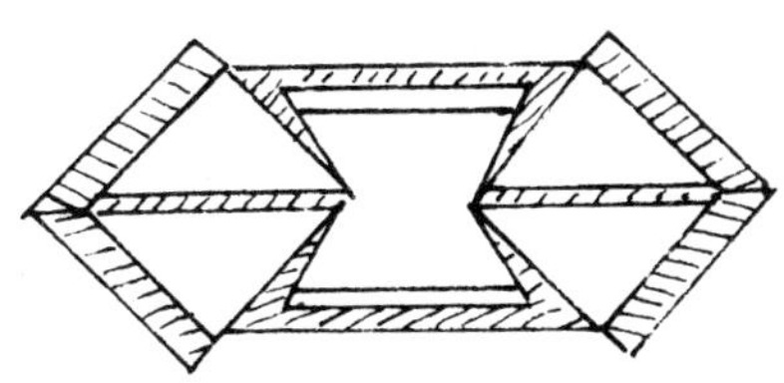

Chinesische Dschunke

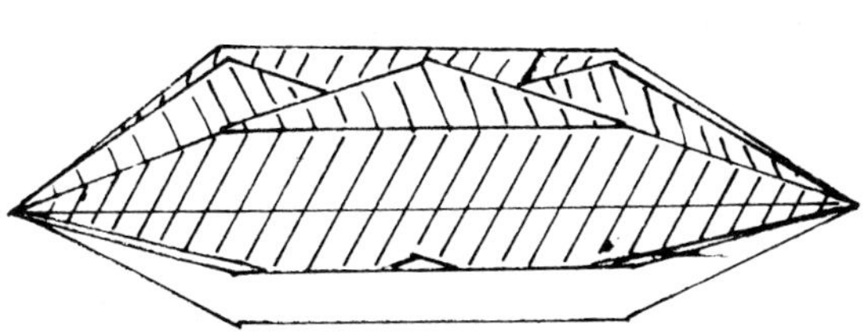

Ausfaltboot (fune)

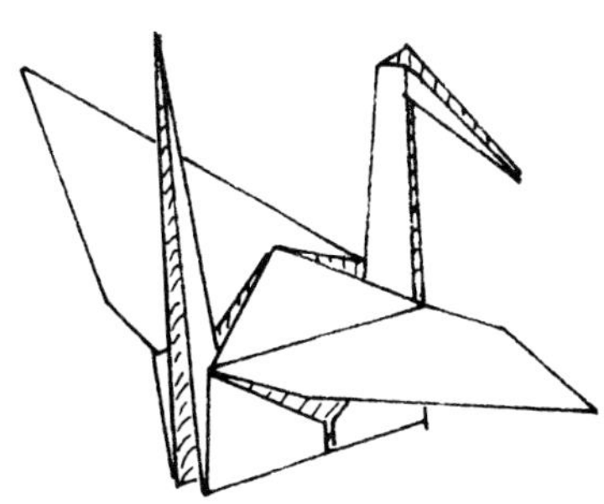

Sitzender Kranich (tsuru)

Wie alt die Kunst des Papierfaltens wirklich ist, weiß man nicht. Möglicherweise entstand sie in China und verbreitete sich von dort nach Japan, aber das ist nur eine Vermutung. Die Existenz einer chinesische Dschunke (S. 11) trägt zu dieser Vermutung bei. Die Dschunke ist in Japan nicht sonderlich beliebt und Honda, der sie in seinem Buch erklärt, bezeichnet sie als Koreanisches Boot. Nach Kosho Uchiyama weisen schriftliche Befunde darauf hin, daß die Beschäftigung mit Papierfalten in der Mitte der Edoperiode (1614–1868) schon recht beliebt war. Die früheste Erwähnung findet sich in einer Arbeit aus dem Jahre 1682, wo ein siebenjähriges Kind erwähnt wird, welches *orisue* (wie man Origami nannte) spielt und Blumen und Vögel bastelt. In diesem Werk wird auch auf traditionelle japanische Origami-Figuren verwiesen, woraus zu schließen ist, daß diese Figuren zu jener Zeit bereits bekannt waren.

Neben dem Papierfalten für Kinder gab es auch eine Art schöpferisches Origami für Erwachsene. Ein Schriftsteller, der 1856 starb, erwähnt einen bemerkenswerten Kaufmann aus der Asakusa-Sektion Tokios, der jede gewünschte Form – Mensch, Tier, Vogel, Gegenstand – aus Papier falten konnte. Ein etwas soliderer Beweis für Erwachsenen-Origami findet sich im 233. Band der *Kan no mado* Enzyklopädie, die eine Zeitlang für verloren gehalten wurde, von der man aber vor kurzem eine Kopie auffand und veröffentlichte. In ihr finden sich Anweisungen für komplizierte Figuren wie Menschen, Libellen, Spinnen mit acht Beinen, Hummer und japanische Puppen. Die Komplexität wird teilweise dadurch erreicht, daß das Papier reichlich be- oder geschnitten wird. Das Buch hat kein Datum, aber man nimmt an, daß es zum erstenmal in der Mitte des 19. Jahrhunderts veröffentlicht wurde.

PAPIERFALTEN ALS BESCHÄFTIGUNG FÜR ERWACHSENE

Seit dem Ende des Zweiten Weltkriegs ist das Interesse am Papierfalten neu erwacht. Ein besonderes Ereignis war die Veröffentlichung der *Bibliography of Paper-Folding* von Gershon Legman im Jahre 1952. Darauf folgte die Gründung des Origami-Zentrums unter der Leitung von Lillian Oppenheimer, dessen erstes Treffen im Oktober 1958 stattfand. Im gleichen Jahr erschien die erste Ausgabe des *Origamian.* Durch das Origami-Zentrum kommen interessierte Erwachsene miteinander in Kontakt. Hier einige Namen, die im *Origamian* auftauchen: Akira Yosizawa aus Japan, Ligia Montoya aus Argentinien, Robert Harbin aus England, Peppino Baggi aus Italien, Adolfo Cerceda aus Buenos Aires, Fred Rohm aus den Vereinigten Staaten, Michio und Kosho Uchiyama aus Japan, Dr. Vincente Solorzano Sagredo aus Spanien sowie der Autor dieses Buches, dem eine Ausgabe 1964 gewidmet wurde. Seitdem formten sich verschiedene Origami-Gruppen in Argentinien, England und Japan. Einige der oben erwähnten Autoren veröffentlichten auch Bücher.

Jeder Papierfalter hat seinen eigenen Stil und trägt auf seine Art zum Fortschritt der Kunst bei. Die Hauptaufgabe besteht natürlich darin, neue Figuren zu erfinden. Dazu kann man das Papier schneiden, zwei Formen zusammenkleben oder von nichtquadratischen Grundformen (Dreieck, Rechteck, Sechseck etc.) ausgehen. Auf Seite 14 ist Alfredo Cercedas Löwe abgebildet, der aus zwei Teilen zusammengeklebt wird, wobei jedes Teil auf der vielverwendeten Vogelform basiert. Die Libelle aus dem *Kan no mado* entstand aus einem Quadrat, aber die vier Flügel wurden mit Hilfe einer Schere geformt. Heutzutage versucht man, schneiden und kleben zu vermeiden, doch ist diese Technik durchaus erlaubt, wenn das Ergebnis hervorragend wird. Nichtquadratische Ausgangsformen sind allgemein erlaubt. Robert Harbins attraktive Fledermaus entstand aus einem Dreieck.

Neue und originelle Figuren kann man auch ohne Schneiden oder Kleben herstellen. Zwei Wege führen zum Ziel. Der erste liegt darin, systematisch neue Grundformen und -faltungen zu suchen, auf denen dann aufgebaut werden kann. Herausragende Vertreter dieser Richtung sind Kosho Uchiyama und Dr. Vincente Solorzano Sagredo, die beide mit Büchern an die Öffentlichkeit getreten sind. Beispielsweise weist Uchiyama darauf hin, daß die Grundlage für eine achtstrahlige Figur durch vier Faltungen einer Vogelform hergestellt werden kann, während die Grundlage für eine zwölfstrahlige Figur (die man für die Krabbe braucht) aus vier Faltungen der Froschform entsteht. Der unsystematische Falter zielt auf ein Ergebnis hin und macht sich wenig Gedanken über die Grundformen. Ein gutes Beispiel für einen solchen Typ ist Fred Rohm, der das Papierfalten als eine Herausforderung auffaßt, scheinbar unmögliche Kombinationen zu erreichen. Sein Zauberkaninchen im Würfel und seine Schachtelpuppe sind gute Beispiele dafür. Der Vorteil des systematischen Vorgehens liegt darin, daß Wissen systematisch angesammelt wird, auf verwandte Formen angewendet und leicht weitergegeben werden kann.

Stil-Kontraste bei verschiedenen Papierfaltern

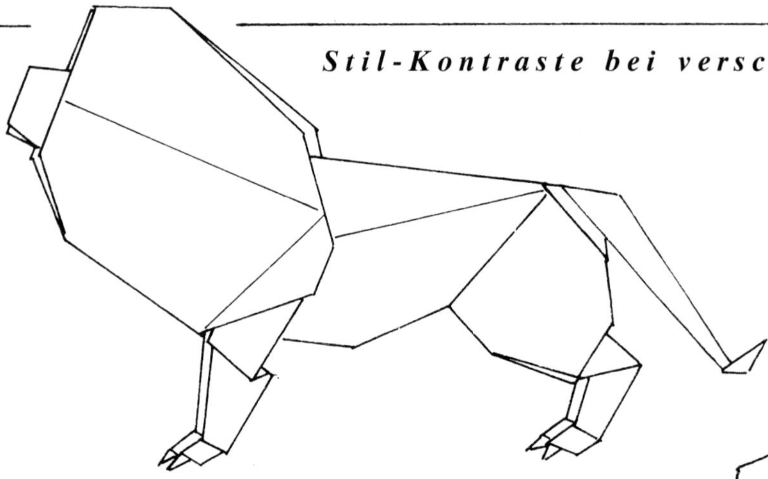

Zweiteiliger Löwe von Adolfo Cerceda

Libelle mit Schnitt aus dem Kan no mado

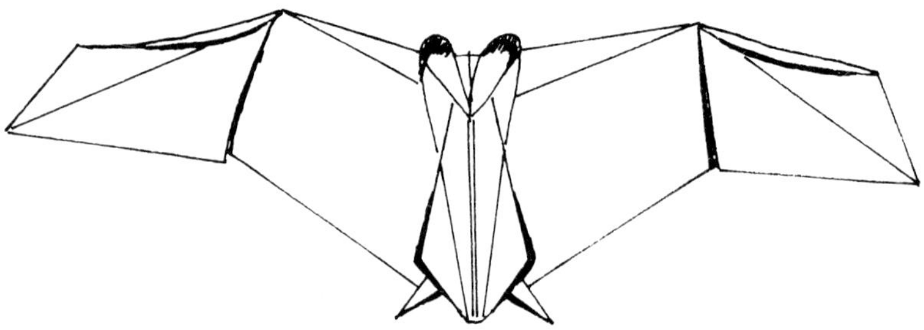

Dreiecks-Fledermaus
von Robert Harbin

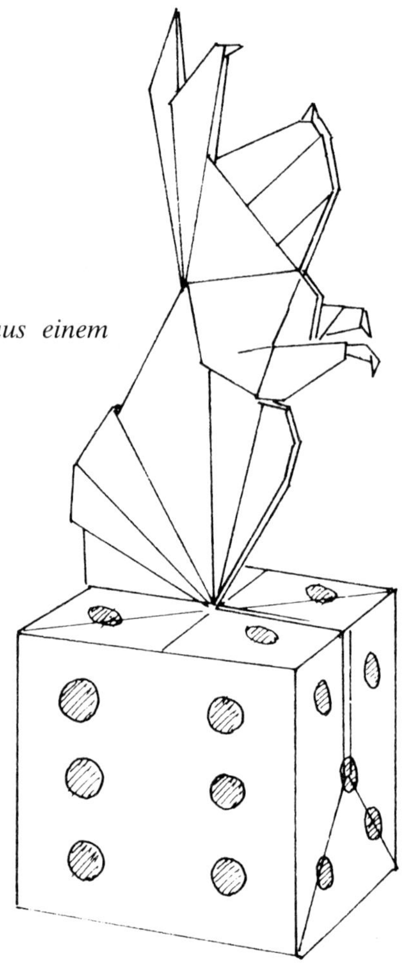

Zauberkaninchen aus einem Rechteck
von Fred Rohm

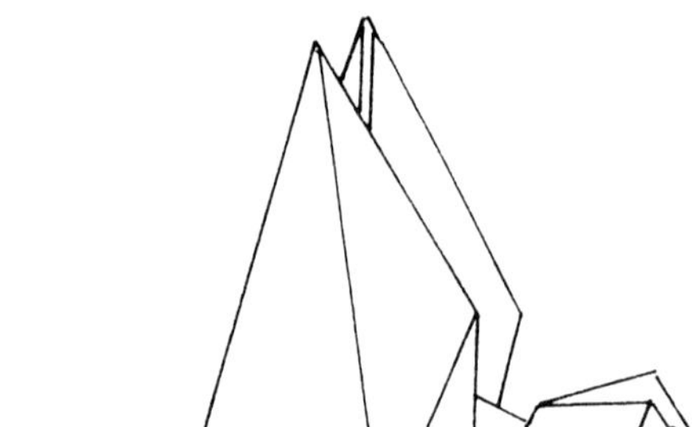

Taube aus der gestreckten Vogelform
von Ligia Montoya

Betender Maure aus Spanien

Manche Papierfalter legen mehr Wert auf ein gefälliges Äußeres und weniger auf komplizierte Faltungen. Dabei wird ein realistisches Aussehen angestrebt: Krümmungen an den richtigen Stellen der Arme und Beine, Abrunden der Ecken usw. Der künstlerische Papierfalter (bestes Beispiel dafür ist Ligia Montoya) beachtet die Möglichkeiten und Grenzen des Papiers und betont gerade, klare Faltungen. Auf diese Art entstehen sehr schöne, stilisierte Figuren. Ligia Montoya verwendet dünnes Luftpostpapier, wodurch klare Linien erhalten bleiben.

Auf Seite 14 ist ihre Taube abgebildet, die dem betenden Mauren spanischen Ursprungs gegenübergestellt werden kann. Außerdem unterscheiden sich Figuren in ihrer Körperlichkeit. Körperliche Objekte sind unter anderem: Schachteln, Möbel, Blumen, Boote, während Menschen und Tiere meist zweidimensional, also flach, erscheinen.

INHALT DIESES BUCHES

In diesem Buch werden etwa fünfzig eigene Schöpfungen vorgestellt (von denen es zur Zeit der Niederschrift dieses Buchs etwa hundert gibt). Ich gehe dabei immer von einer quadratischen Grundform aus und vermeide Zuschneiden oder Zusammenkleben. Ich bevorzuge die systematische, stilisierte, künstlerische, dreidimensionale Form. Zuschneiden des Papiers bringt zwar realistische Details wie Ohren oder Beine, zerstört aber die Schönheit der geraden Linie. Außerdem behindert es die systematische Suche nach neuen Grundformen oder Techniken. Die Beschränkungen des unbeschnittenen Papiers bringen erst den stilisierten Effekt, der die Schönheit des fertigen Produkts erhöht.

Um auch ohne Benutzung einer Schere zu langen, dünnen Gliedern zu kommen, benutze ich Aluminiumpapier, das sich vorzüglich zum Papierfalten eignet. Mit dem Papier auf der einen Seite kann man falten und auch entfalten, während die Aluminium-Folie auf der anderen Seite die Faltungen verstärkt und bewahrt. Falls dieses Papier nicht erhältlich ist, kann man auch Wachspapier verwenden, bei dem eine Seite farbig bedruckt, die andere weiß ist. Wachspapier ist in allen Papiergeschäften erhältlich. Zum Probieren kann man auch gewöhnliches Geschenkpapier verwenden, bei dem ebenfalls eine Seite farbig bedruckt, die andere weiß ist.

Der interessierte Leser sollte selbst nach neuen Materialien Ausschau halten und auch selbst mit Material experimentieren. So kann man zu dickes Papier durch Aufweichen in Wasser und anschließendes Trocknen faltfreudiger machen. Papierfachgeschäfte geben hier gerne Ratschläge.

Mein Interesse am Papierfalten kommt von meiner japanischen Herkunft und dem Einfluß Amerikas. Meine Eltern sind japanische Einwanderer in den USA, und ich wuchs in einer japanischen

NEUERUNGEN

Umgebung in Los Angeles auf. Ich besuchte eine japanische Schule und eine buddhistische Sonntagsschule. Zusammen mit Judo und Go lernte ich ein bißchen Origami, wahrscheinlich von meiner Mutter, verlor aber bald das Interesse daran. Erst als mein Sohn William (Bill) geboren wurde, änderte sich das. Damals (1952) unterrichtete ich Psychologie an der Universität von Connecticut, und der Dekan meines Fachbereichs bastelte Figuren aus Papier. Sein Vater war Missionar in China gewesen, daher sein Interesse. Ich lernte einige traditionelle Figuren aus Büchern. Meist wurde ich zu Weihnachten aktiv, um den Baum mit Bällen und sitzenden Kranichen zu schmücken. Außerdem bastelte ich Mobiles für meine Nachbarn, und einmal beschäftigte ich mich besonders intensiv mit Flugzeugen und Booten, für meinen Sohn. Mein erster Originalbeitrag zur Kunst des Papierfaltens war eine Modifikation des Ausfaltbootes, dem ich ein Segel und einen Kiel beifügte. Weitere Innovationen umfaßten einen Rückwärtsgleiter und einen Mückenbomber. Eine Modifikation des letzteren gewann einen Preis im Internationalen Papierflugzeug-Wettbewerb, den die Zeitschrift *Scientific American* 1967 veranstaltete. Außerdem verwandelte ich das traditionelle Kohlebecken in einen hübschen vierzakkigen Stern.

Der Anfang meiner schöpferischen Laufbahn liegt im Jahre 1955, als ich meiner Schwägerin den vierzackigen Stern zeigte. Sie meinte, es wäre schön, wenn man ihn in einen achtzackigen Stern verwandeln könnte. Ich dachte nachts darüber nach und erfand eine Methode – das Versenken des Mittelpunkts –, mit deren Hilfe die vier langen und vier kurzen Zacken in acht gleichlange Zacken verwandelt werden konnten. So entstand der achtzackige Stern. Die weiteren Entwicklungen folgten beinahe automatisch. Durch Auseinanderziehen zweier gegenüberliegender Zacken und Neufalten entlang bereits existierender Linien konnte ich eine Reihe neuer Tiere bilden, wie z. B. den Pegasus, den Meerengel, ein Kamel, einen Seehund, ein Kätzchen. Andere wuchsen langsamer heran, und für einige benötigte ich Spezialfaltungen, wie z. B. die

T-Faltung, aus der die Giraffe, der Esel und der Pfau hergestellt werden können. Durch die vielen Falten des achtzackigen Sterns wurde eine Reihe weiterer Faltungen möglich.

Die Analyse des achtzackigen Sterns wird zeigen, warum er zum Ausgangspunkt so vieler anderer Figuren wurde. Durch Versenken des Mittelpunkts entstehen vier weitere Punkte. Außerdem kann das Papierinnere gefaltet werden. Der achtzackige Stern ist dreidimensional, und viele der aus ihm abgeleiteten Figuren bewahren diese Eigenschaft. Auf Seite 19 sind die Faltungen eines achtzackigen Sterns abgebildet.

Folgt man diesen Falten, erhält man stilisierte Formen. Viele Linien des achtzackigen Sterns bilden einen Drachen, der die Basis für die Vogelform bildet und vielseitig verwendbar ist. Das Verhältnis von Breite zu Höhe bei der Drachenform beträgt 1 : $\sqrt{1/2}$ oder 1 : 1.707. Das Verhältnis des Goldenen Schnitts, das von vielen als ideal bezeichnet wird, beträgt 1 : 1.618, kommt also dem Verhältnis beim Drachen ziemlich nahe.

Normalerweise ging ich so vor, daß ich nicht eine bestimmte Form anstrebte, sondern entlang vorhandener Faltungen weiter faltete, bis eine vertraute Form entstand. Dann versuchte ich, Verbesserungen anzubringen, wobei ich die Schönheit des Objekts bewahrte und nicht mit Gewalt realistische Details einführte. Manchmal brauchte es Jahre, bis eine Verbesserung erreicht war, und manchmal geschah dies dann, wenn ich vergessen hatte, wie ich zu der Form gekommen war. Die Betonung der Schönheit kam hauptsächlich von den Reaktionen meiner Bekannten, denen ich meine Figuren gab und die einige besser fanden als andere. Meine erste künstlerische Kreation war die Giraffe mit ihrem langen, schlanken Hals.

WEITERE NEUERUNGEN

Dem achtzackigen Stern folgten weitere Neuerungen. Auch hier lag die Betonung auf unterschiedlichen Kombinationen bereits vorhandener Faltungen, d.h. dem Suchen nach neuen Grundformen, ohne daß dabei eine bestimmte Endform ins Auge gefaßt wurde. Ein Teil des achtzackigen Sterns wurde nach außen gedreht, und auf diese Weise entstand der Pinguin und der Bischof. Dann entdeckte ich zufällig die gestreckte Vogelform, aus der ich den stehenden Kranich, die Gottesanbeterin und den standhaften Zinnsoldaten bauen konnte. Die Rhombusfaltung, die ich aus dem

Buch von Randlett lernte, ergibt zusammen mit der Vogelform eine Ausgangsform mit acht Punkten, die ich unter anderem für den Elefanten und den Bären verwendete. Die Verschiebung des Mittelpunkts der Vogelform führte zu drei Teilen mit unterschiedlichen Längen und damit zu einer Variation der Proportionen. Die Kombination der exzentrischen Vogelform mit der Rhombusfaltung führte zu Insekten mit Torkelbeinen. Durch Verschmälern der Froschform gelangte ich zu menschlichen Figuren und zum Affen, wobei mir Alupapier recht nützlich war. Die Froschform zusammen mit der Rhombusfaltung wurde zur Ausgangsbasis der sechzehnstrahligen Chrysantheme.

Die schwierigste Faltung betraf die Krabbe, die durch eine Kombination einer doppelten Rhombusfaltung und einer exzentrischen Vogelform entstand. Meine neueste Erfindung ist ein Kuli-Hut aus einer Froschform. Nur die frühen und einfachen Faltungen wurden in dieses Buch aufgenommen, aber darunter sind einige meiner Lieblinge – die Eule, der stehende Kranich, die Nonne, die Gottesanbeterin und die Maske.

FESTIGEN VON PAPIER

Papier ist leider nicht immer so fest, wie man's sich wünscht. Häufig lösen sich Papierfiguren nach einiger Zeit wieder auf und verlieren ihre Form. Ich habe entdeckt, daß Papier durch Lack gefestigt werden kann. Man kann fertige Origami-Figuren mit Bootslack besprühen, wodurch sie sehr stabil werden. Allerdings wird die Figur mit der Zeit brüchig, und die Beine können abbrechen.

ORIGAMI FÜR WEN?

In diesem Buch wird, wie schon erwähnt, Origami als Beschäftigung für Erwachsene propagiert. Besonderer Wert wird auf stilisierte Figuren gelegt, die aus einseitig farbigem Wachs- oder Geschenkpapier nach traditionellen Methoden der Papierfaltetechnik erzeugt werden. Es bleibt zu hoffen, daß viele Erwachsene und ältere Kinder auf diese Weise zur Kunst des Papierfaltens finden.

Aus meiner eigenen Erfahrung kann ich Origami folgendem Personenkreis empfehlen: den Weltraumfahrern oder allen, die eine Urlaubsreise zum Mond planen; meinen Kollegen vom Rechenzentrum, die als Programmierer gewohnt sind, Einzelteile in ein geordnetes Ganzes einzufügen; allen denen, die das Rauchen aufgeben wollen und eine Beschäftigung für ihre Finger brauchen, wenn die Sucht sie wieder zu übermannen droht; Teilnehmer an langweiligen

Faltungen des achtzackigen Sterns

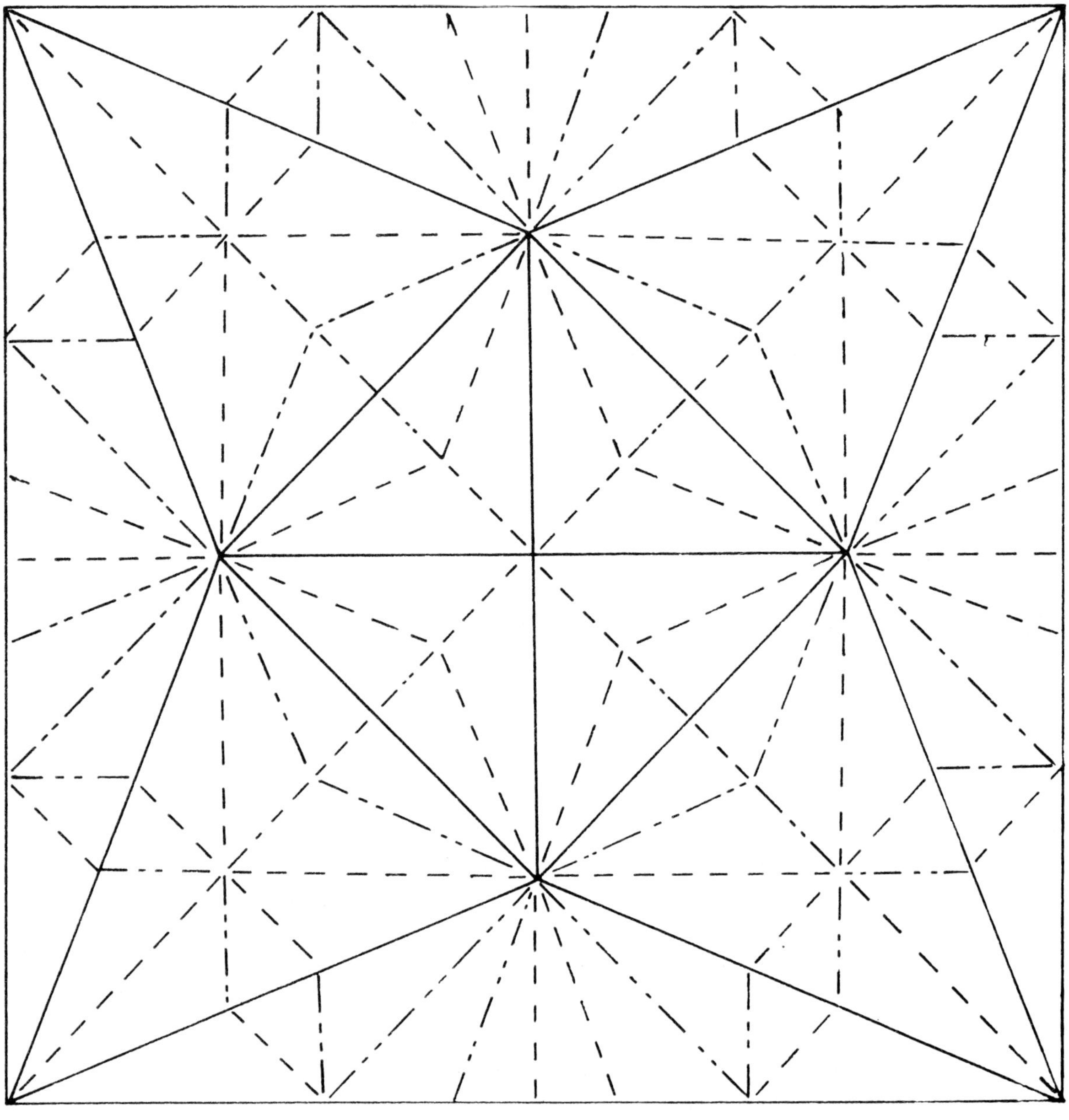

Sitzungen (z.B. Manager), die die tote Zeit auf diese Weise sinnvoll füllen können; Reisende, die die lange Reisezeit überbrükken oder mit ihren Mitreisenden in Kontakt kommen wollen; Eltern, die ihren Kindern nützliche Dinge beibringen wollen (was sie dann auch in der Schule herzeigen können); Lehrer, die die Achtung ihrer (männlichen) Schüler durch Falten von Flugzeugen und Booten gewinnen wollen; Behinderte (auch Sehbehinderte).

Dem Neuling sei gesagt, daß die Anweisungen manchmal leichter zu lesen als auszuführen sind. Darum sollte das nächste Kapitel aufmerksam gelesen werden, denn in ihm werden die Grundbegriffe und -anweisungen erklärt.

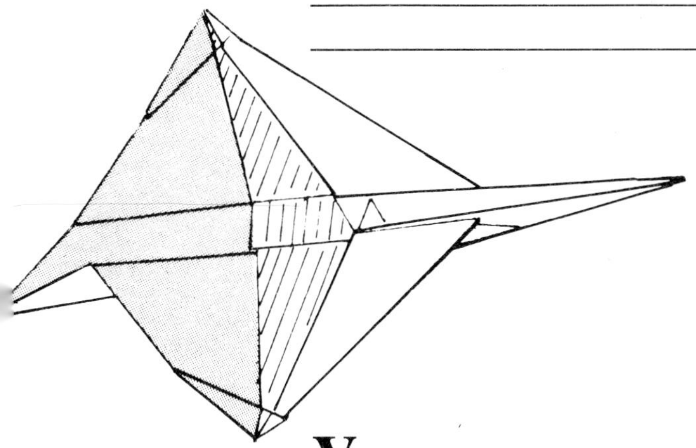

2. KAPITEL

Grundlagen

Viele Bekannte erzählten mir, sie oder ihre Kinder hätten versucht, die Kunst des Papierfaltens aus einem Anfängerbuch zu lernen, hätten aber bald aufgegeben, weil sie die Anweisungen nicht mehr verstanden. Die meisten Bücher sind in dieser Hinsicht auch schlecht geschrieben. Aber selbst hervorragende Erklärungen sind manchmal schwer auszuführen. Man muß die Grundbegriffe und -symbole lernen, und diese wechseln von Buch zu Buch. Glücklicherweise entstand aus den Büchern von Yoshizawa, Randlett, Harbin und anderen ein Satz einheitlicher Symbole, die in diesem Buch zum Großteil verwendet werden. Einige Ausdrücke klingen nicht sehr orientalisch, wie z. B. »Rhombus-Faltung« oder »Wasserbombe«, aber die Sprache ist nicht immer logisch. Der Leser sollte die Symbole und Anweisungen dieses Kapitels gut lernen und die Ausführungen Schritt für Schritt befolgen.

Die wichtigsten Symbole sind diejenigen für Talfaltungen (----), bei denen das Papier zum Betrachter hin gefaltet wird, und Bergfaltungen (-..-..-), bei denen das Papier vom Betrachter weg gefaltet wird. Bei einer Talfaltung entsteht also ein Tal, bei einer Bergfaltung ein Berg, jeweils vom Betrachter aus gesehen. Außerdem gibt es noch Symbole für das Umdrehen einer Figur und für das Einstülpen oder Öffnen von Teilen der Figur.

GRUND-SYMBOLE

Am Anfang eines jeden Kapitels findet der Leser Fotografien der im Kapitel beschriebenen Figuren. In den Beschreibungen gibt es Hinweise auf Flügel, Nasen usw., und der Leser sollte dann wissen, wo diese Dinge an der Figur angebracht sind und wie sie aussehen. Darum empfiehlt sich ein Studium der Fotografien, bevor man an die Arbeit geht. Außerdem zeigen die Fotos das Gesamtaussehen, das aus den Zeichnungen schwer ersichtlich wird.

WIE MAN DEN ANWEISUNGEN FOLGT

Hinweise gibt es an jeder Stelle auf drei verschiedene Arten:

Erstens, die schriftlichen Anweisungen. Sie sind wichtig, da vieles nicht durch Bilder dargestellt werden kann (z. B. »Wiederhole Schritt 3 bis 5 auf der Rückseite«).

Zweitens, die Abbildung. Die *weiße* Unterseite des bedruckten Geschenkpapiers erscheint in den Bildern *grau,* die *farbige* Seite wird *weiß* dargestellt. Schraffierte Flächen zeigen die verschiedenen Papierlagen oder besonders betonte Flächen an. Faltungen werden auf zwei Arten angezeigt: Durch gestrichelte oder strichpunktierte Linien (Tal- oder Bergfalten) und durch gekrümmte Pfeile, die die Faltrichtung anzeigen. Bei Faltungen nach hinten sind die Pfeile teilweise verborgen.

Drittens, die folgende Zeichnung. Sie zeigt, wenn man von den Faltlinien und -pfeilen absieht, das Resultat der durchzuführenden Faltungen. Sollte Ihr Ergebnis mit der folgenden Zeichnung nicht übereinstimmen, dann haben Sie einen Fehler gemacht (jedenfalls ist die Wahrscheinlichkeit für einen Fehler Ihrerseits größer als die Wahrscheinlichkeit für eine fehlerhafte Zeichnung meinerseits).

Erst nach vollständiger Ausführung eines Schritts soll zum nächsten übergegangen werden. Allzu häufig wird ein Schritt übersprungen, und das Ergebnis ist dann falsch.

Zuviel Information kann zur Absicherung recht nützlich sein, aber trotzdem können dabei nicht alle Feinheiten einer Faltung beschrieben werden. Die Anzahl der Zeichnungen ist aus technischen Gründen beschränkt. Einige Details bleiben dem Vorstellungsvermögen und der Intuition des Lesers überlassen. Bei auftretenden Schwierigkeiten sollte man durchhalten. Bei aufgetretenen Fehlern muß man die Faltungen rückgängig machen oder die Faltung mit einem neuen Blatt Papier von vorne beginnen. Wenn man eine Anweisung nicht versteht, genügt es oft, diese Anweisung einem imaginären Gesprächspartner zu erklären, und plötzlich begreift man, was gemeint ist.

Hat man einen Fehler gemacht, so sollte man die Faltung nicht bis zur Erschöpfung wiederholen, sondern ein bißchen herumexperimentieren. Vielleicht kommt man dadurch zur richtigen Lösung. Und wer weiß, vielleicht entdecken Sie auf diese Art etwas Neues!

Wenn Sie kurz vor dem Verzweifeln sind, dann machen Sie eine Pause, notfalls über einen Tag oder eine Nacht. Und nehmen Sie ein neues Blatt Papier! Der Erfolg danach ist um so schöner.

Schriftliche Anweisungen sind wichtig. Ein Lehrer kann sie auch vorlesen, während ein Schüler oder ein Kind die Faltung nach den Zeichnungen versucht. Außerdem kann man als Origami-Lehrer mit diesen Anweisungen genauer erklären und nicht nur sagen: »Tun Sie das.«

FALTEN

Zum Falten benötigt man eine flache, glatte Fläche. Bergfalten macht man am besten dadurch, daß man die Figur umdreht und eine Talfalte anbringt. Bei mehreren Falten sollte man mit den Talfalten beginnen. Fortgeschrittene können auch in der Luft falten, doch dem Anfänger sei die feste Unterlage empfohlen.

Falten sollten scharf und sauber sein und mit den Fingernägeln nachgezogen werden. Dadurch werden Knitterfalten im Papier vermieden. Fertige Figuren sollte man nicht zu oft berühren, da sie dadurch ihr frisches Aussehen verlieren. Praxis ist alles; der Anfänger sollte nicht entmutigt sein, wenn seine Figur nicht auf Anhieb so frisch aussieht wie auf dem Foto.

Vorfaltungen sind recht nützlich, besonders dann, wenn mehrere Faltungen gleichzeitig durchgeführt werden müssen. Dadurch faltet sich die Figur sozusagen von alleine. Der Fortgeschrittene kann auf Vorfaltungen verzichten, da sie dem Papier nur unnötige Falten beibringen.

ERSTE LEKTIONEN

Dieses Kapitel beginnt mit zwei Lektionen zum Erlernen der Grundsymbole. Am Anfang wird das Ergebnis einer Faltung in einem eigenen Bild gezeigt. Später überlagert sich das Ergebnisbild mit den Anweisungen des nächsten Schritts. Auf die zwei Lektionen folgen Übungen für den Bilderrahmen, die Rhombusfaltung und die Drachenform. Eine weitere Lektion beschäftigt sich mit der Harmonikafaltung, einer Folge von Tal- und Bergfaltungen. Kasahara nennt sie *dan-ori,* Schrittfaltung. Daran anschließend folgt die Beschreibung des Origami-Flugzeugs (übrigens ein Düsenjäger), das eine Auszeichnung für Design beim Ersten Internationalen Papierflieger-Wettbewerb 1967 gewann. Der Flieger machte Geschichte im 1968er *World Topics Year Book* und erschien auch in *Das große internationale Papierfliegerbuch* (Heinrich Hugendu-

Das Origami-Überschall-Flugzeug

bel Verlag). Im Schritt 3 heißt es: »Stülpen Sie die Flügelkante unter die Flugzeugnase.« Das bereitet manchmal Schwierigkeiten. Bei genauerer Betrachtung der Zeichnung fällt auf, daß die Hälfte der Faltungen Bergfaltungen, die andere Talfaltungen sind. Der Pfeil weist darauf hin, daß die Faltung unter die Nase durchzuführen ist (die Nase ist links im Bild).

Die Lektionen zu den Rückwärtsfaltungen und zur Harmonikafaltung sind besonders wichtig. Durch sie wird eine Krümmung zu einer Faltung. Durch die Rückwärtsfaltung wird eine bereits bestehende Faltung umgestülpt, was manchmal unerwünscht ist. Bei der Rückwärts-innen-Faltung kommt das geknickte Stück in die Faltung, bei der Rückwärts-außen-Faltung wird es außen sichtbar. Es gibt zwei Harmonikafaltungen: die Fußfaltung und die Knitterfaltung. Die Fußfaltung (die man auch als doppelte Rückwärts-innen-Faltung bezeichnen kann) vermeidet das Umstülpen. Ich bevorzuge sie zum Anbringen von Knicken bei Armen und Beinen. Vorfalten ist nützlich, aber nicht immer nötig, besonders bei schmalen Beinen oder Gliedern. Anstelle von zwei Rückwärtsfaltungen gebe ich lieber die Anweisung, zuerst eine Talfaltung auszuführen und danach die Mittellinie von unten nach oben zu drücken. Auch die Knitterfaltung schafft einen Knick ohne Umstülpen der Figur. Der Unterschied zwischen Fußfaltung und Knitterfaltung liegt darin, daß bei der Fußfaltung der Knick in Richtung gefaltete Ecke, bei der Knitterfaltung in Richtung zum offenen Ende erscheint. Praktische Übungen zu den Faltungen sind in diesem Buch vorhanden.

Daran schließen sich Anweisungen zum Herstellen quadratischer Papierformate an. Das Falten einer Schachtel bietet eine gute Übung dafür. Darauf folgt die chinesische Dschunke, die man beim erstenmal überspringen kann, wenn sie zu schwierig erscheint.

Die Anfangskapitel sind die wichtigsten. Auf ihrem Wissen basieren alle folgenden Kapitel.

a) Anweisung lesen.
b) Symbole im Diagramm beachten.
c) Anweisung ausführen.
d) Ergebnis überprüfen.

Verwendete Symbole

Anweisung	Symbol	Diagramm	Ergebnis

1. Figur umdrehen

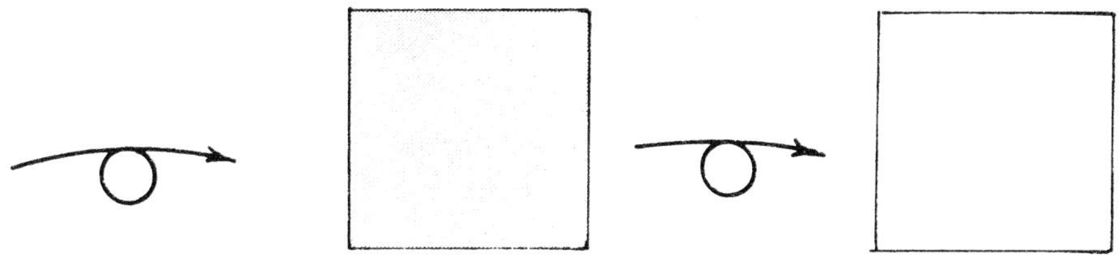

weiße Seite — farbige Seite

2. Tal- oder Buchfaltung. Gestrichelte Linie: nach innen falten. Das Halbieren der Figur nennt man Buchfaltung.

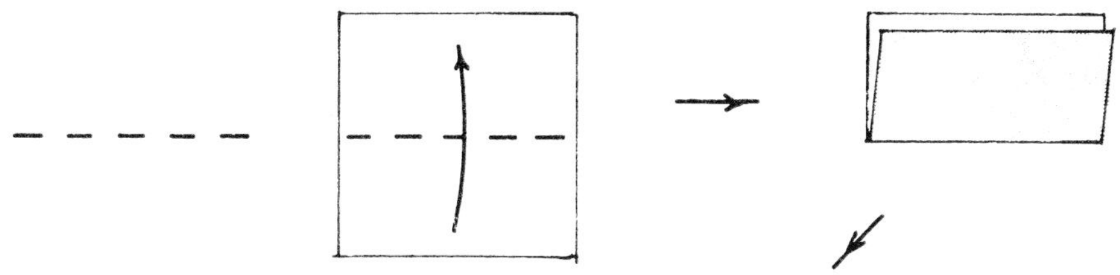

3. Der breite Pfeil bedeutet öffnen oder einstülpen.

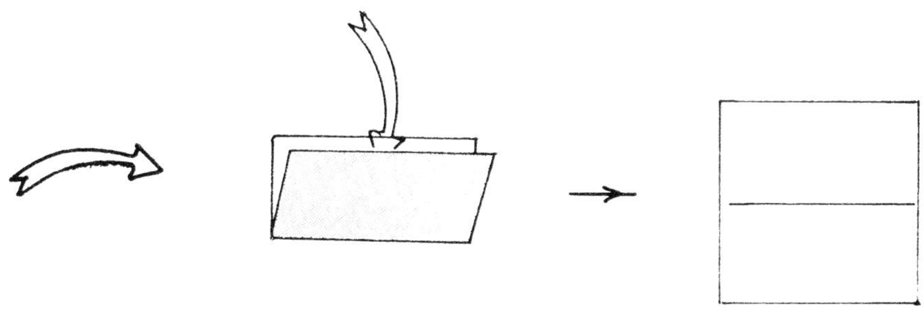

4. Vorfaltung. Der Doppelpfeil bedeutet einfalten und wieder ausfalten.

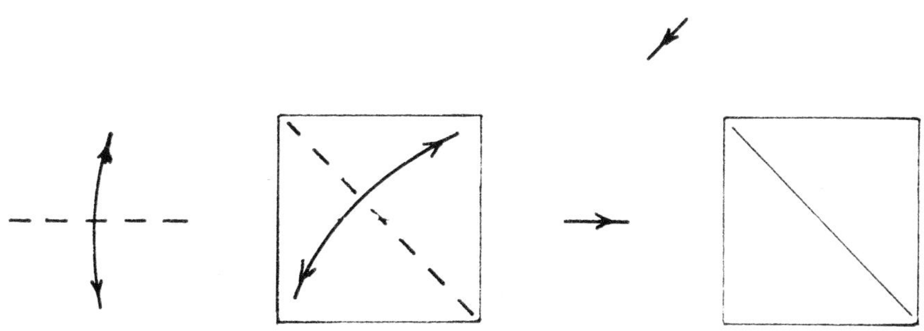

5. Bergfaltung. Die strichpunktierte Linie bedeutet: nach außen falten.

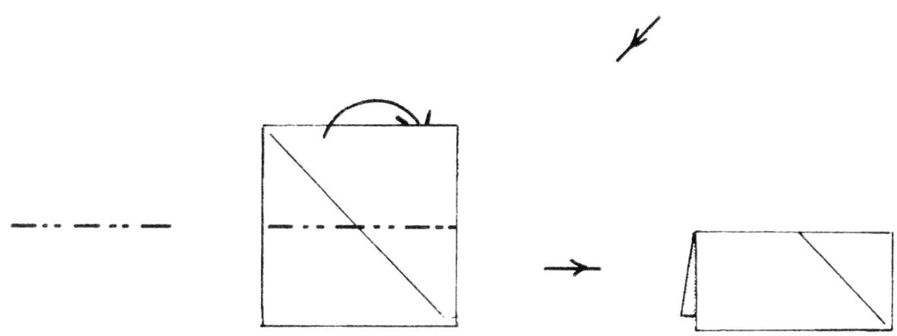

Übungen mit den Symbolen

Die Erklärungen wurden weggelassen. Führen Sie die Anweisungen der Reihe nach aus, in der Reihenfolge der geraden Pfeile. Auf der linken Seite steht das Symbol, das jeweils geübt werden soll.

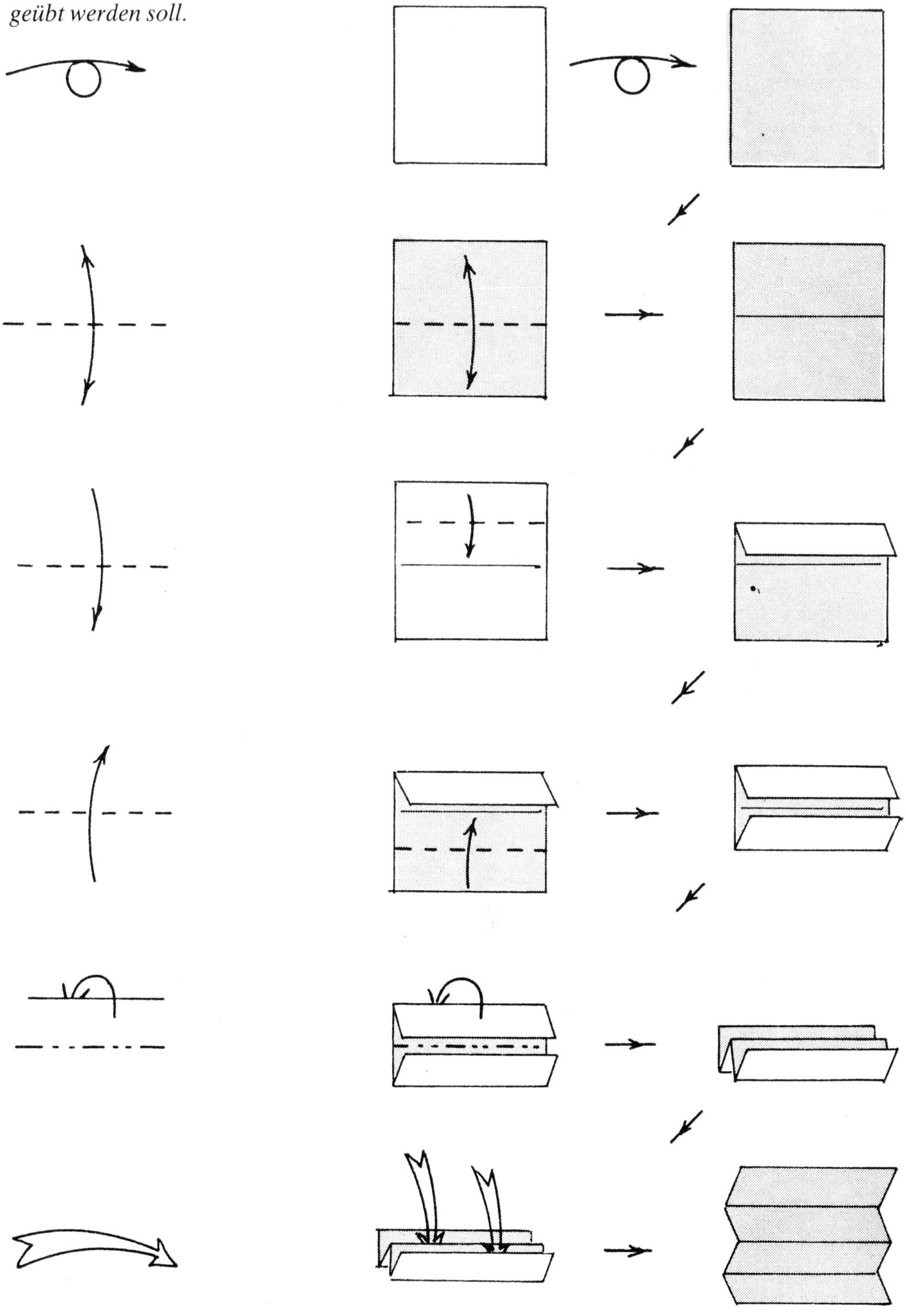

Der Bilderrahmen

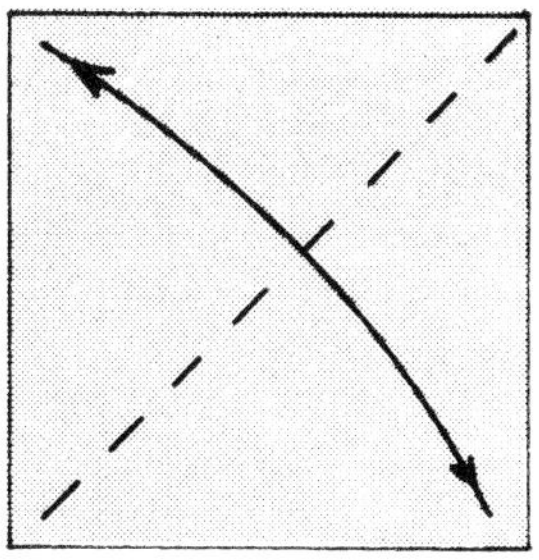

1. Weiße Seite nach oben. Diagonalfaltung.

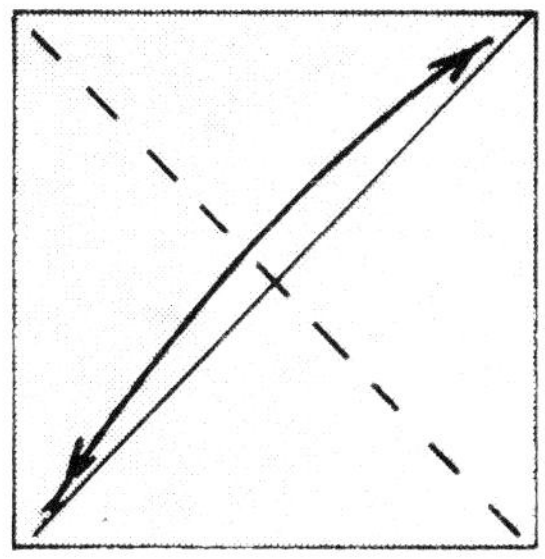

2. Zweite Diagonalfaltung.

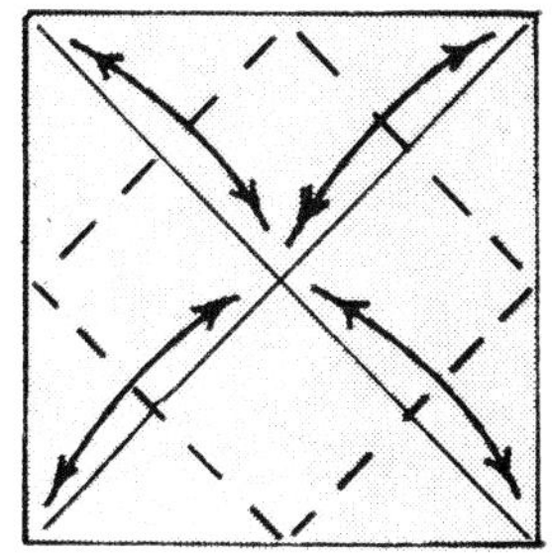

3. Die vier Ecken in die Mitte falten und wieder ausfalten.

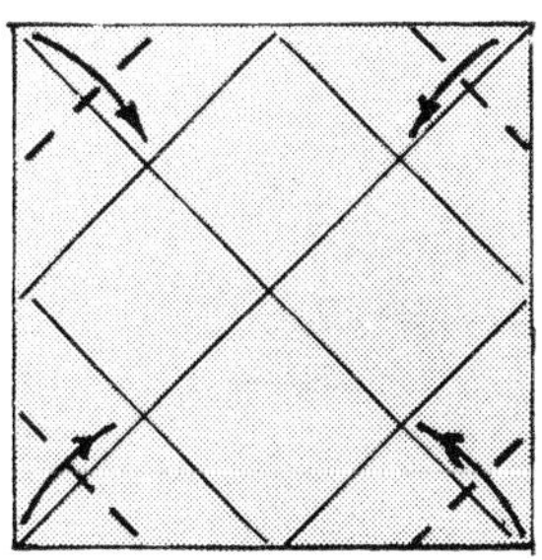

4. Die vier Ecken zum nächstgelegenen Kreuzungspunkt falten.

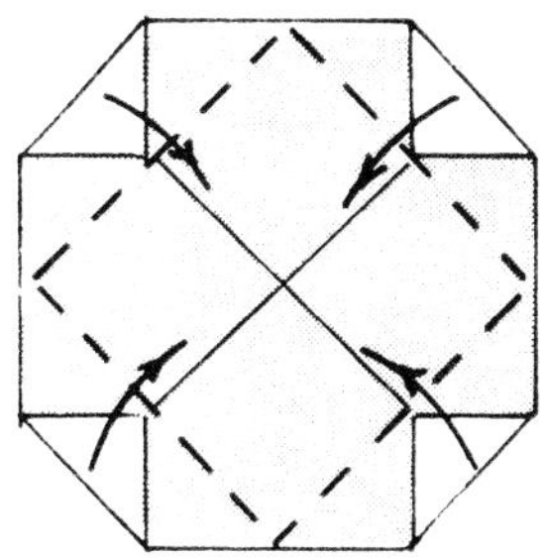

5. Die gefalteten Ecken weiter in die Mitte falten.

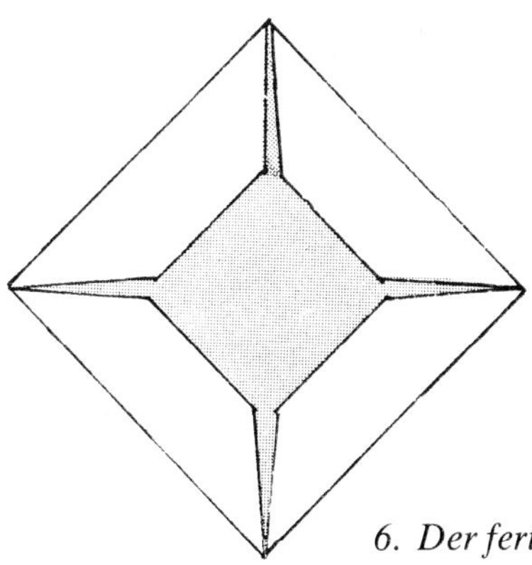

6. Der fertige Bilderrahmen.

Talfalte — — — — — *Bergfalte* — ·· — ·· —

Die Rhombusfaltung

Durch die Rhombusfaltung erhält man ein Quadrat mit acht Ecken.

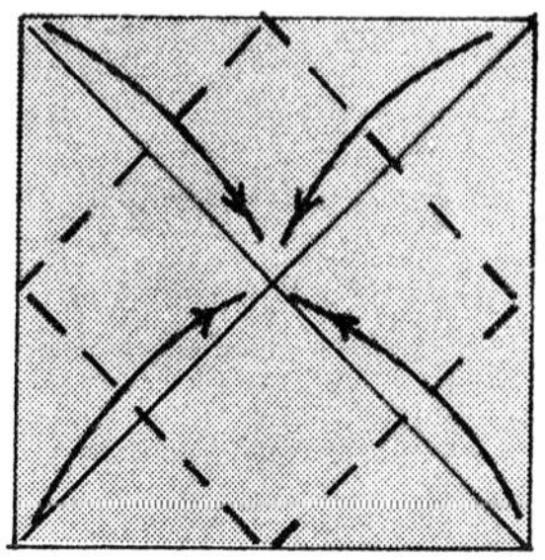

1. Weiße Seite nach oben. Beginnen Sie mit zwei Diagonalfaltungen. Anschließend falten Sie die vier Ecken in die Mitte.

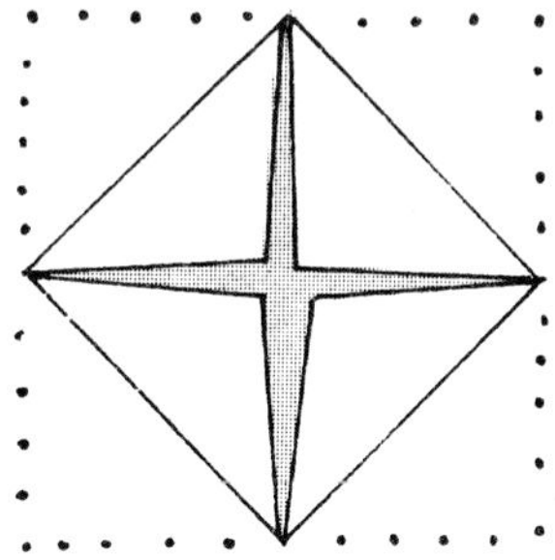

2. Der fertige Rhombus.

Die Drachenform

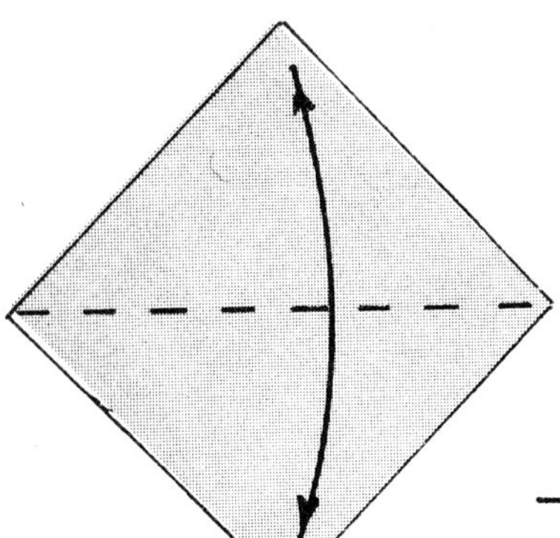

1. Diagonalfalte.

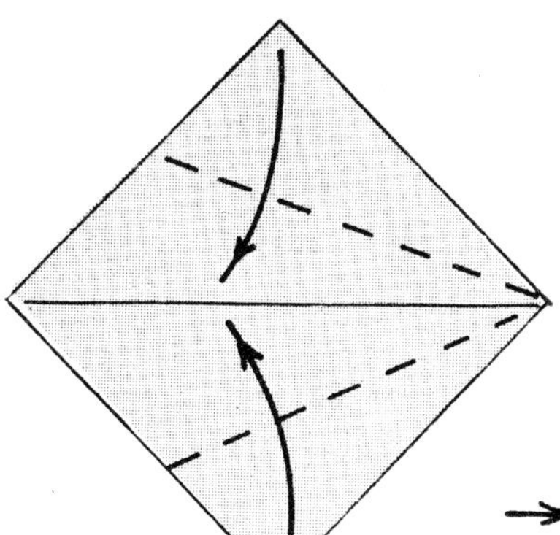

2. Seiten an die Mittellinie falten.

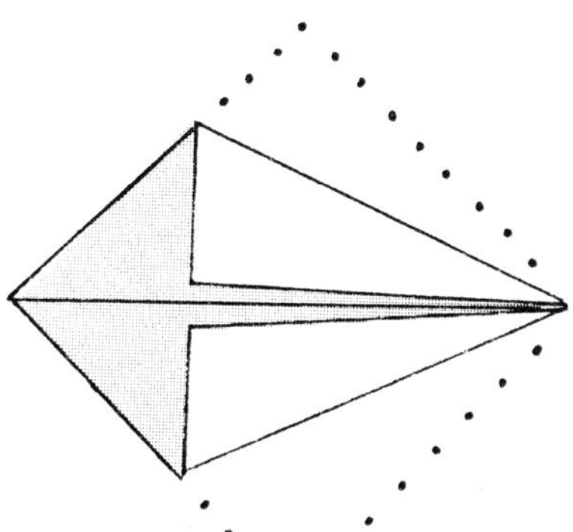

3. Der fertige Drachen.

Die Harmonikafaltung

Die Harmonikafaltung besteht aus abwechselnden Berg- und Talfaltungen. Wir zeigen auf dieser Seite drei verschiedene Anwendungen.

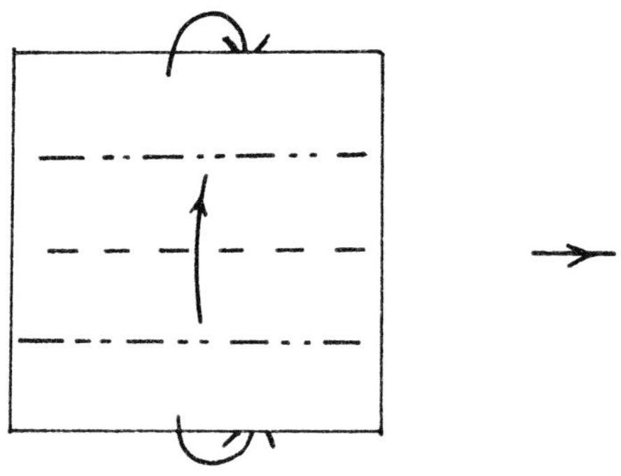

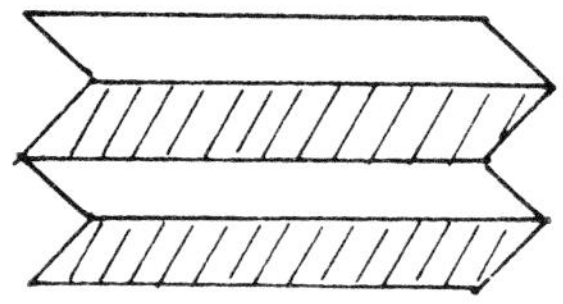

A1. Talfaltung des Quadrats in zwei Teile. Anschließend Bergfaltung für jeden der beiden Teile.

A2. Die fertige Harmonika.

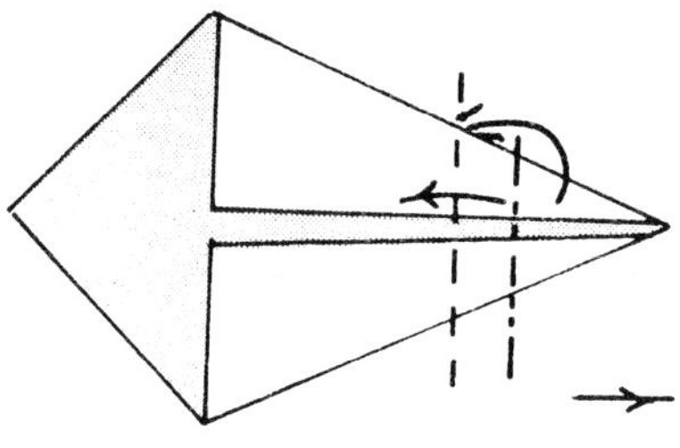

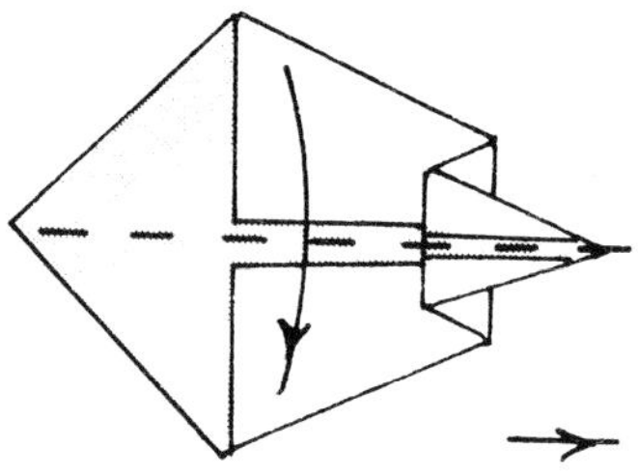

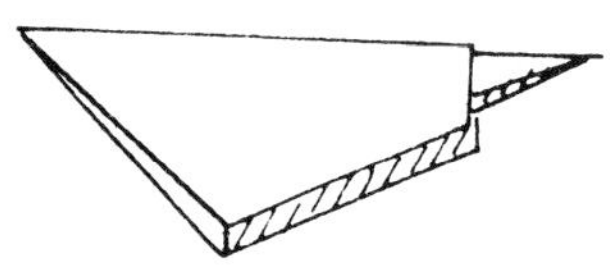

B1. Ausgangspunkt: Drachenform. Talfaltung der Spitze mit anschließender Bergfaltung.

B2. Zusammenklappen (Buchfaltung) der Harmonikaform.

B3. Harmonikagefaltete Spitze.

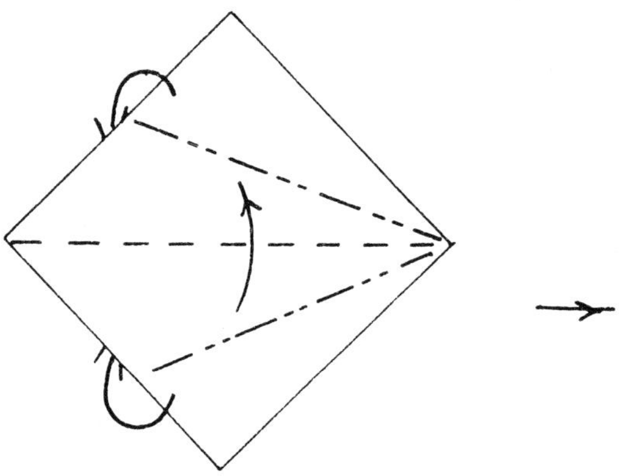

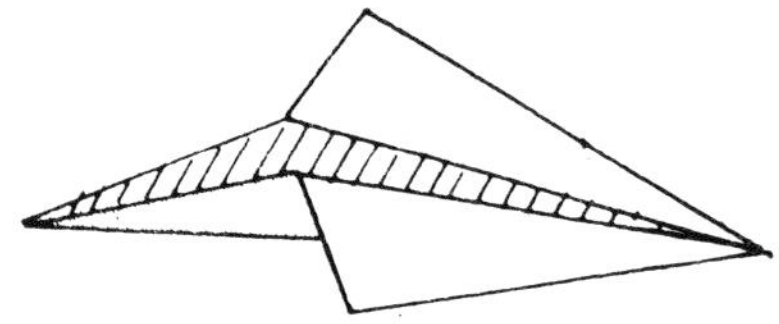

C1. Diagonale Talfalte. Bergfaltung für die beiden Seiten zur Mittellinie.

C2. Zusammenlaufende Harmonikafaltung.

Der preisgekrönte Papierflieger

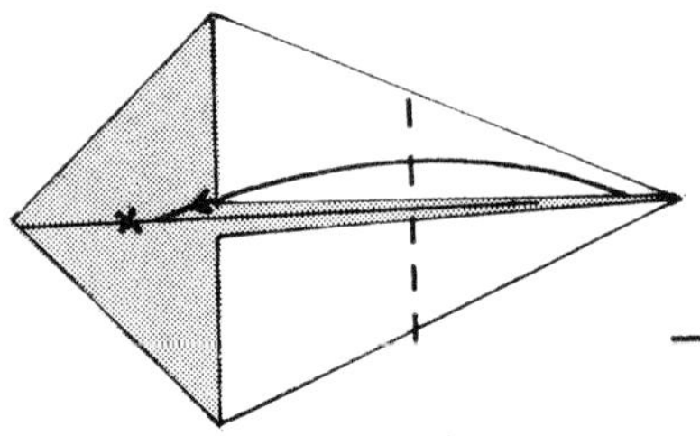

1. Ausgang ist die Drachenform aus festem Papier. DIN-A4-Format. Falten Sie die Nase zum Punkt x.

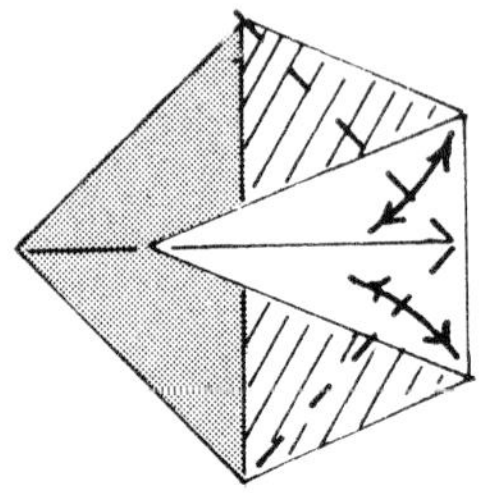

2. Vorfaltung der Flügel, wie angezeigt, d. h. einfalten und wieder ausfalten.

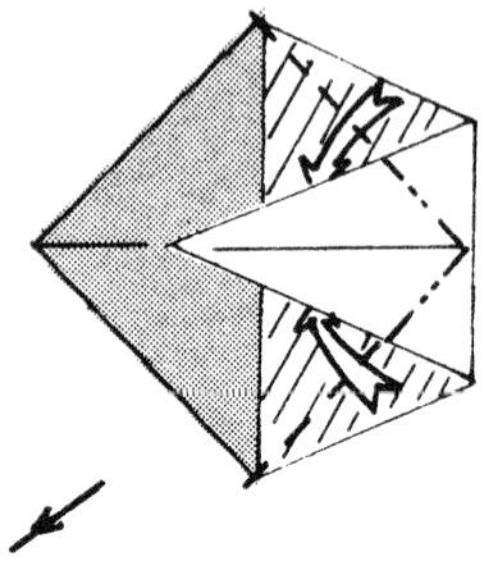

3. Stülpen Sie die Flügelkante unter die Flugzeugnase.

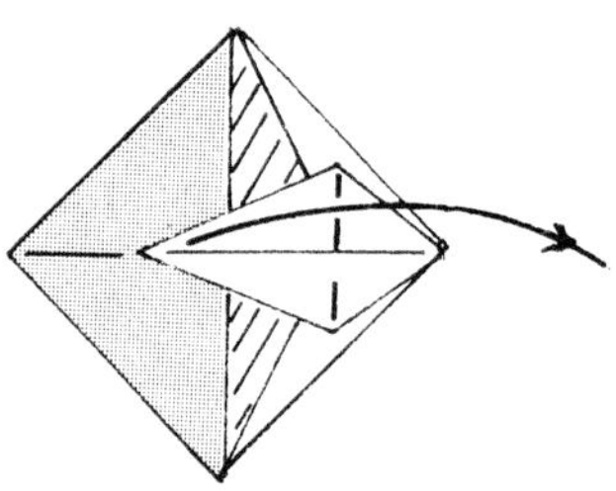

4. Nase nach rechts falten (Talfalte an der breitesten Stelle).

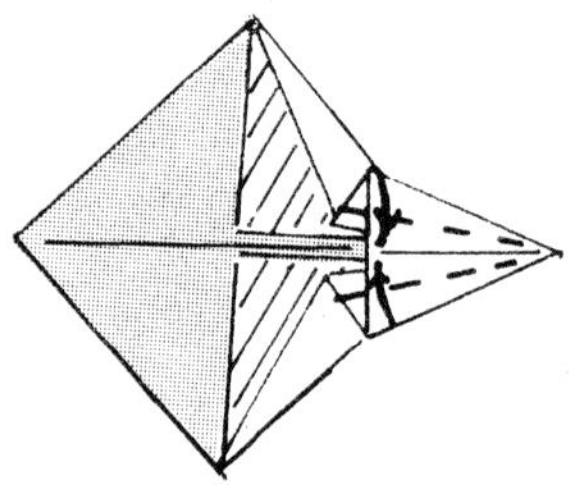

5. Verschmälern der Nase durch Einfalten der Kanten.

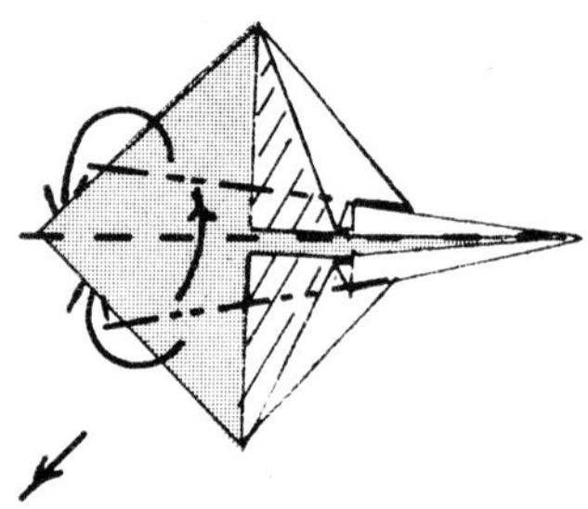

6. Harmonikafaltung: Flugzeug zusammenklappen und anschließend Flügel im Winkel der Nase wieder herausfalten.

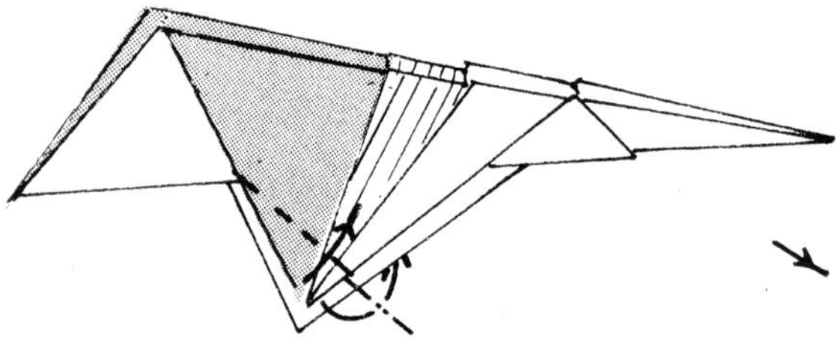

7. Flügelecken hochfalten. Flügel hochklappen. Wenn das Flugzeug zu schnell zu Boden geht, müssen die Flügel noch mehr gehoben werden. Wenn das Flugzeug zu steil aufsteigt (und anschließend im Sturzflug herunterfällt), müssen die Flügel gesenkt werden.

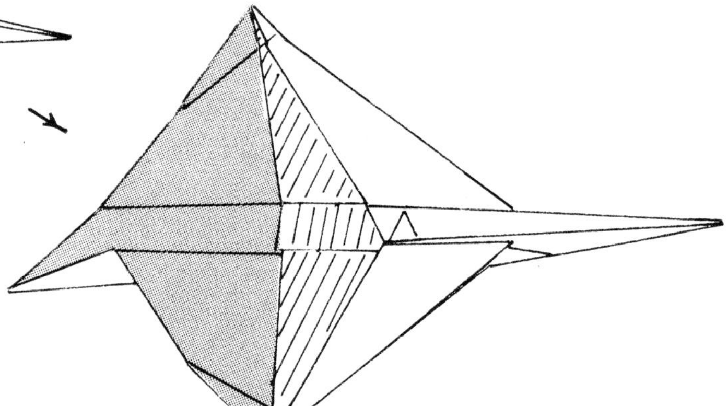

8. Das fertige Flugzeug.

Die Rückwärts-innen-Faltung

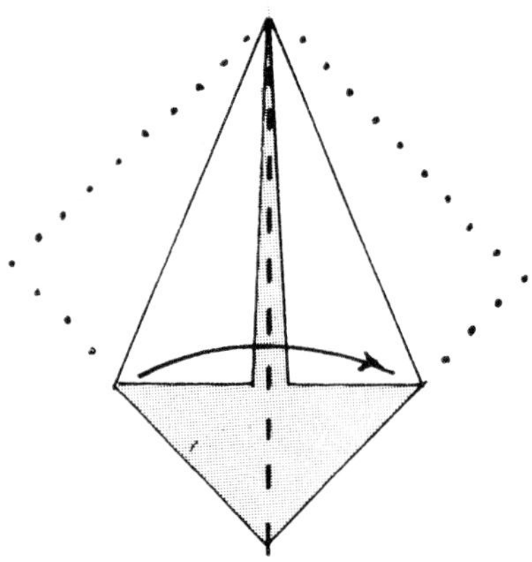

1. Ausgangspunkt ist die Drachenform. Durch Buchfaltung zusammenklappen.

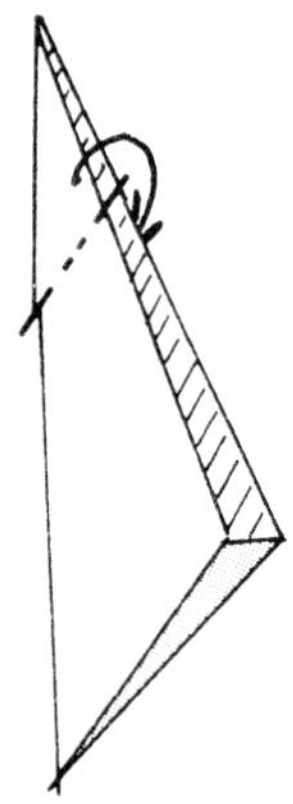

2. Bergfaltung der Spitze im gewünschten Winkel.

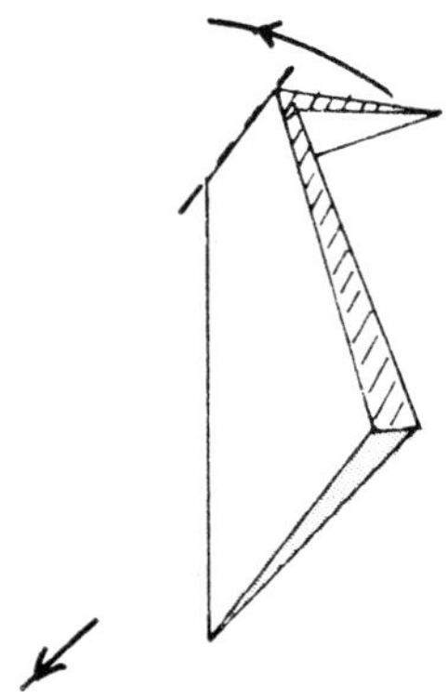

3. Wieder zurückfalten.

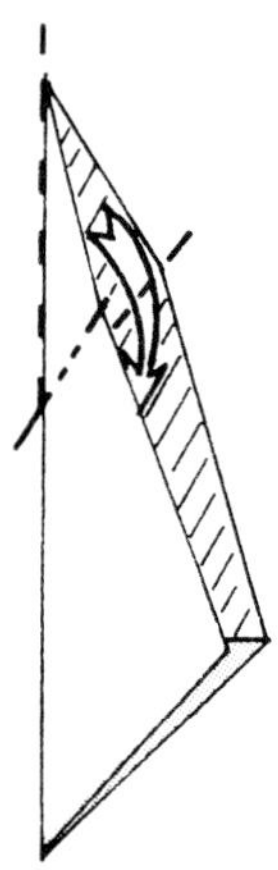

4. Durch teilweises Öffnen der Figur läßt sich die Spitze einfalten. Der obere Teil der Bergfalte wird dadurch zur Talfalte!

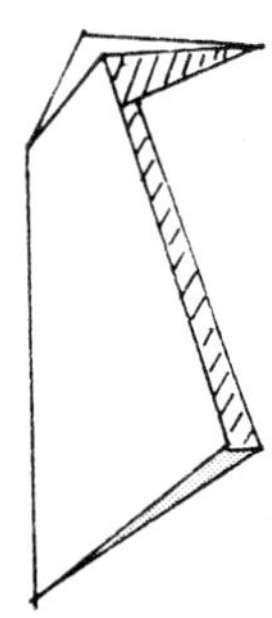

5. Die fertige Rückwärts-innen-Faltung.

Talfaltung — — — — —

Bergfaltung — · · — · · —

Die Rückwärts-außen-Faltung

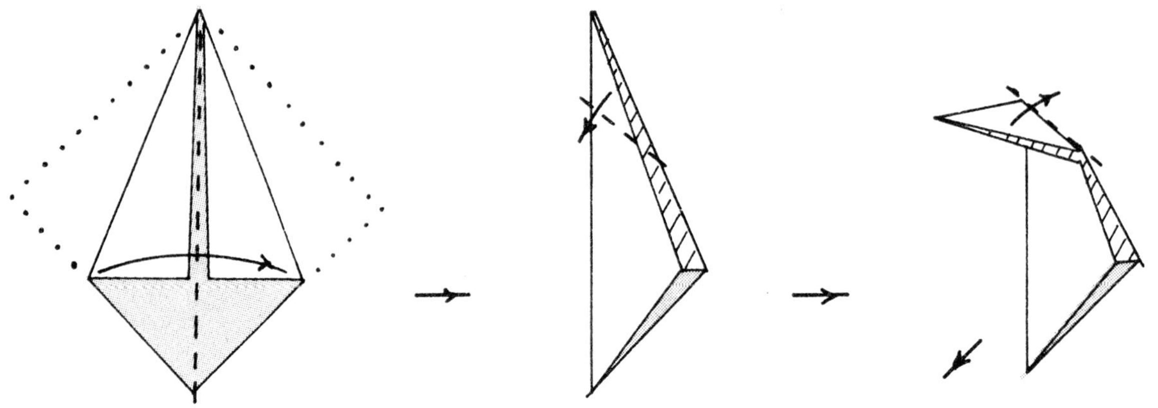

1. *Ausgangspunkt ist die Drachenform. Durch Buchfaltung zusammenklappen.*

2. *Talfaltung der Spitze im gewünschten Winkel.*

3. *Wieder zurückfalten.*

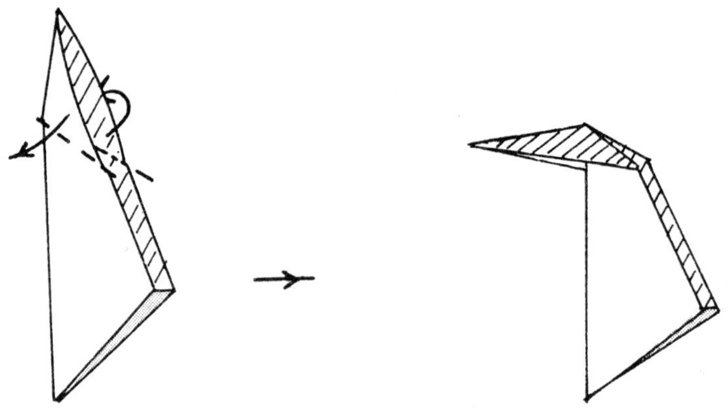

4. *Durch weites Öffnen der Figur (besonders am unteren Ende) läßt sich die Spitze nach außen umklappen. Der obere Teil der Talfalte wird dadurch zur Bergfalte!*

5. *Die fertige Rückwärts-außen-Faltung.*

Talfaltung — — — — —   *Bergfaltung* — - - — - - —

Die Knitterfaltung

Die Ecke wird teilweise über die Figur gestülpt, was durch eine Harmonikafaltung erreicht wird.

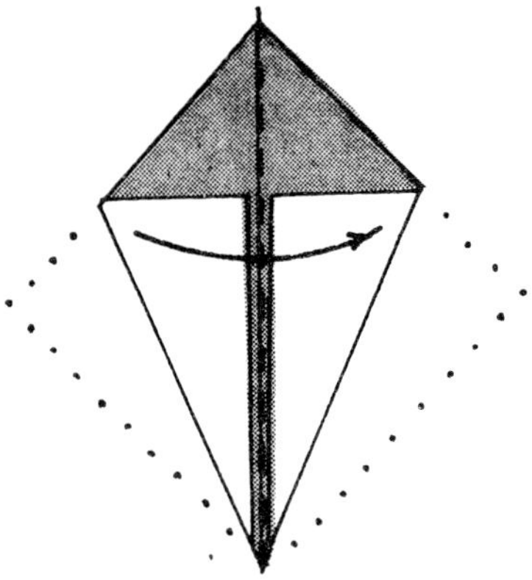

1. *Ausgang ist die Drachenform, die durch Buchfaltung zusammengeklappt wird.*

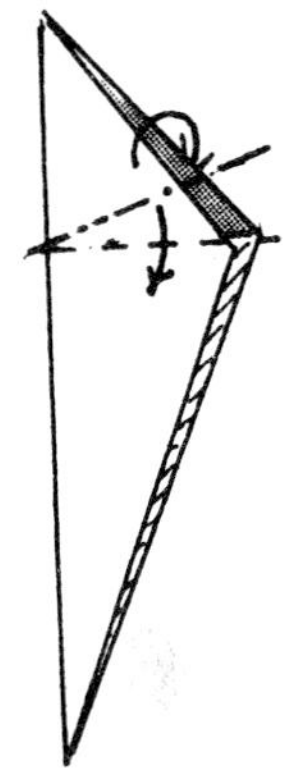

2. *Vorläufige Harmonikafaltung der stumpfen Ecke. Zuerst Talfaltung zum Betrachter, dann Bergfaltung vom Betrachter weg.*

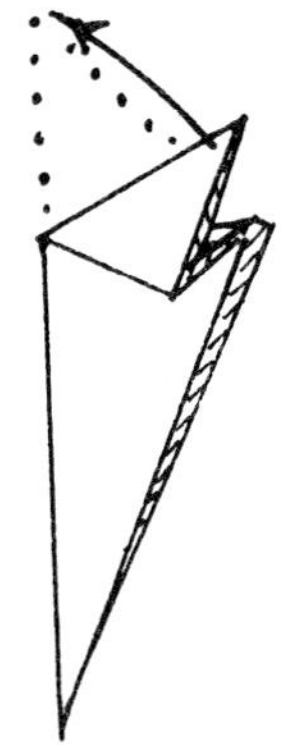

3. *Faltungen wieder rückgängig machen.*

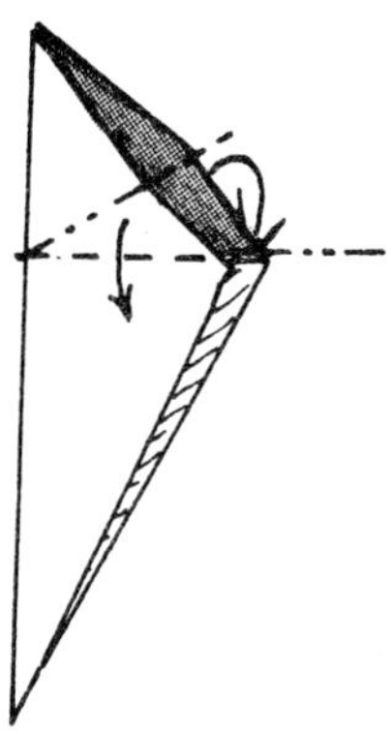

4. *Oberen Teil der Tüte öffnen und die Spitze durch Harmonikafaltung über die Seiten ziehen.*

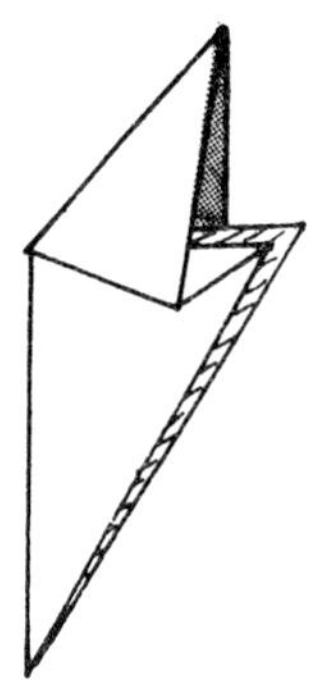

5. *Die fertige Knitterfaltung.*

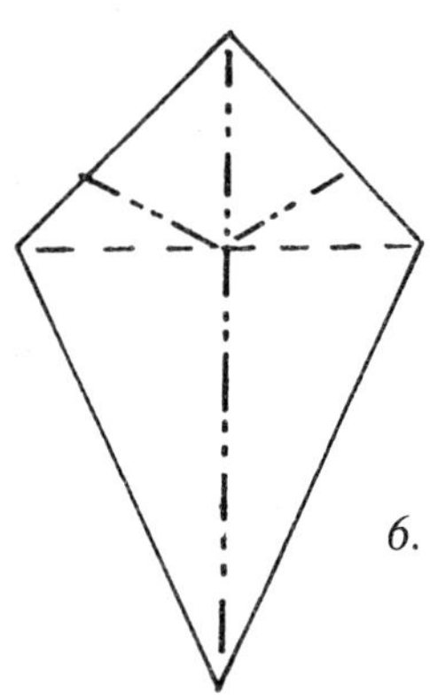

6. *Die geöffnete Figur zeigt die Harmonikafaltung, wie sie zur Spitze hin zusammenläuft.*

Die Fußfaltung

Die Fußfaltung besteht darin, daß man die lange Spitze (die später zum Fuß eines Tieres wird) nach innen stülpt. Sie besteht aus einer doppelten Rückwärts-innen-Faltung.

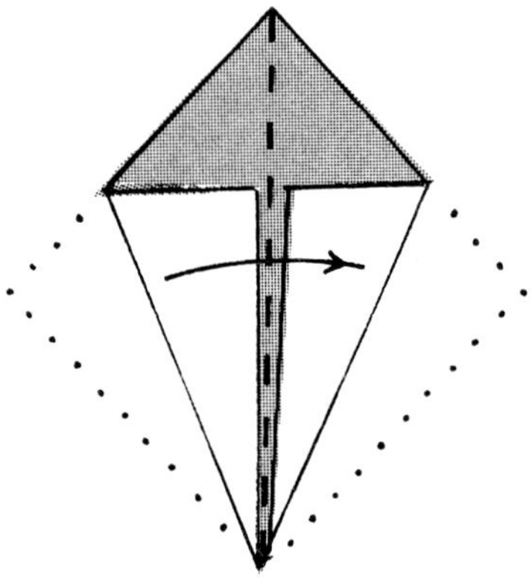

1. *Ausgang ist die Drachenform, die durch Buchfaltung zusammengeklappt wird.*

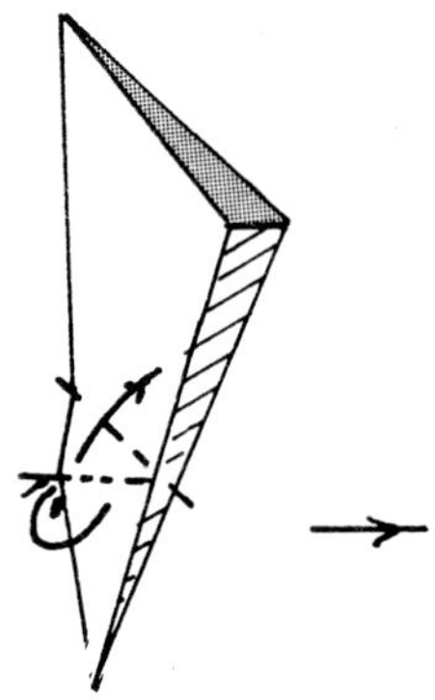

2. *Vor-Faltungen wie bei der Knitterfaltung, erst Talfaltung (Spitze nach oben), dann Bergfaltung (Spitze nach unten seitwärts links).*

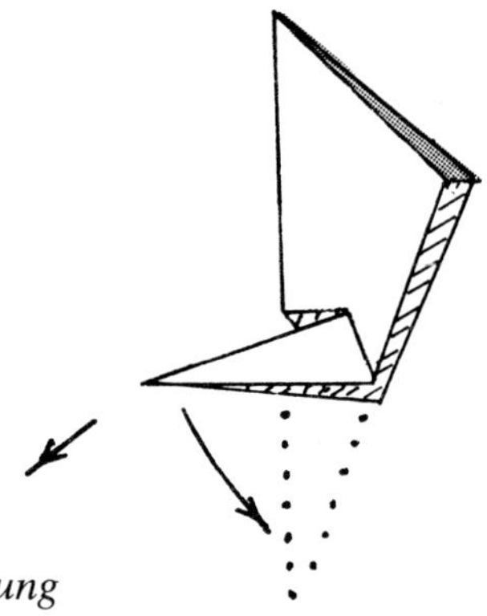

3. *Faltungen wieder rückgängig machen.*

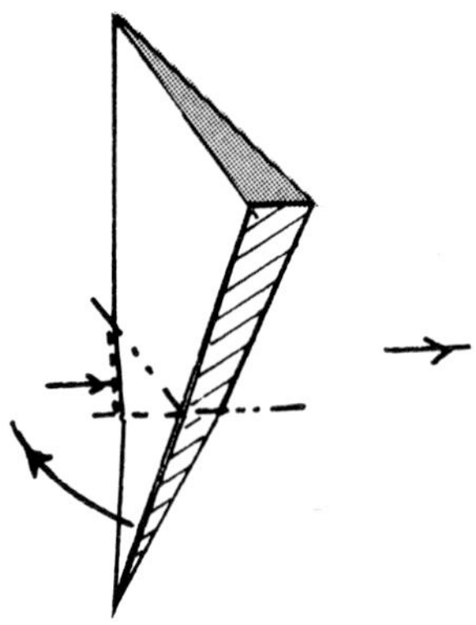

4. *Figur leicht öffnen und Spitze nach links falten.*

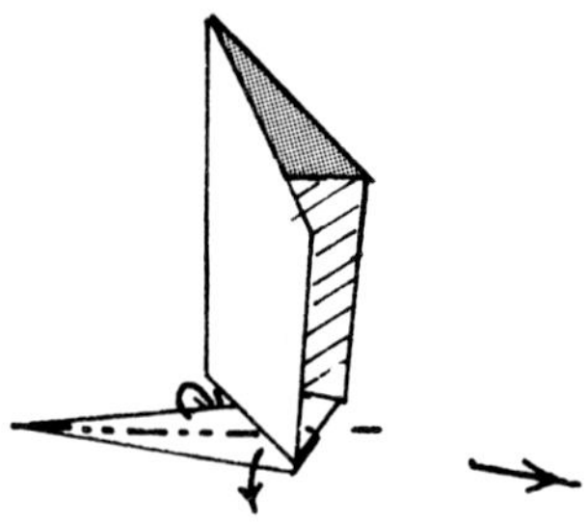

5. *Bergfaltung der Mittellinie der Spitze (mit dem Finger von unten nachhelfen).*

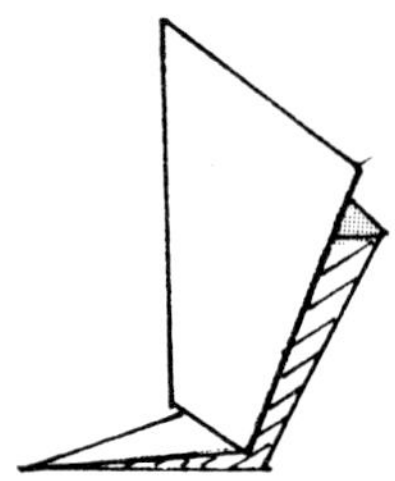

6. *Der fertig gefaltete Fuß.*

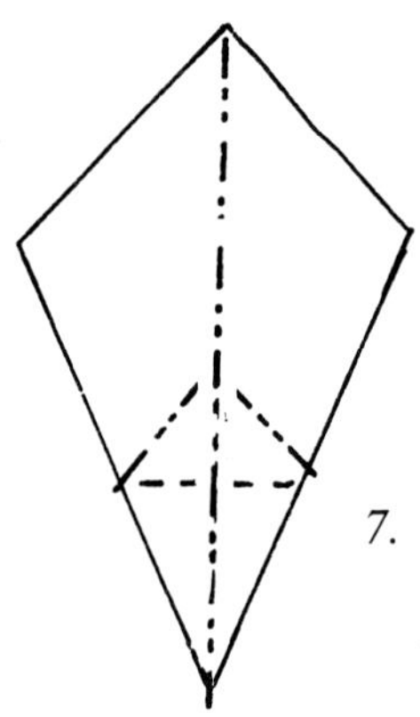

7. *Die geöffnete Figur zeigt die Harmonikafaltung, wie sie zur unteren Spitze hin zusammenläuft.*

Übungen zur Harmonika-Faltung

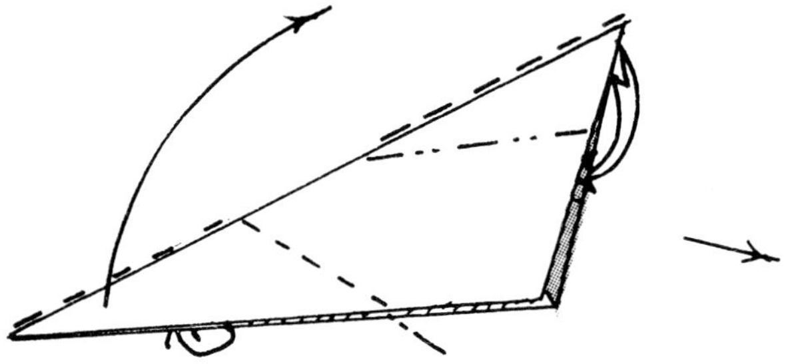

1. Ausgangspunkt ist die zusammengeklappte Drachenform. Das spitze Ende wird rückwärts-außen-gefaltet, das stumpfe Ende wird rückwärts-innen-gefaltet.

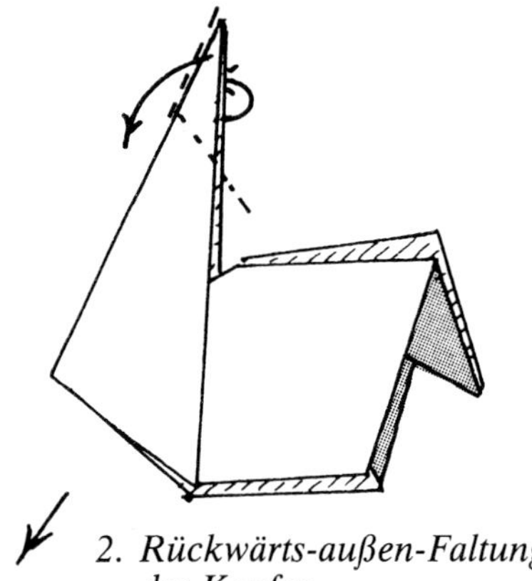

2. Rückwärts-außen-Faltung des Kopfes.

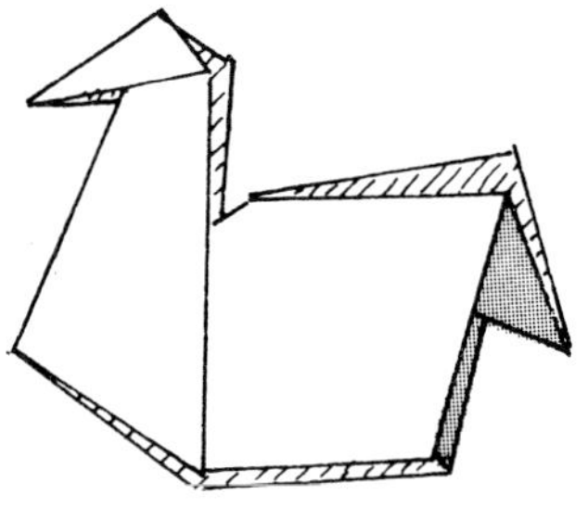

3. Der fertige Vogel.

Übungen zu den Rückwärtsfaltungen

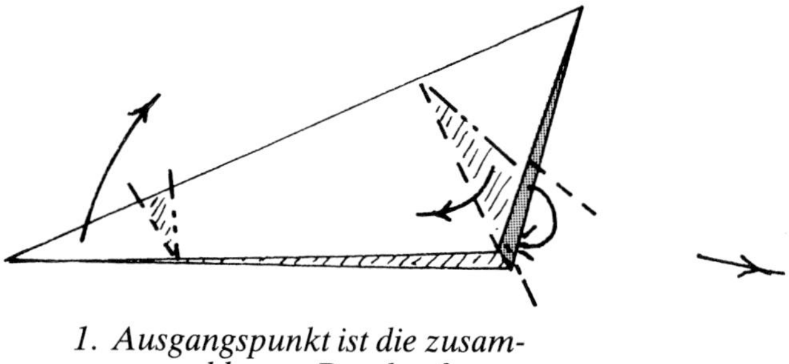

1. Ausgangspunkt ist die zusammengeklappte Drachenform. Falten Sie die Spitze zu einem Fuß. Machen Sie eine Knitterfaltung am stumpfen Ende.

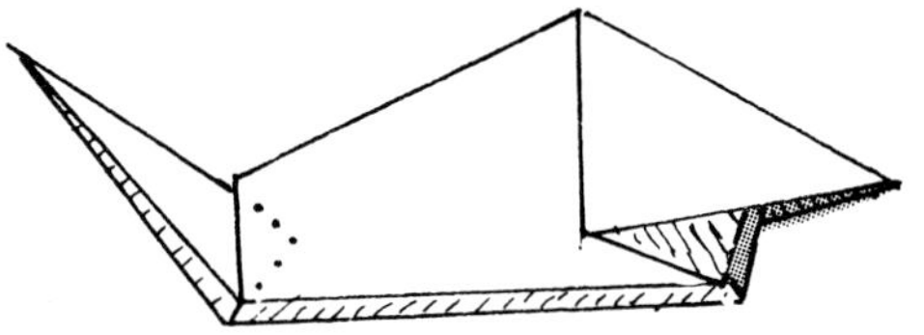

2. Das fertige Tier.

WIE MAN EIN QUADRAT ZUSCHNEIDET

Häufig erhält man kein quadratisches Papier, sondern muß sich Quadrate erst zuschneiden. Bei einem sauberen rechten Winkel ist das ganz einfach, denn durch zwei Diagonalfaltungen kommt man schnell zum gewünschten Quadrat. Mit Hilfe einer Schere kann man aus einem unregelmäßigen Stück Papier ein Quadrat herstellen, wie auf Seite 37 angezeigt.

Geeignetes Papier aus einer Papierrolle herzuschneiden, ist etwas komplizierter. Papierrollen sind etwa 60 bis 70 cm breit und werden in verschiedenen Farben verkauft, was dem Origami-Freund sehr zugutekommt. Je länger die Rolle, um so besser.

Die Papierbreite bestimmt auch die Quadratgröße, wenn man Abfall möglichst vermeiden will. Hat die Papierrolle beispielsweise eine Breite von 66 cm, dann erhält man Quadrate mit 16 cm Größe, wobei 2 cm für den Rand verbleiben (Teilung der Breite durch 4). Will man aus dieser Rolle größere Quadrate erzeugen, dann teilt man die Breite beispielsweise durch 3 und kommt zu einer Größe von 21 cm (3 cm für den Rand).

Man will aus dem Papierbogen ja möglichst viele verwendbare Quadrate herausholen. Dazu empfiehlt sich ein Papierschneider, der etwas größer ist als die gewünschte Quadratgröße. Mit einem Papierschneider kann man zwölf oder mehr Bögen auf einmal schneiden, aber dazu muß der Papierbogen richtig gefaltet sein. Genaue Anweisungen finden sich auf Seite 38. Zuerst wird die Papierrolle zieharmonikaförmig gefaltet. Jeder Streifen ist doppelt so breit wie die gewünschte Quadratgröße, plus etwa 3 cm zum Zuschneiden des Rands. Bei mehreren kurzen Papierbögen kann man diese zu dritt aufeinanderlegen und gleichzeitig falten. Zugeschnittene Papiere kann man zwischen Kartonblättern aufbewahren, die an einem Ende durch ein Klebeband verbunden werden. Das empfiehlt sich auch deswegen, weil sich Papier aus Papierrollen leicht einrollt und damit das Falten erschwert.

Zuschneiden eines Quadrats

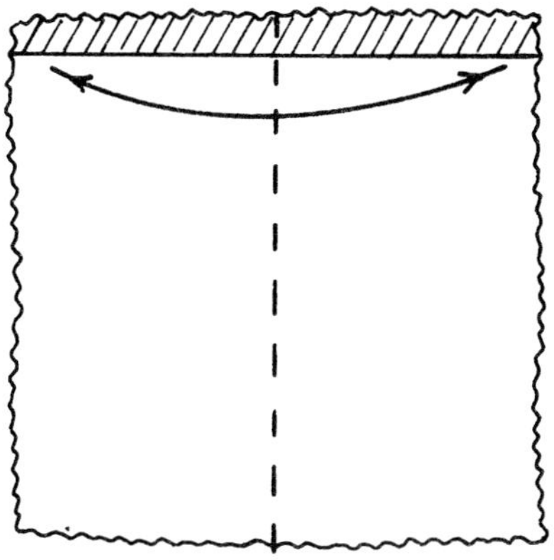

1. Ausgangspunkt ist ein ungefähr quadratisches Stück Papier. Falls noch keine gerade Kante vorhanden ist, muß eine solche gefaltet werden (Oberkante im Bild). Gerade Kante halbieren.

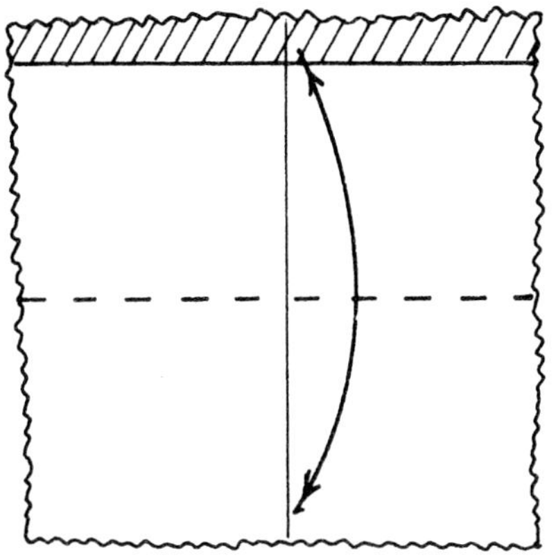

2. Senkrechte Falte halbieren.

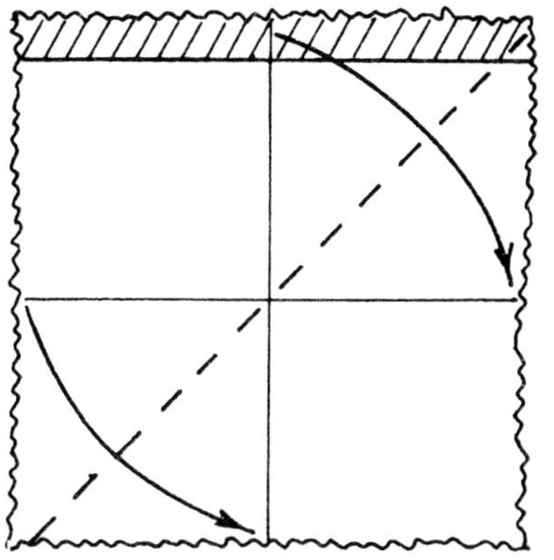

3. Diagonalfaltung, so daß waagrechte und senkrechte Falte aufeinanderliegen.

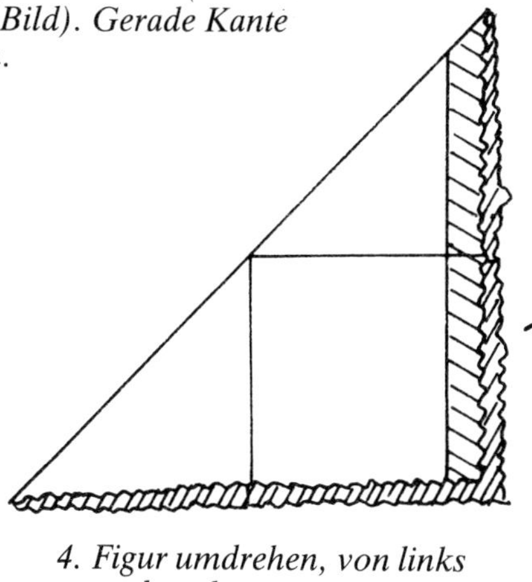

4. Figur umdrehen, von links nach rechts.

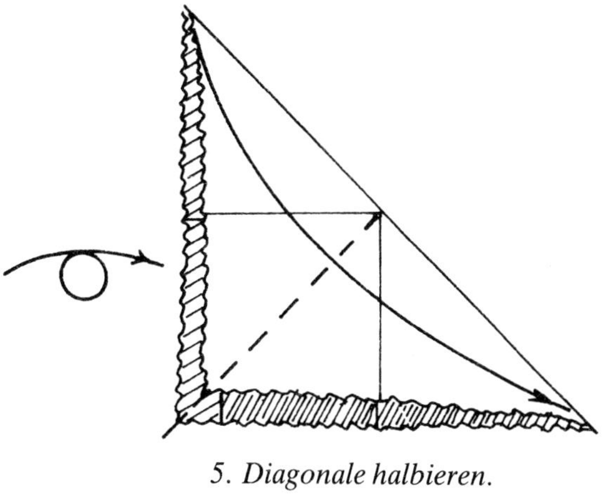

5. Diagonale halbieren.

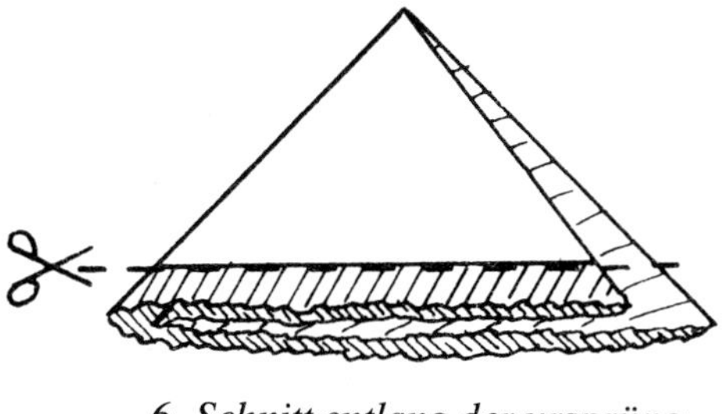

6. Schnitt entlang der ursprünglichen geraden Kante.

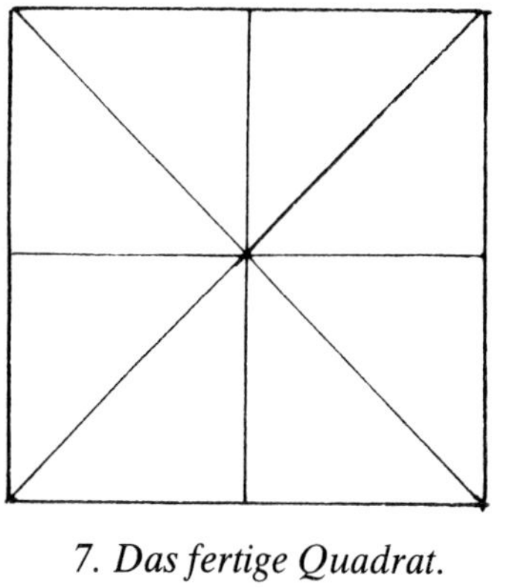

7. Das fertige Quadrat.

Zuschneiden von Quadraten aus einer Papierrolle

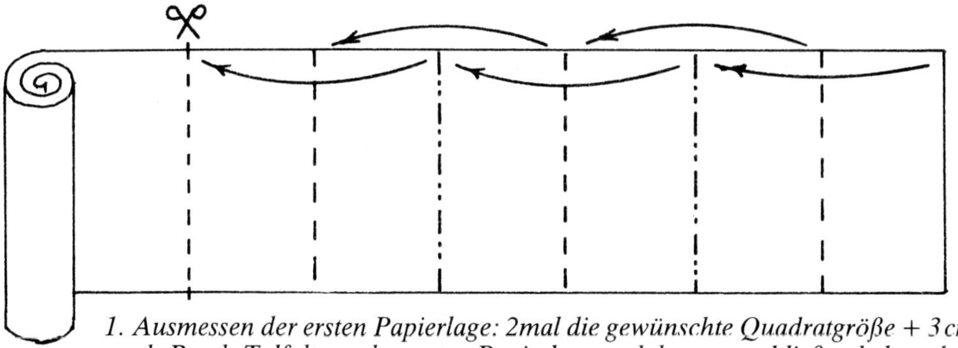

1. Ausmessen der ersten Papierlage: 2mal die gewünschte Quadratgröße + 3 cm als Rand. Talfaltung der ersten Papierlage und daran anschließend abwechselnd Berg- und Talfaltungen für etwa sechs Papierlagen. Papierlagen von der Papierrolle abschneiden.

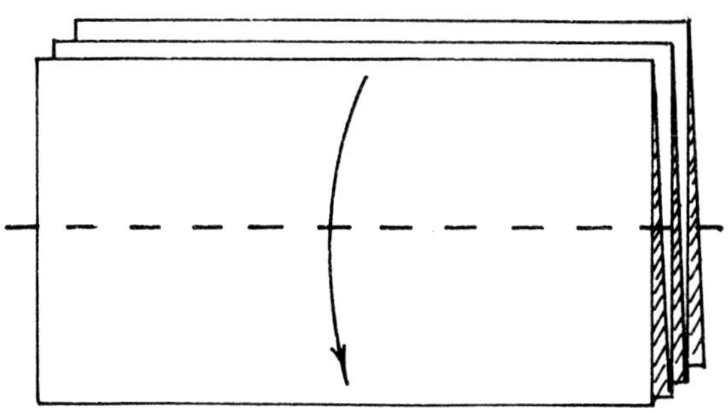

2. Der Länge nach zusammenfalten.

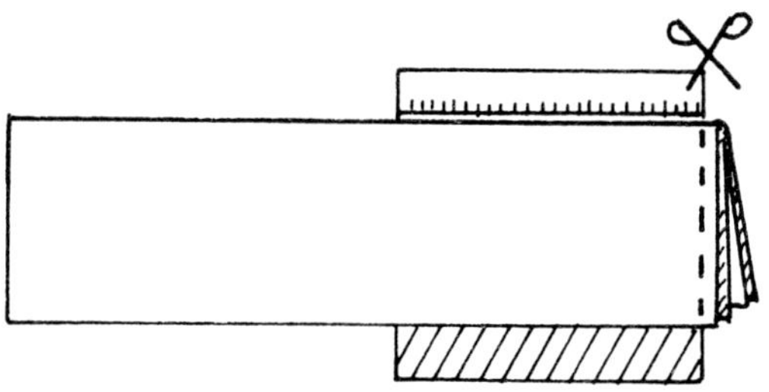

3. Rechte Kante geradeschneiden. Anschließend Papierlagen nach links umdrehen, so daß die getrimmte Kante links liegt.

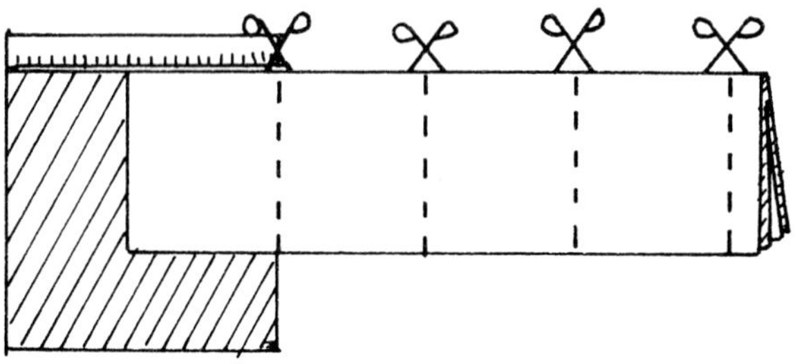

4. Exakte gewünschte Quadratgröße mit dem Lineal abtragen und mit der Schere durchschneiden.

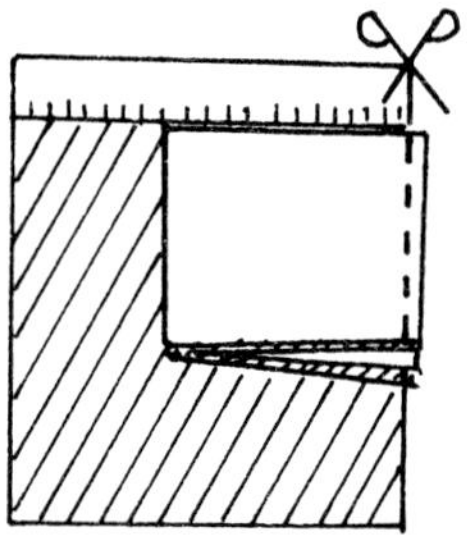

5. Jedes dieser Papierpakete an der offenen Seite zuschneiden, und zwar nur die Hälfte des freigelassenen Randes (also 1½ cm).

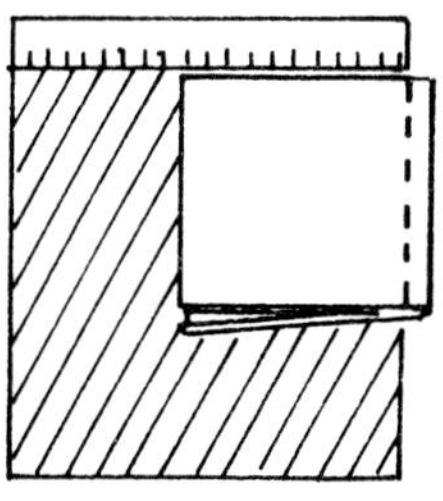

6. Papierpaket umdrehen (nach links klappen), Papierlagen ordnen, so daß sie exakt aufeinanderliegen, und geschlossene Kante zuschneiden.

WIE MAN EINE SCHACHTEL HERSTELLT

Als Papierfalter muß man wissen, wie man eine Schachtel herstellt, besonders dann, wenn man seine Bewunderer noch mehr beeindrucken will. Es macht keinen guten Eindruck, jemandem ein halbes Dutzend loser Figuren zu überreichen, ohne daß der so Beschenkte weiß, wohin damit. In die Tasche gehen sie nicht, oder sie würden dort zerdrückt. Da kommt eine Schachtel aus Papier gerade recht. Papier gibt's überall: Einladungen, Flugblätter, Speisekarten, Theaterprogramme, Stadtpläne, Tischtücher aus Papier, Notizblockblätter, Visitenkarten (von entsprechender Größe) usw. Am besten eignet sich Papier im DIN-A4-Format, aus dem die Schachtel gefaltet wird, während andere Figuren auch aus der Hälfte des Papiers hergestellt werden können. Die auf Seite 42 beschriebene Schachtel wurde von Marie Gilbert Martins »Weberschiffchen«-Schachtel adaptiert. Die Größe der Schachtel kann durch die Breite der Seiten noch geringfügig beeinflußt werden. Die überhängende Seite kann auch bis zum Boden reichen, wodurch die Schachtel mehr Festigkeit erhält. Die Schachtel sieht noch schöner aus, wenn man zwei diagonale Bergfalten an den losen Ecken der zwei Seiten anbringt. Bei einem quadratischen Papier wählt man zwei Ränder aus, einer breiter als der andere, wodurch man sich die Faltung zur Mittellinie spart. Wenn man zwei Schachteln herstellt, wovon die eine etwas größer als die andere ist, dann hat man auch noch einen Deckel. Einen guten Aschenbecher erhält man, wenn man als Grundlage eine Lochkarte verwendet.

Falten einer Schachtel

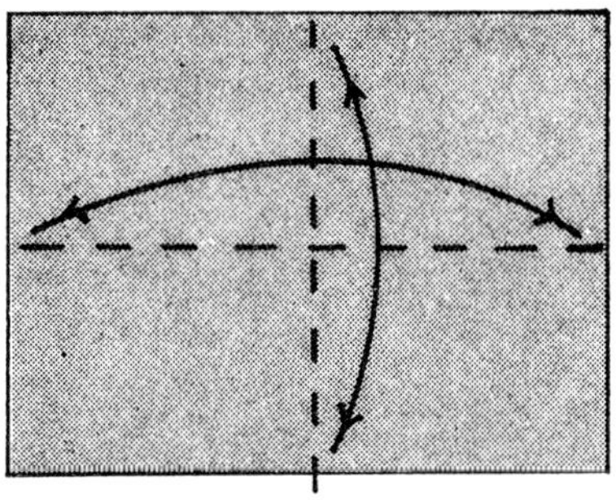

1. Ausgang ist ein rechteckiges Stück Papier, beispielsweise gewöhnliches Schreibmaschinenpapier im DIN-A4-Format. Falten Sie die waagrechte und die senkrechte Mittellinie vor.

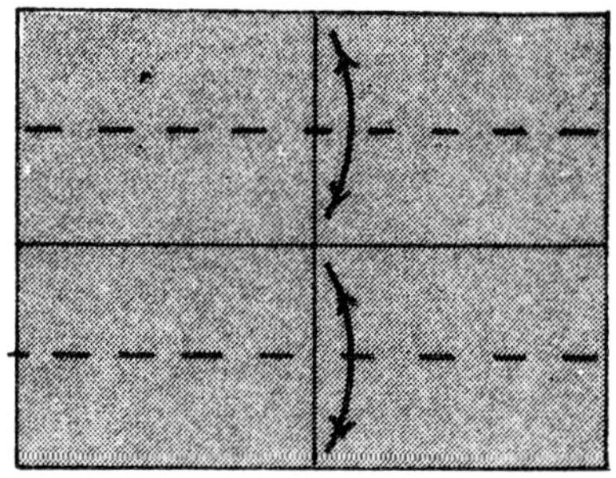

2. Die langen Seiten zur Mitte falten und wieder ausfalten.

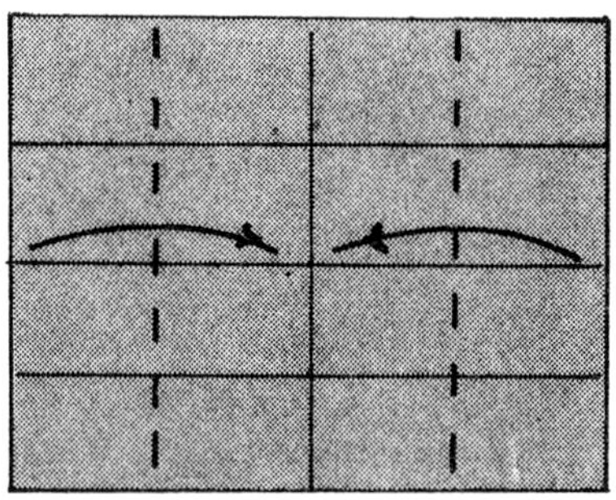

3. Die schmalen Seiten nach innen falten.

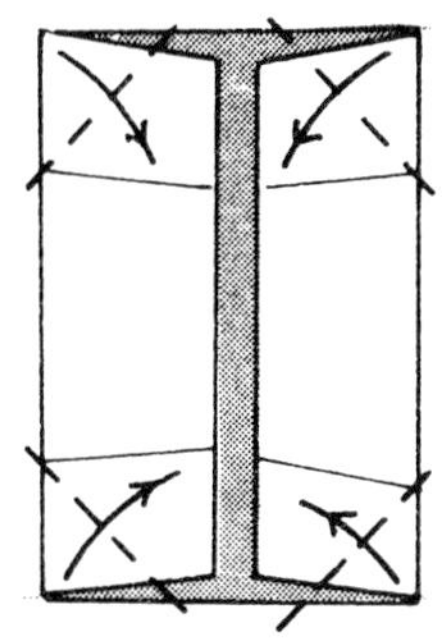

4. Diagonales Einfalten der vier Ecken.

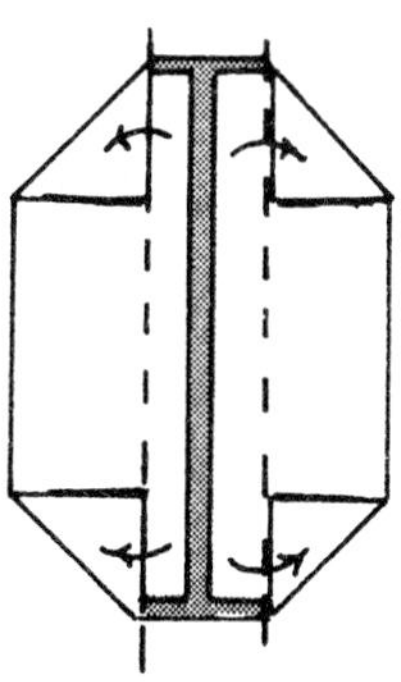

5. Einfalten der überstehenden schmalen Streifen.

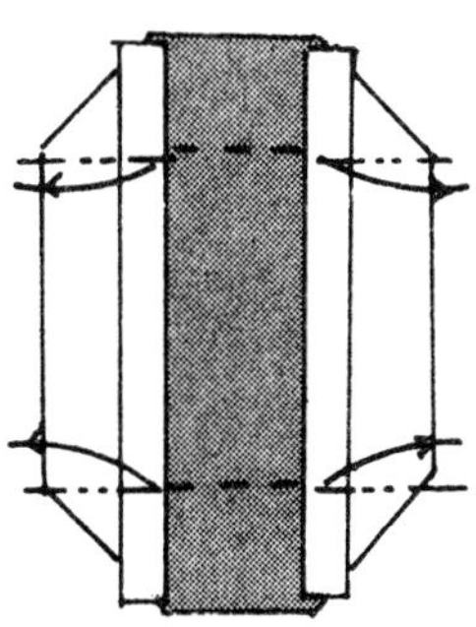

6. Die Seiten der Schachtel öffnen und Faltungen wieder rückgängig machen, wie im Bild gezeigt.

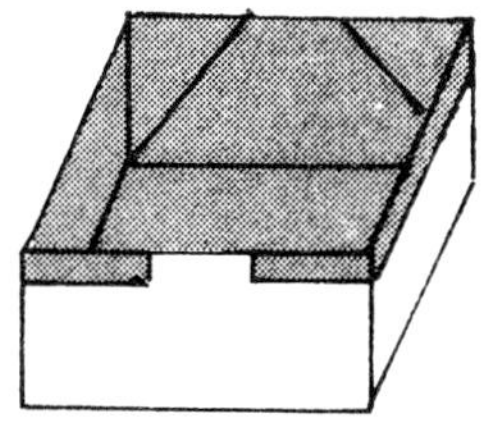

7. Die fertige Schachtel.

DIE MODIFIZIERTE CHINESISCHE DSCHUNKE

Die letzte Anweisung dieses Kapitels gilt der modifizierten chinesischen Dschunke (die manchmal auch als Gondel bezeichnet wird). Das Heck wurde zu einem Ruder umgeformt. Der Bug entstammt dem Ausfaltboot mit der Modifikation, daß ein Segel entsteht. Durch diese Kombination entsteht ein echtes Segelboot, das den Wind auffangen und seinen Kurs steuern kann. Für den Anfänger ist die Figur vielleicht zu schwierig, darum sollte sie zu einem späteren Zeitpunkt probiert werden. In diesem Kapitel tritt sie deshalb auf, weil sie eine Modifikation der Schachtel darstellt.

Einige Faltungen sind hier neu. In Schritt 7 müssen die Seiten und das Ende gleichzeitig gefaltet werden. In Schritt 11 muß die Oberkante des Boots auf die Unterkante gefaltet werden; hierfür muß sich am Ende ein Dreieck formen. Von innen betrachtet handelt es sich dabei um eine Hasenohrfaltung. In Schritt 12 werden die Bootsseiten am Bug zur Stabilisierung der Figur von innen nach außen geklappt, eine raffinierte Faltung, die nur hier vorkommt. Schritt 13, das Herausziehen des Decks, ist eine der raffiniertesten Faltungen in der Geschichte der traditionellen Papierfaltekunst.

Die modifizierte chinesische Dschunke

Die modifizierte chinesische Dschunke

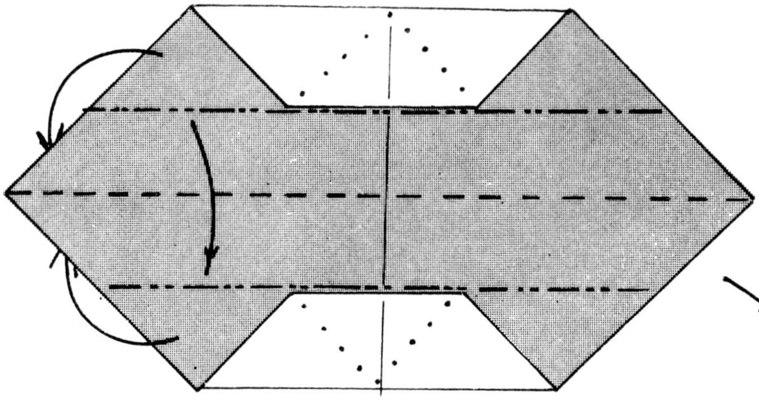

1. Ausgangspunkt ist ein halbfertiger Bilderrahmen (siehe S.27). Harmonikafaltung der Figur

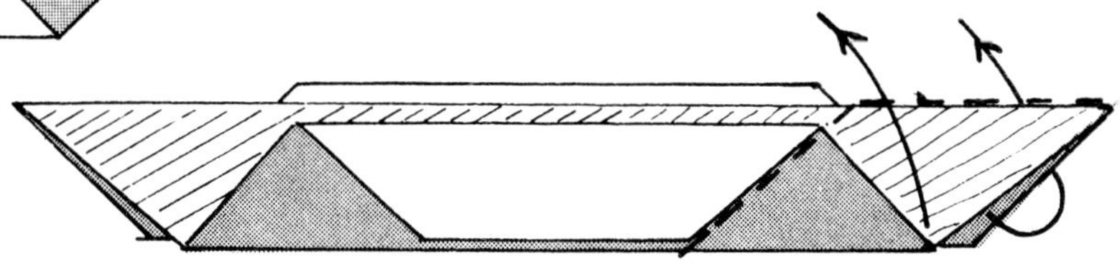

2. Rückwärts-außen-Faltung des Segels nach oben entlang der gestrichelten Linien.

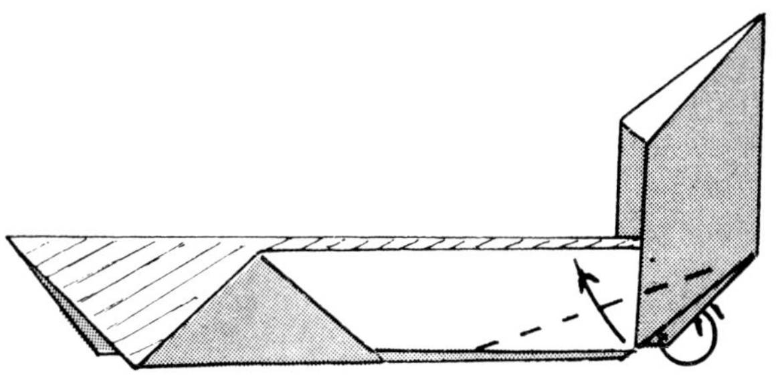

3. Talfaltungen der Vorderkanten zur Mittellinie.

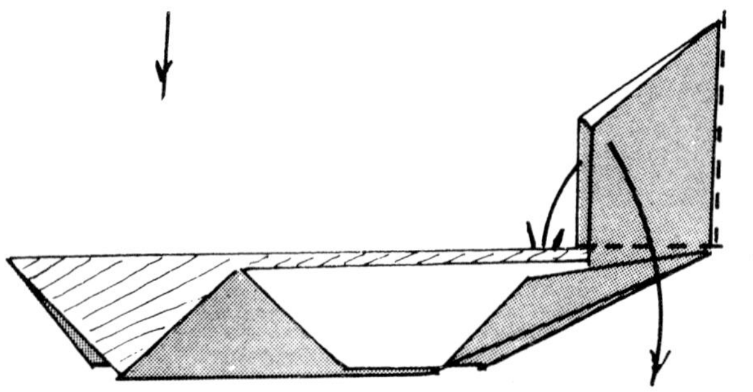

4. Rückwärts-außen-Faltung des Segels nach unten.

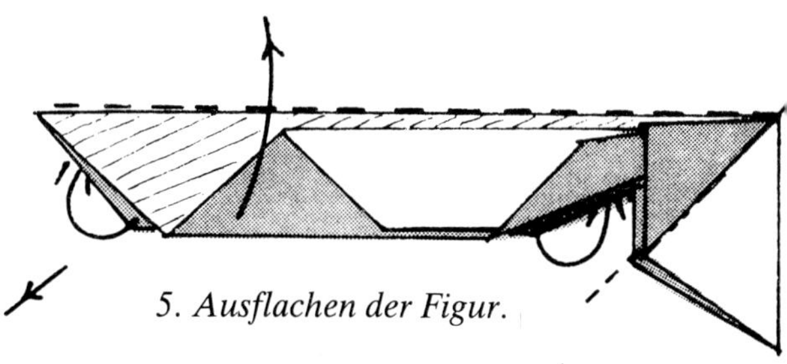

5. Ausflachen der Figur.

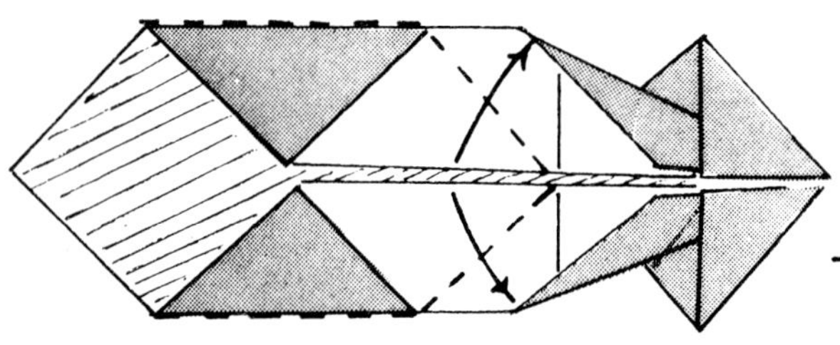

6. Talfaltung der Innenkanten von der ursprünglichen senkrechten Mittelfalte aus.

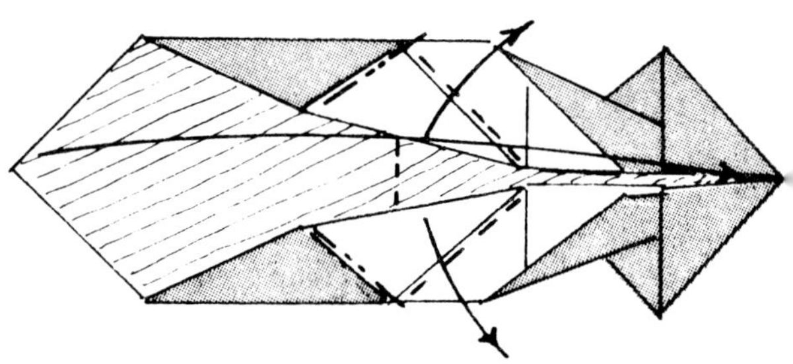

7. Verschiedene Faltungen gleichzeitig: Öffnen (nach außen ziehen) der beiden Laschen und gleichzeitiges Falten und Ausflachen der Figur.

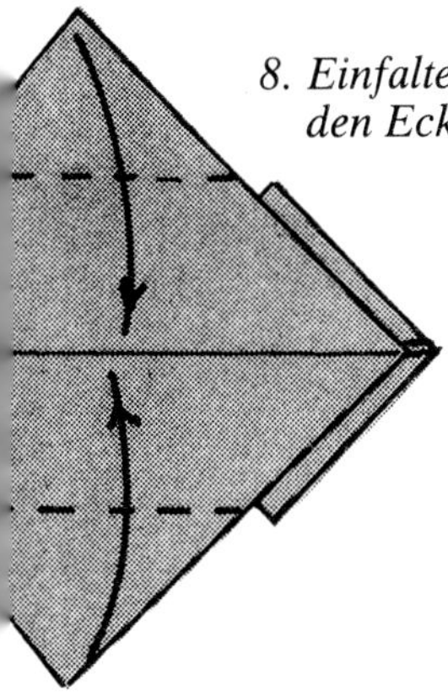

8. Einfalten der beiden Ecken.

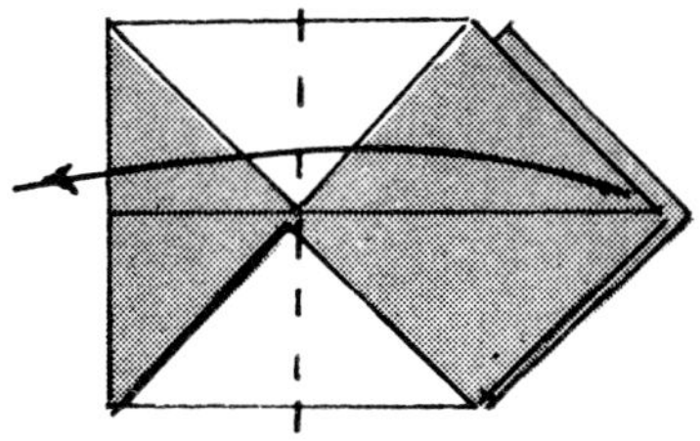

9. Talfaltung, wie angezeigt. Das Hinterende der Dschunke wird dadurch eingeschlossen, es entsteht eine Schachtel.

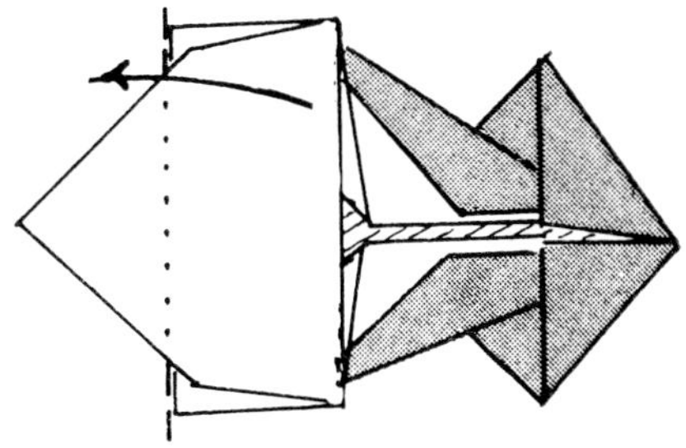

10. Öffnen der Seiten und des Hinterendes der Schachtel.

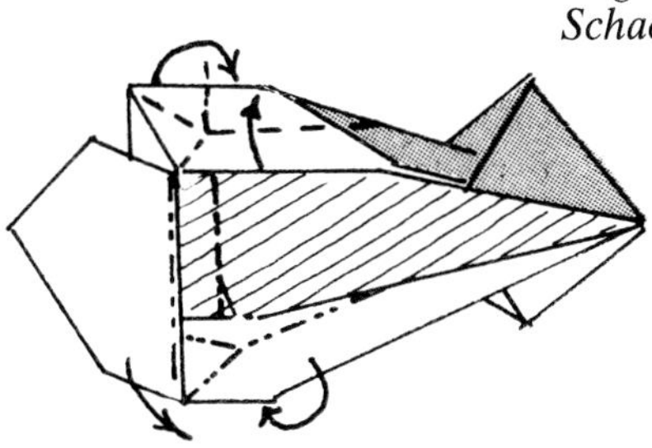

1. Einfalten der oberen Kanten auf die unteren. Auch der Boden muß eingefaltet sein. Ausflachen der Figur mit Ausnahme des Vorderteils (rechts im Bild).

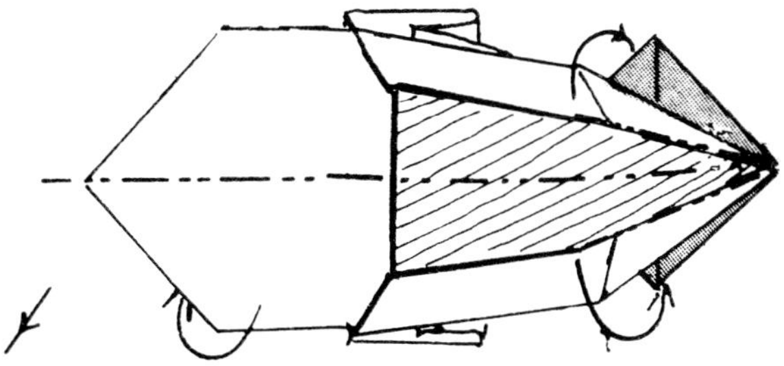

12. Einfalten der Seiten am Bug. Die Seiten müssen vollständig zur Unterseite umgeklappt werden. Anschließend Bergfaltung der ganzen Figur entlang der Mittellinie.

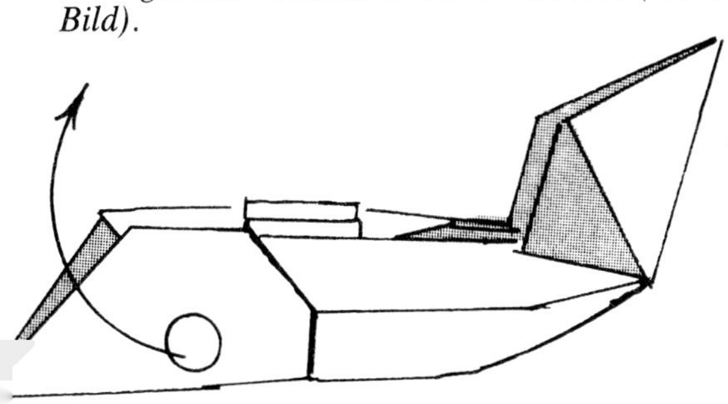

13. Nehmen Sie die linke Seite zwischen Daumen und Zeigefinger (an der durch einen Kreis markierten Stelle) und ziehen Sie den ganzen Teil vorsichtig heraus, bis alle Falten auf der Unterseite verschwunden sind. Auf der Oberseite erscheint ein quadratischer Aufbau.

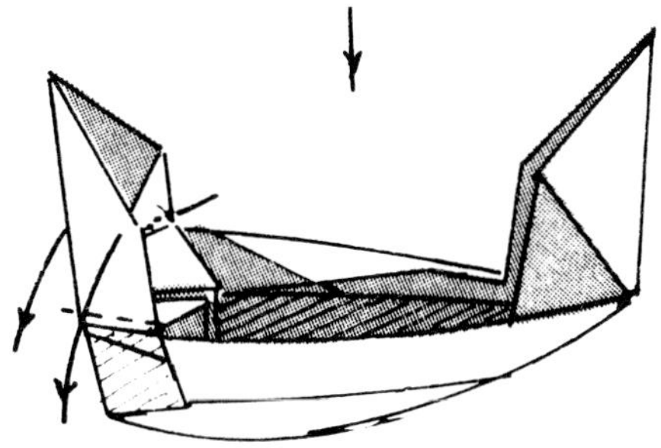

14. Senken des Ruders nach unten durch eine Rückwärts-außen-Faltung.

15. Talfaltung der Ruderseiten zur Mittelkante.

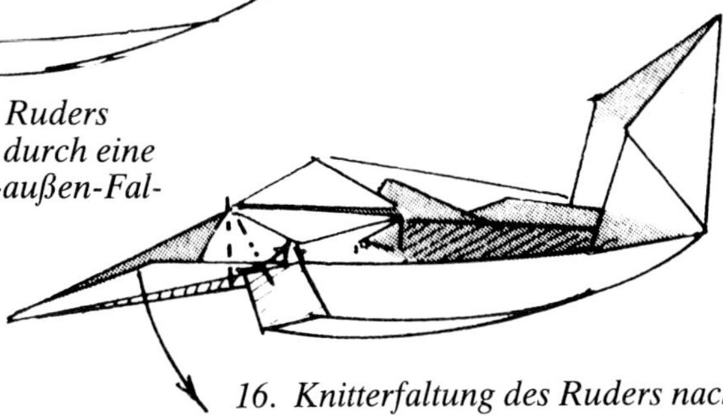

16. Knitterfaltung des Ruders nach unten.

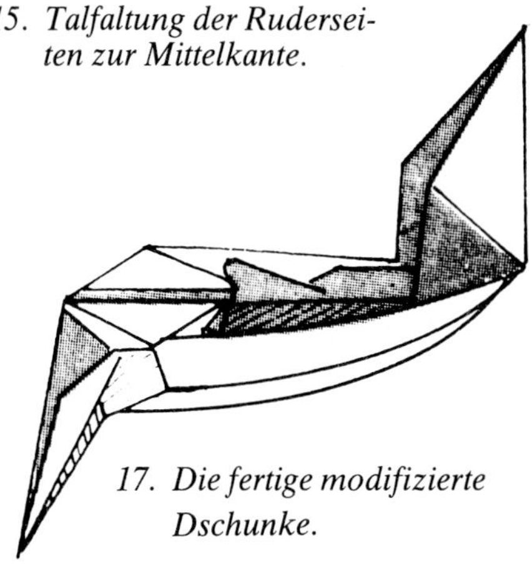

17. Die fertige modifizierte Dschunke.

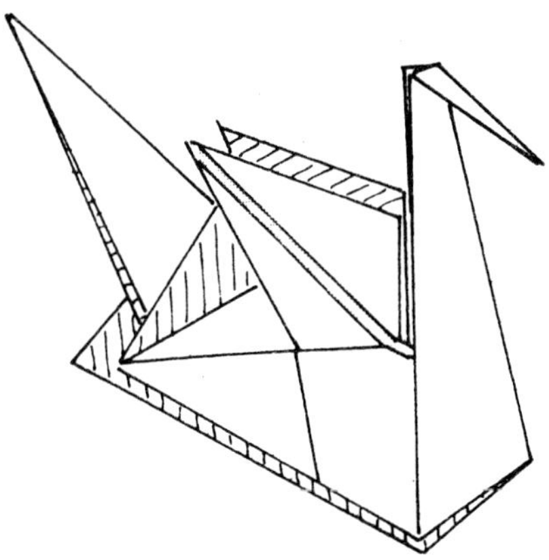

3. Kapitel

Die Vogelform

Aus der Vogelform wird der traditionelle sitzende Kranich geformt. Sie hat vier gleichgroße drachenförmige Teile und ist besonders in Japan sehr beliebt als Ausgangspunkt für neue Kreationen. Vorher muß die Vorform geübt werden. Die Schritte sind einfach, bereiten aber dem Anfänger häufig Schwierigkeiten. Ich habe nur die einfache Rückwärts-innen-Faltung verwendet und keinen Bezug auf die üblichen Quetsch-Falt-Anweisungen genommen. Auch der Übergang von der Vorform zur Vogelform bereitet Schwierigkeiten. Auch hier werden Rückwärts-innen-Faltungen verwendet, wegen ihrer Einfachheit. Die Faltungen in Schritt 6 bieten einige Hinweise.

In diesem Kapitel werden einige traditionelle und eigene Figuren erklärt, die auf der Vogelform aufbauen. Das Kohlebecken *(hibachi)* ist eine eher schachtelförmige traditionelle japanische Figur. Aus ihm wurden zwei Neuerungen abgeleitet: der vierzackige Stern, der die stumpfen Beine in Sternspitzen verwandelt, und die Wasserrose, die acht Spitzen enthält. Beide sind als Vorstufe zum achtzackigen Stern zu betrachten, der im nächsten Kapitel behandelt wird. Der elegante sitzende Kranich, auf den die Japaner mit recht stolz sind, verwendet zwei der Spitzen für Kopf und Schwanz, die anderen zwei für die Flügel.

Der Schwan wurde ursprünglich aus einem achtzackigen Stern hergestellt, wird aber hier mit einfacheren Anweisungen präsentiert. Er ist die einfachste meiner eigenen Schöpfungen, nimmt es aber an Charme und Schönheit mit dem sitzenden Kranich auf.

Wer den Kranich und den Schwan einmal geschafft hat, wird sich bereits für einen zünftigen Papierfalter halten. Auf jeden Fall sollte man es bis dahin schaffen, denn viele, die die Kunst des Papierfaltens als etwas für Kinder betrachten, geben vorher auf. Nach diesen beiden Figuren kann man sich auch an die chinesische Dschunke wagen.

Der sitzende Kranich

Vorfaltung für die Vogelform

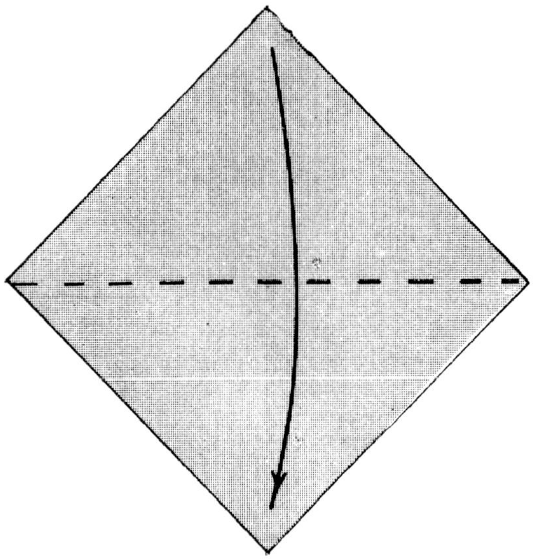

1. Weiße Seite nach oben. Diagonalfaltung.

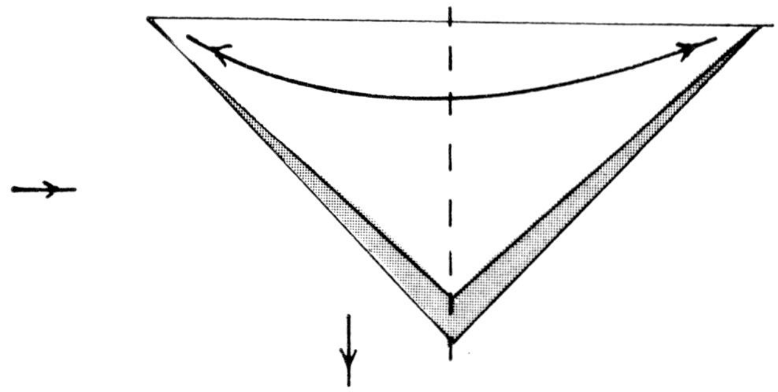

2. Senkrechte Vorfaltung durch zweite Diagonalfaltung.

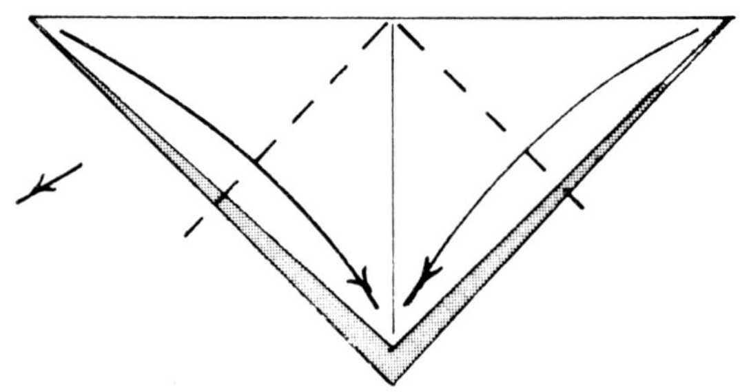

3. Herunterfalten der beiden Spitzen.

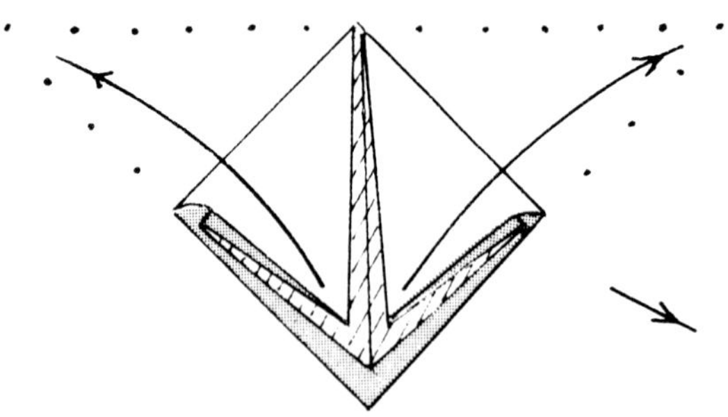

4. Faltungen wieder rückgängig machen.

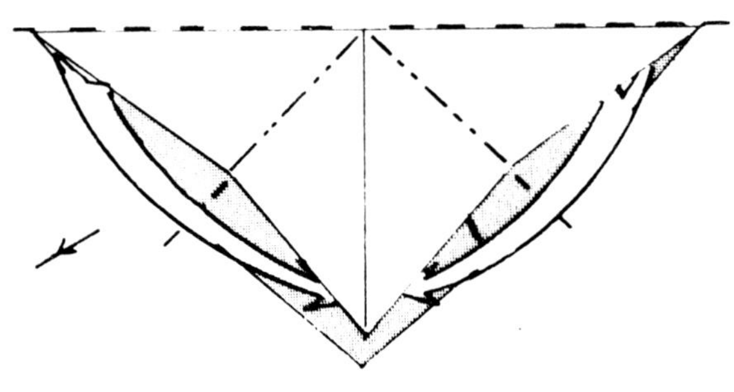

5. Rückwärts-innen-Faltung der beiden Seiten unter Benutzung der Vorfaltungen. Damit die beiden Seiten eingeklappt werden können, muß die Figur teilweise geöffnet werden. Die oberen Faltungen müssen außerdem umgekehrt werden.

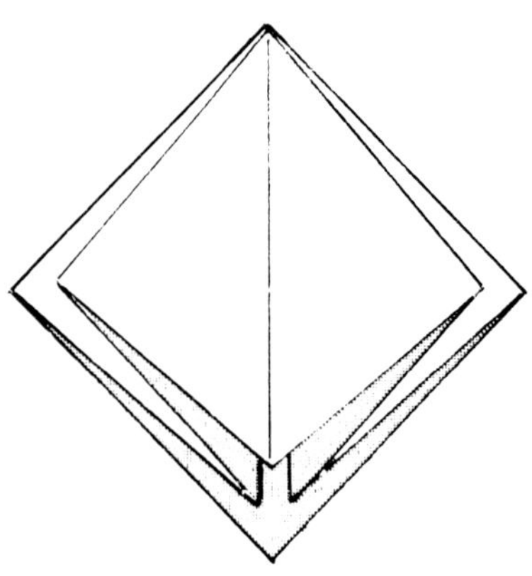

6. Die Vorfaltung.

Talfalte – – – – –

Bergfalte —·—·—

Die Vogelform

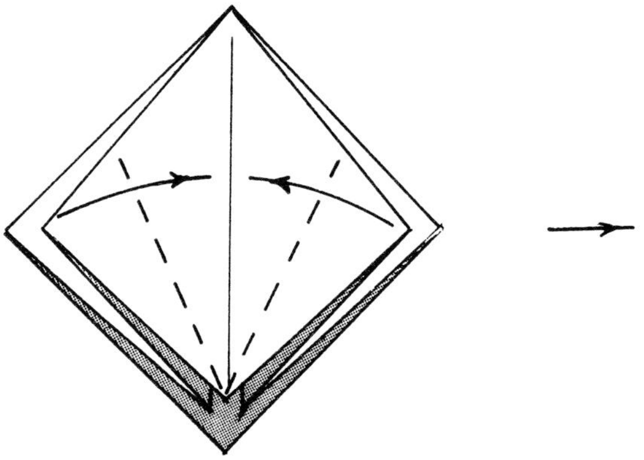

1. Ausgangspunkt ist die Vorfaltung für die Vogelform. Die unteren Seiten der beiden Vorderlappen werden in die Mitte gefaltet.

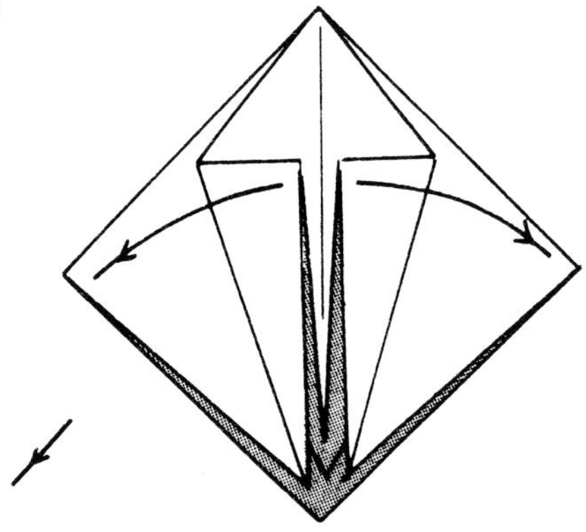

2. Faltungen wieder rückgängig machen.

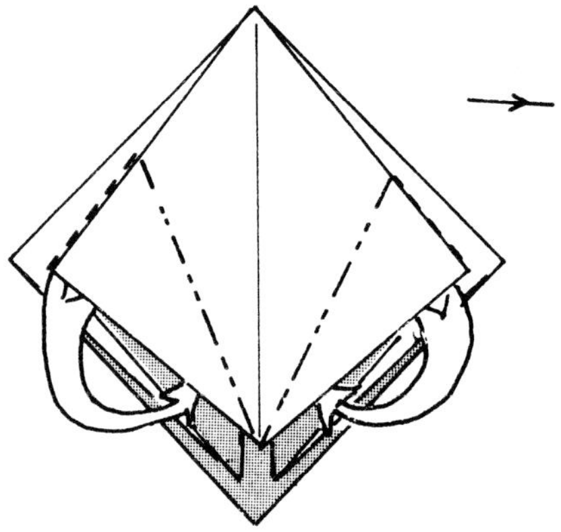

3. Die Ecken der beiden Vorderlappen werden nach innen gestülpt (Rückwärts-innen-Faltung). Dabei muß der obere Teil der Figur leicht angehoben werden. Außerdem ändern sich die Faltungen (Tal zu Berg).

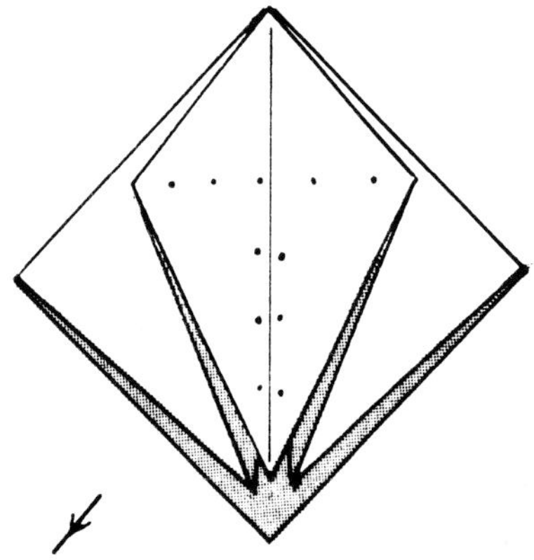

4. Das gleiche für die hintere Seite.

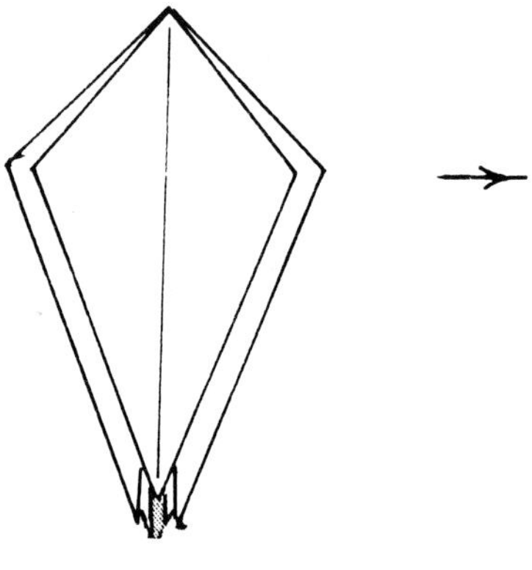

5. Die Vogelform.

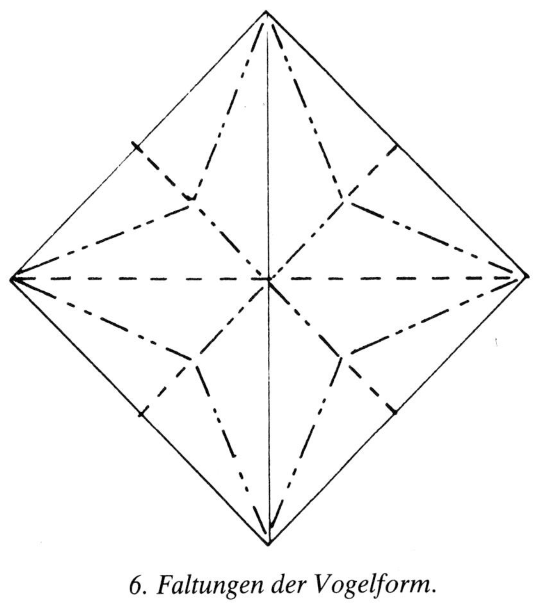

6. Faltungen der Vogelform.

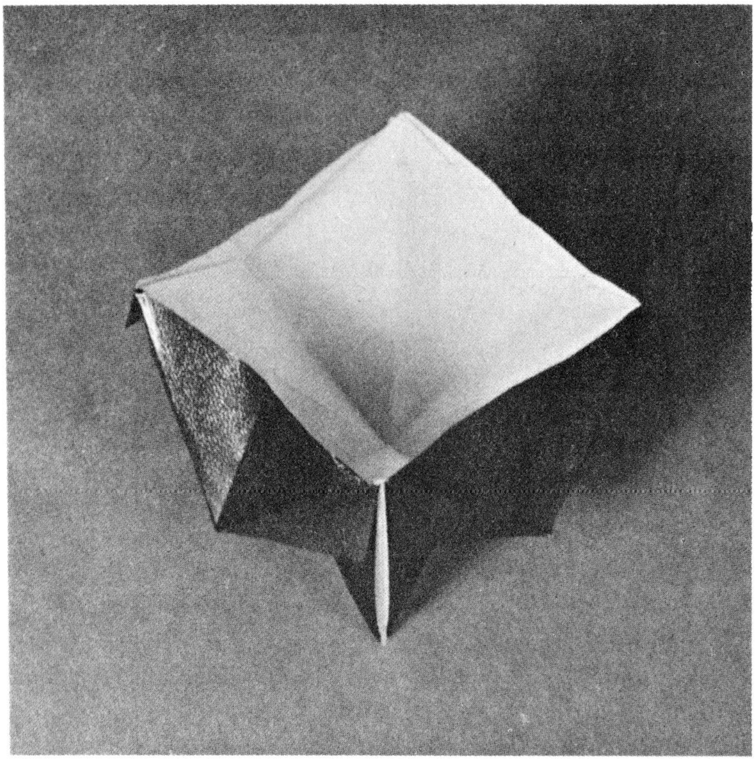

Das Kohlebecken

Die Wasserrose

Der vierzackige Stern

Der Schwan

Das Kohlebecken

Traditionelle Faltung aus Japan.

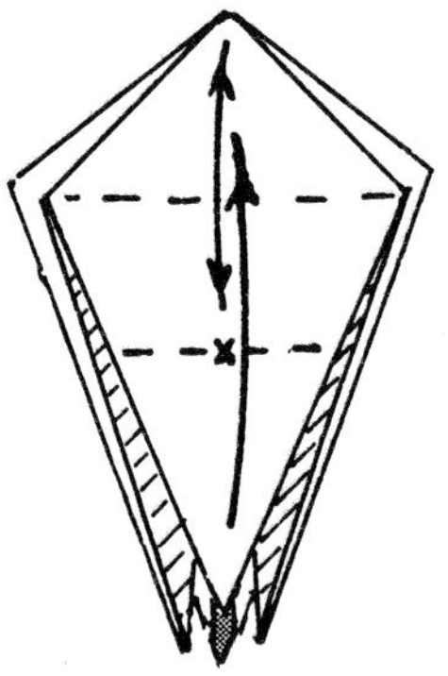

1. Oberen Teil der Vogelform nach unten falten, um den Punkt x zu markieren. Faltung wieder rückgängig machen. Unteren Teil an dieser Stelle nach oben falten.

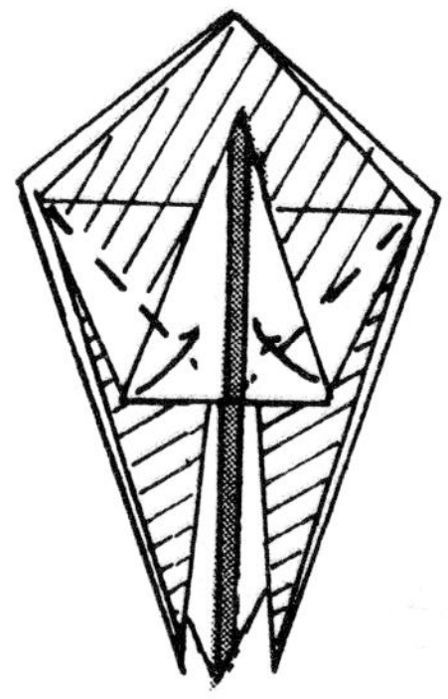

2. Die linken und rechten Seiten zur Mitte hin falten.

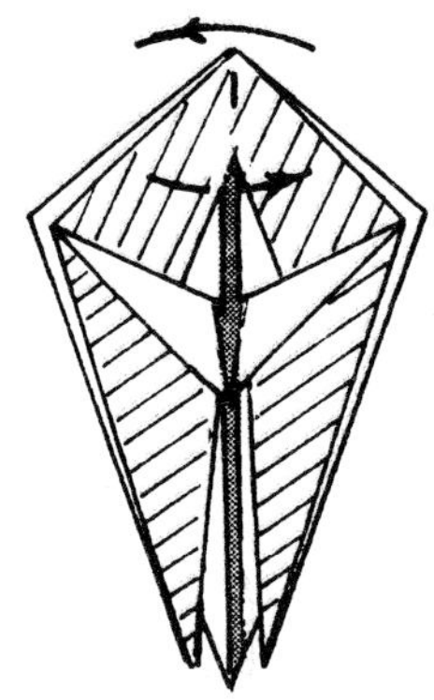

3. Linken Vorderteil nach rechts klappen, rechten Hinterteil nach links klappen. Mit den beiden freigewordenen Seiten Schritt 1 und 2 durchführen.

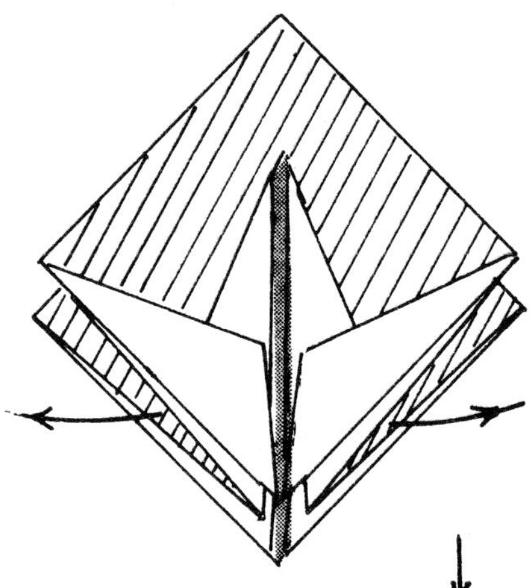

4. Die vier unteren Ecken nach außen ziehen. Es entsteht eine umgedrehte Schachtel.

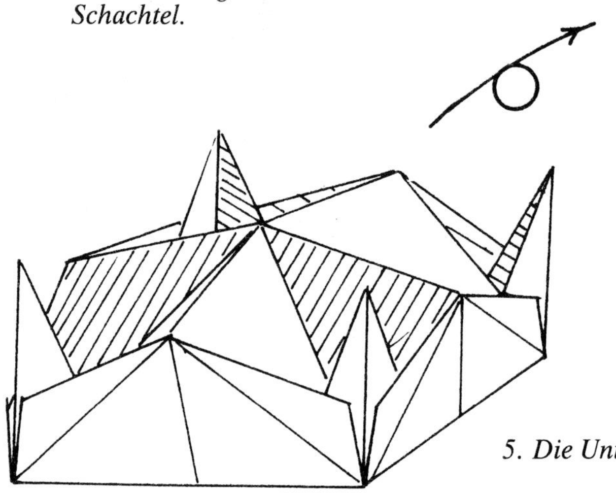

5. Die Unterseite des Kohlebeckens.

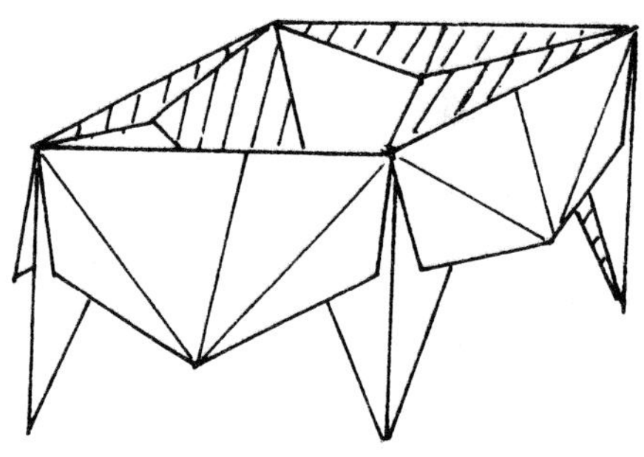

6. Das fertige Kohlebecken (hibachi).

Der vierzackige Stern

Aus einer Modifikation des Kohlebeckens.

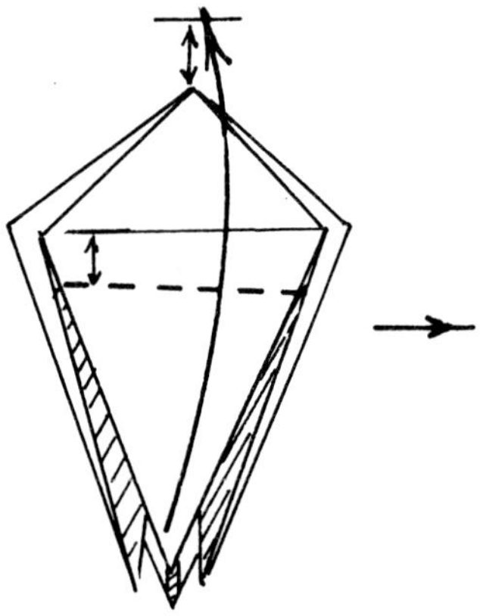

1. Freien Teil so nach oben falten, daß er von der Dreiecksbasis und von der Dreiecksspitze gleich weit absteht.

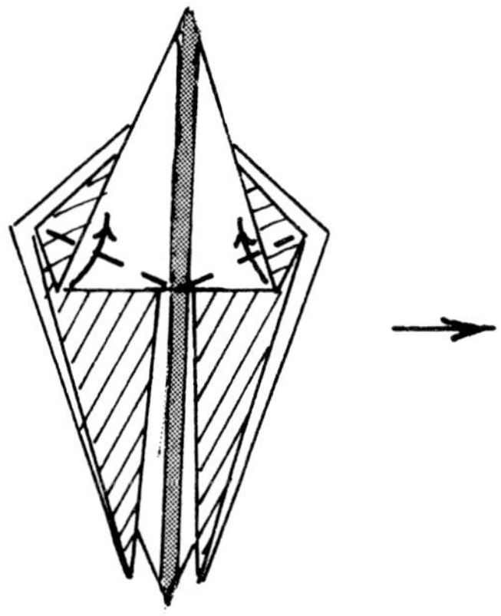

2. Untere Ecken nach oben falten.

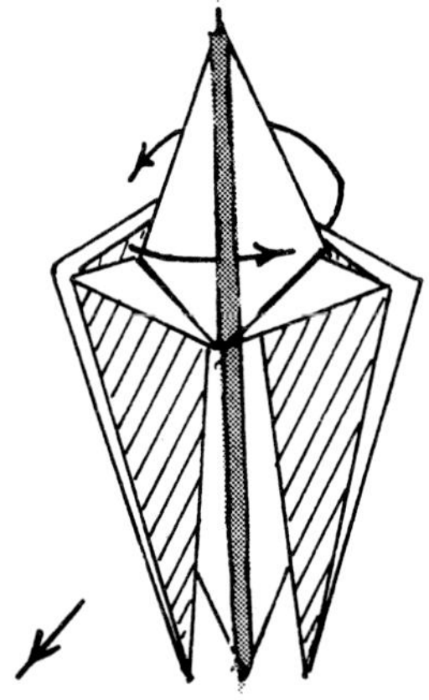

3. Linke Vorderseite nach rechts, rechte Hinterseite nach links klappen. Schritt 1 und 2 für die übrigen drei Teile durchführen.

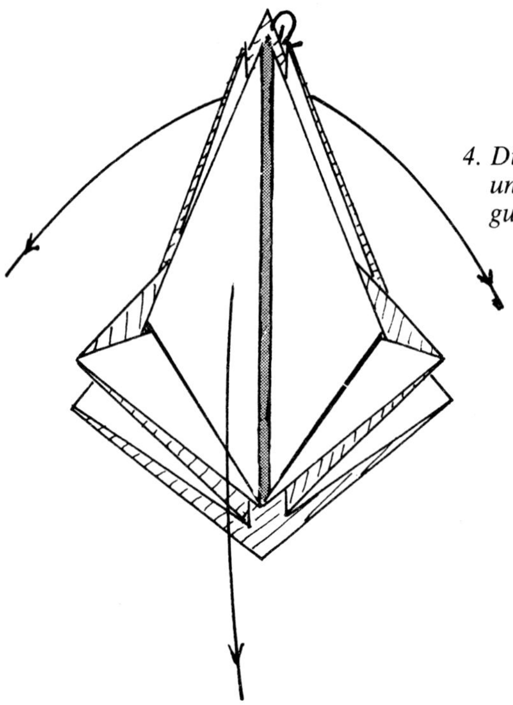

4. Die vier Oberteile nach unten falten, also die Figur öffnen.

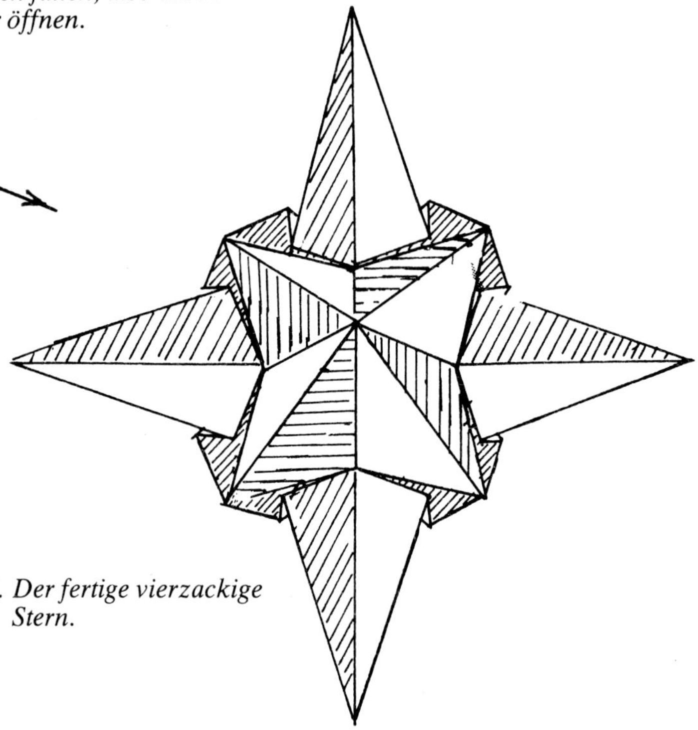

5. Der fertige vierzackige Stern.

Die Wasserrose

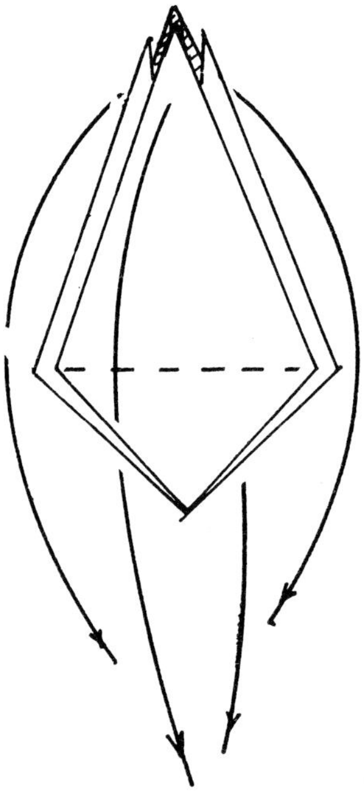

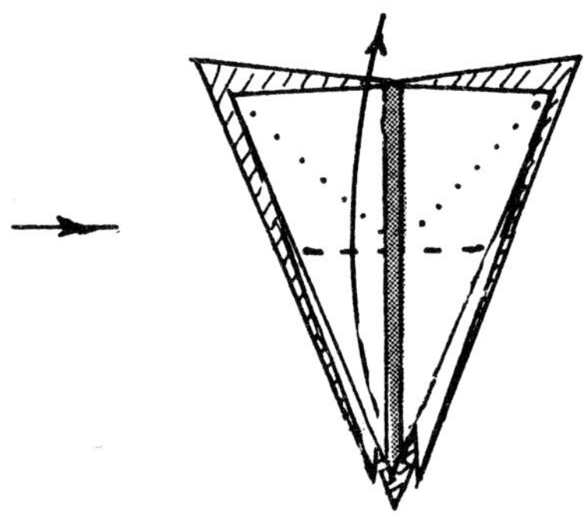

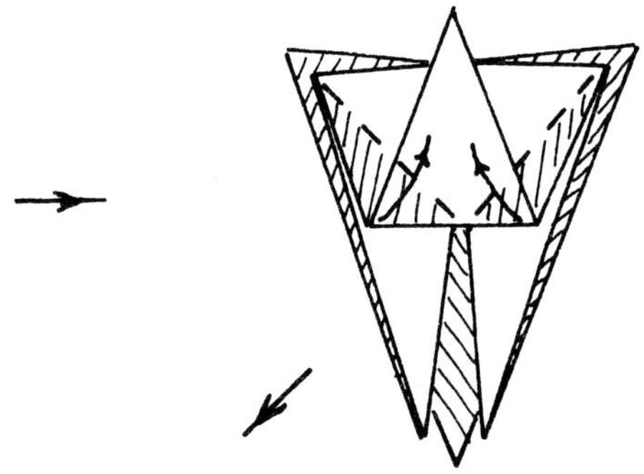

2. Oberteil nach oben falten, und zwar dort, wo sich die (nicht sichtbare) Spitze befindet.

3. Linke und rechte Ecke nach oben falten.

1. Ausgangspunkt ist die Vogelform (um 180 Grad gedreht). Die vier freien Teile über die Spitze falten.

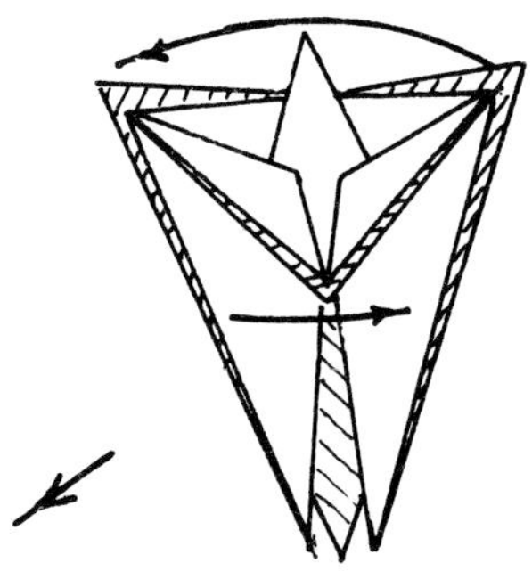

4. Linke Vorderseite nach rechts und rechte Hinterseite nach links klappen. Schritt 2 bis 3 für die übrigen drei Seiten durchführen.

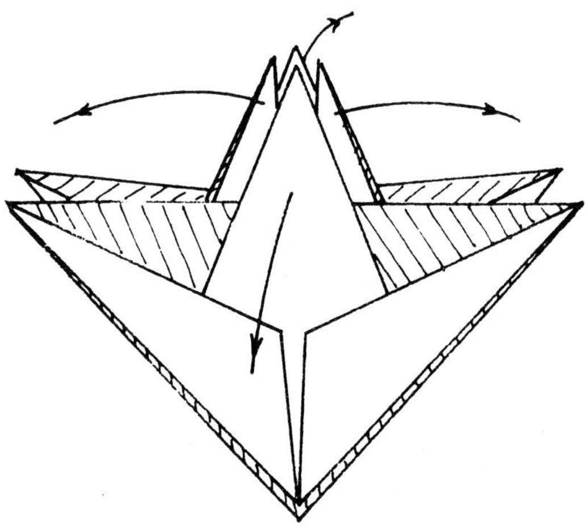

5. Die vier oberen Ecken herausziehen.

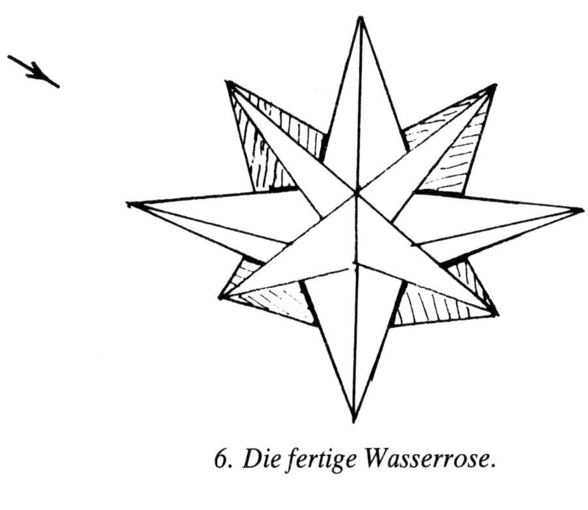

6. Die fertige Wasserrose.

Der sitzende Kranich

Traditionelle Faltung aus Japan.

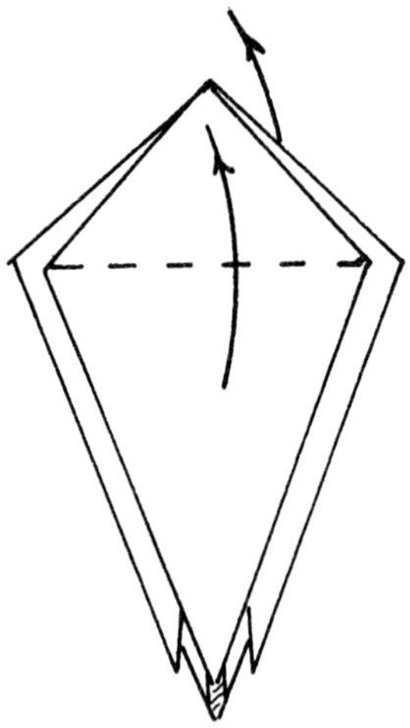

1. Vorder- und Hinterteil der Vogelform nach oben falten.

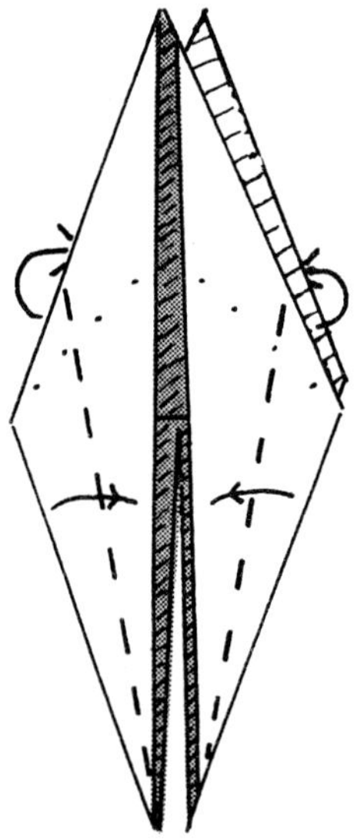

2. Die beiden unteren Seiten nach innen falten. Auf der Rückseite desgleichen.

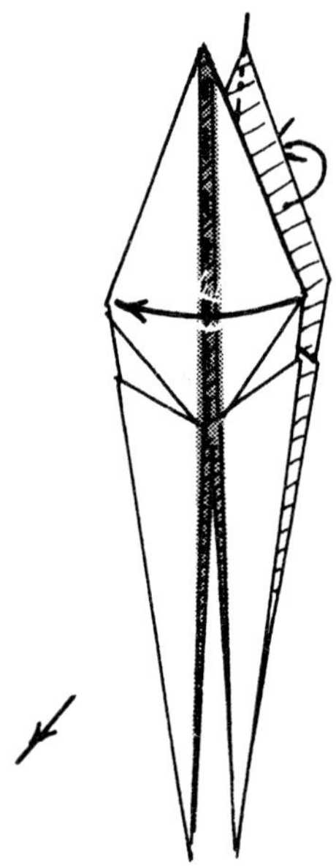

3. Buchfaltung (Zusammenklappen) vorne und hinten.

4. Vorderteil nach oben falten, soweit es geht. Auf der Rückseite wiederholen. (Die Vorderseite wird der Hals, die Rückseite der Schwanz.)

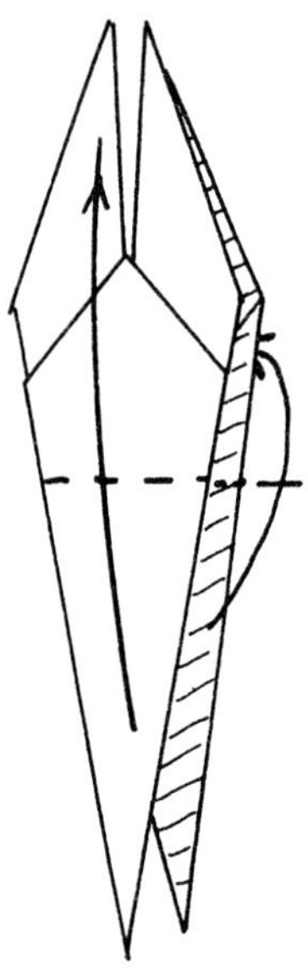

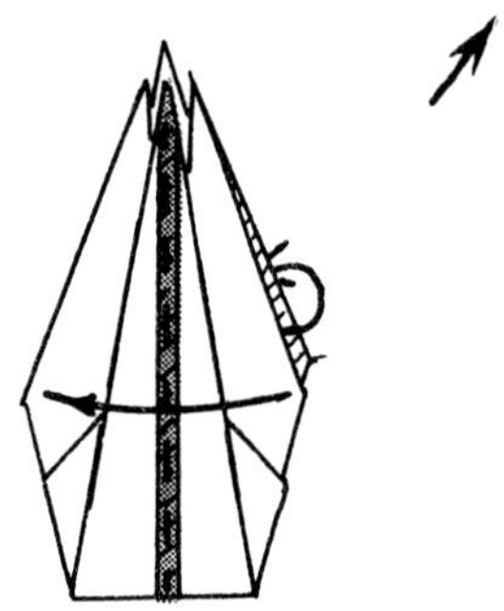

5. Buchfaltung der Vorder- und der Rückseite. Dadurch werden die Flügel frei.

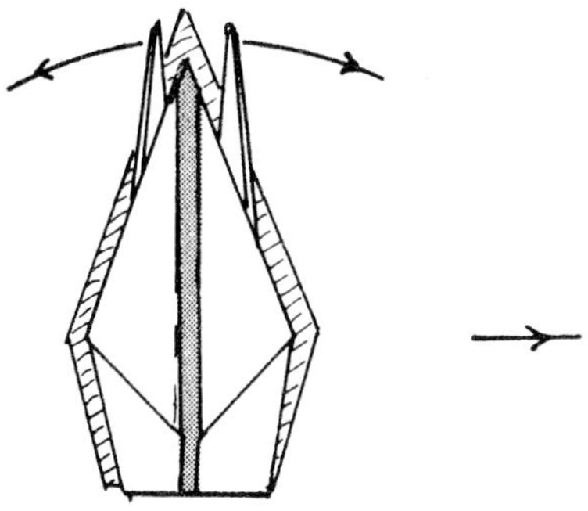

6. Kopf- und Schwanzteil leicht herausziehen und durch Flachdrücken der Figur befestigen.

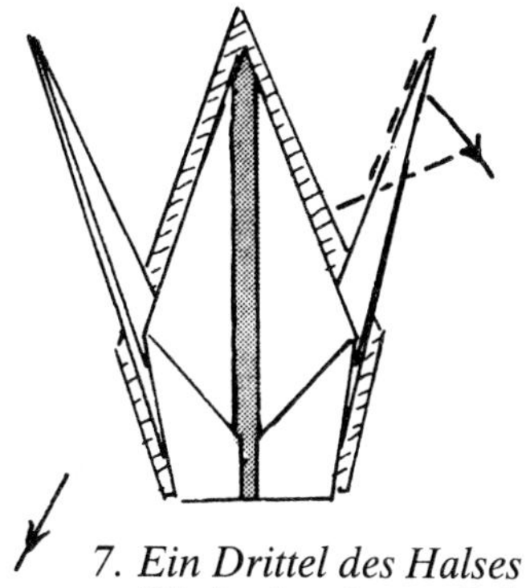

7. Ein Drittel des Halses durch Rückwärts-innen-Faltung zum Kopf machen.

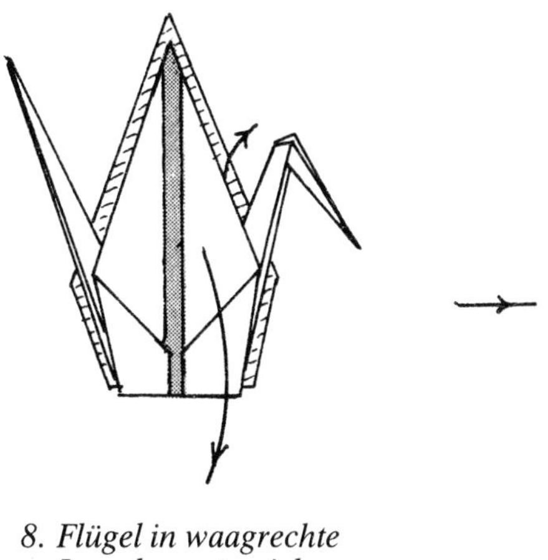

8. Flügel in waagrechte Lage herunterziehen.

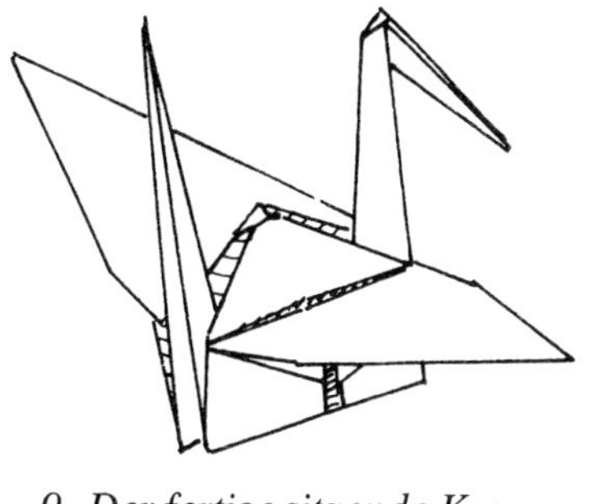

9. Der fertige sitzende Kranich.

Der Schwan

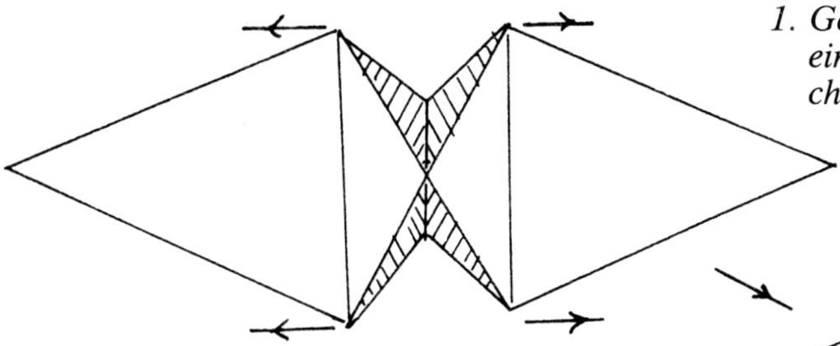

1. Gegenüberliegende Teile der Vogelform auseinanderziehen und den Mittelteil dabei ausflachen.

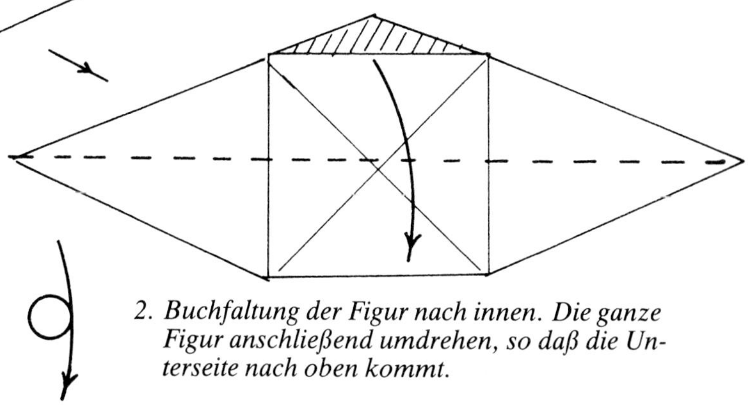

2. Buchfaltung der Figur nach innen. Die ganze Figur anschließend umdrehen, so daß die Unterseite nach oben kommt.

3. Unter- und Oberteil so zusammendrücken, daß die Ecken in der Mitte zusammenkommen.

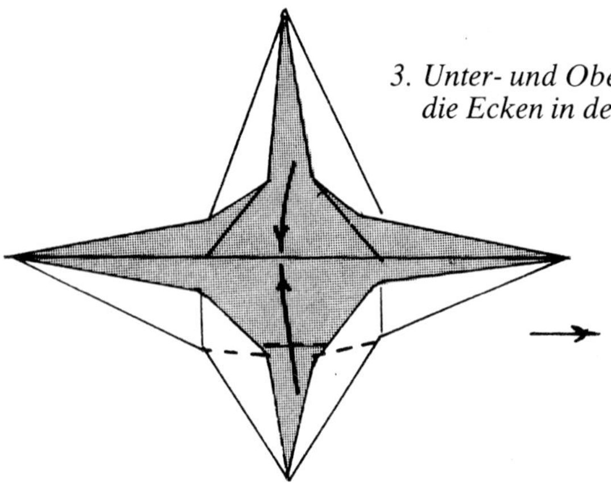

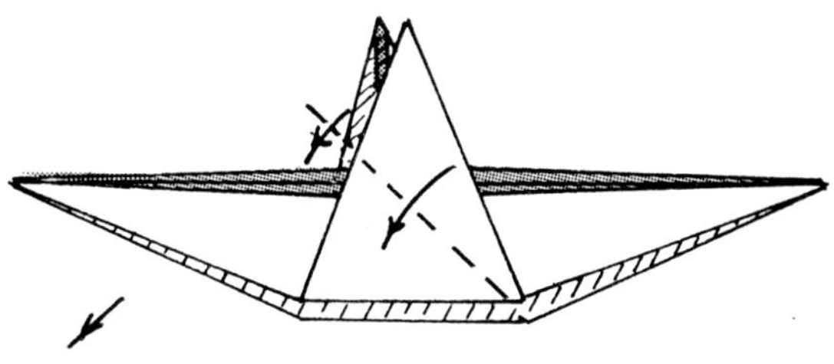

4. Die kurzen Ecken nach unten falten.

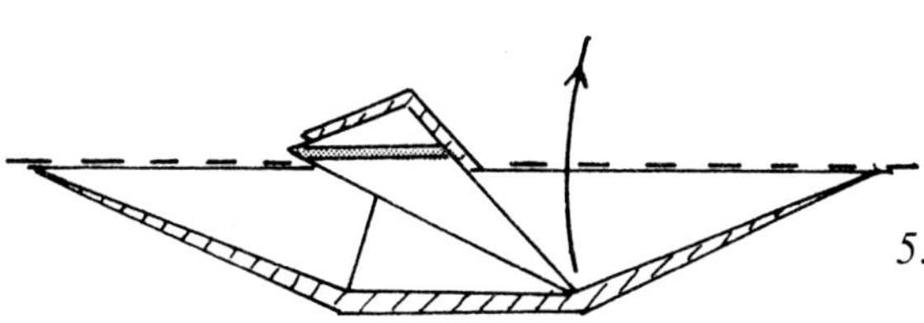

5. Die Flügel sorgfältig übereinanderlegen und die Unterseite der Figur öffnen.

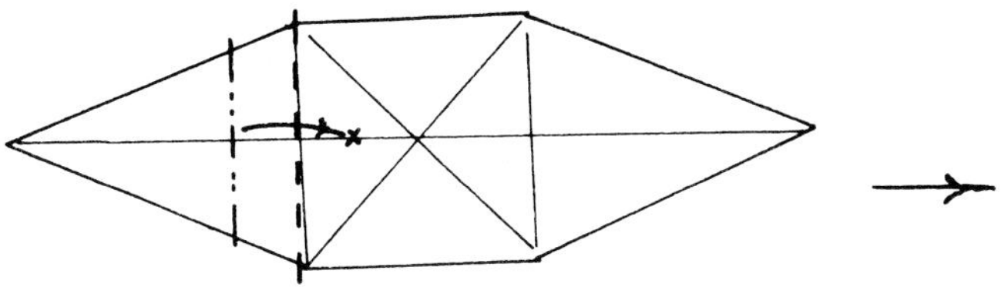

6. Harmonikafaltung des Schwanzes.

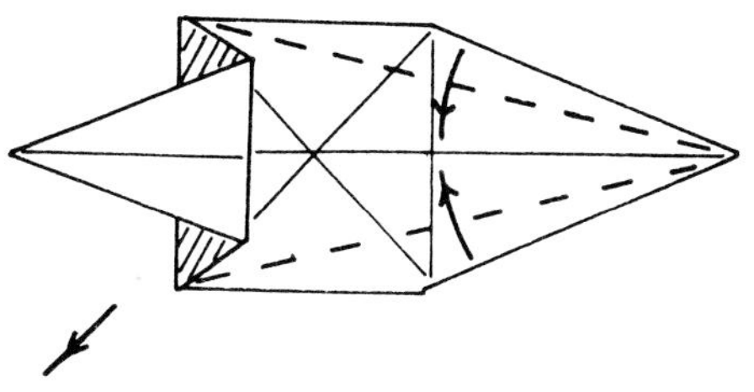

7. Die Seiten nach innen falten, wozu man die Ecken des Quadrats nimmt.

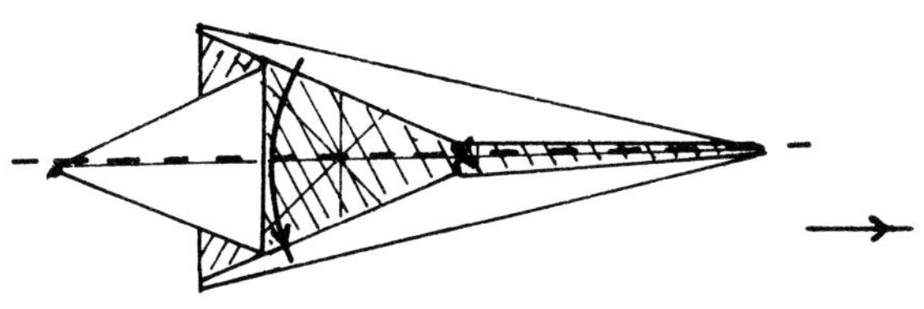

8. Buchfaltung der ganzen Figur.

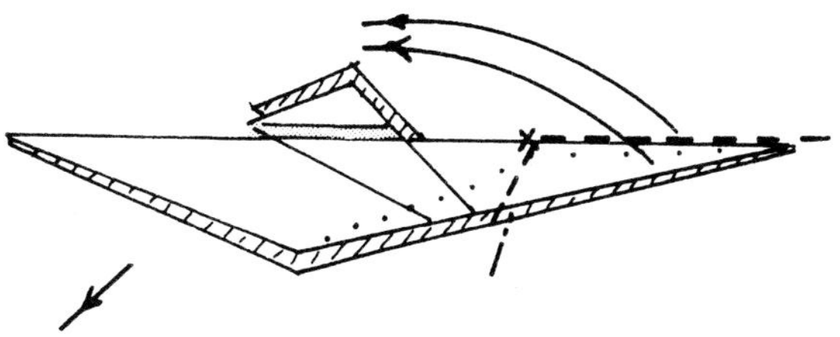

9. Rückwärts-außen-Faltung des Halses, so daß er die Flügel beinahe berührt.

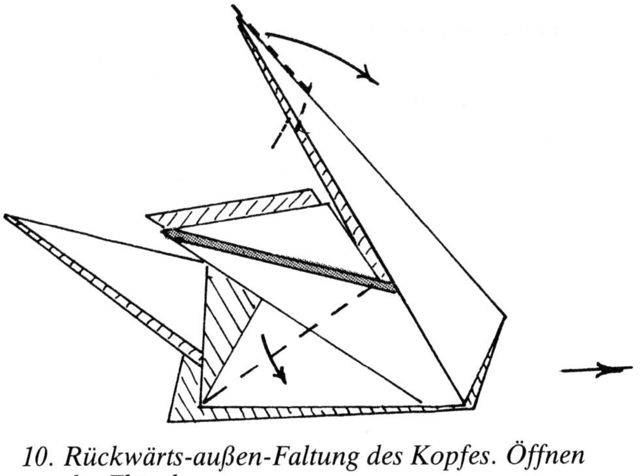

10. Rückwärts-außen-Faltung des Kopfes. Öffnen der Flügel.

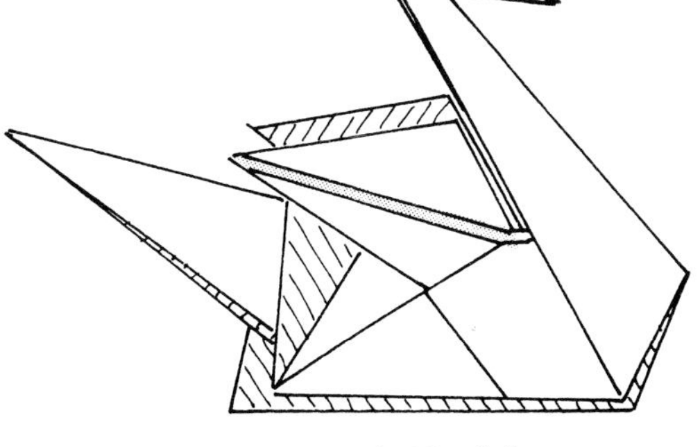

11. Der fertige Schwan.

Der achtzackige Stern

Der Seehund

Der Pegasus

4. KAPITEL

Der achtzackige Stern

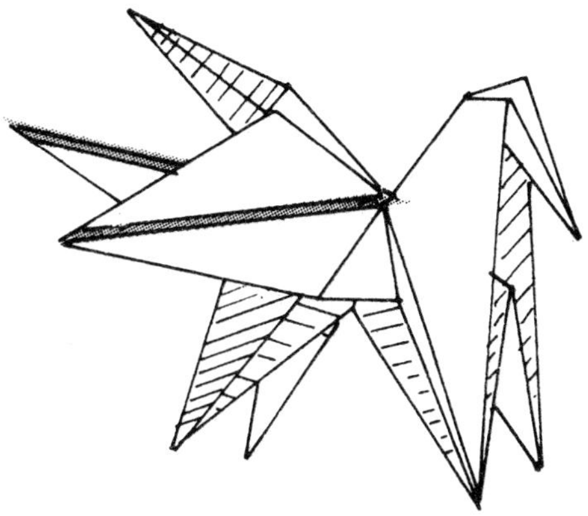

Der achtzackige Stern ist Ausgangsbasis für viele in diesem Buch gezeigte Figuren, darum sollte man ihn gut lernen. Durch die acht Eckpunkte können komplexere Gebilde als mit der einfachen Vogelform erzeugt werden. Außerdem werden die Figuren dadurch körperlicher.

Wichtigster Schritt von der Vogelform zum achtzackigen Stern ist die Versenkung des Mittelpunkts. Danach wird der Stern ähnlich gefaltet wie die Wasserrose, mit einer Ausnahme: das Einfalten der Seiten des Mittelquadrats in Schritt 6 und 7. Der Anfänger tendiert dazu, diese Faltungen zu flach auszuführen, meist wegen der Papierspannung, die gerade bei dieser Faltung besonders stark ist. Die Eckpunkte des Mittelquadrats müssen so nach innen gebracht werden, daß im Verlauf der weiteren Faltungen ein dreidimensionales Gebilde entsteht.

Die Figuren dieses Kapitels bestehen aus relativ einfachen Modifikationen des achtzackigen Sterns. Für den Pegasus müssen nur zwei Flügel und ein Kopf geformt werden. Bei den übrigen Figuren müssen zwei gegenüberliegende Sternzacken auseinandergezogen werden. Dadurch entstehen zwei lange und zwei kurze Teile, jeweils im rechten Winkel zueinander, mit praktischen Falten zur weiteren Bearbeitung. Beim Seehund liegt die Schwierigkeit darin, den Kopf senkrecht zum Körper zu stellen, was durch eine Art T-Faltung erreicht wird (siehe 6. Kapitel). Eine genauere Betrachtung von Bild 5 zeigt die Bedeutung der Anweisungen in Bild 4.

Die Schwierigkeiten beim Meerengel liegen in der Faltung des Mauls. Hier hilft vielleicht die Betrachtung der Fotografie. Beim Kätzchen wird zum erstenmal eine Harmonikafaltung gezeigt, wie sie in diesem Buch häufig Verwendung findet. Vor der eigentlichen Faltung kann man die diversen Tal- und Bergfalten vorfalten. Die Harmonikafaltung für den Schwanz des Kätzchens ist eine Fußfaltung vom offenen Ende her; dabei ändert sich die Richtung. Das Gesicht erhält man durch Harmonikafaltung entlang bereits existierender Falten. Auch hier wird die Fotografie helfen.

Das Kätzchen

Der Meerengel

Versenken der Spitze einer Vogelform

Durch Versenken der Spitze verschwindet diese innerhalb der Figur.

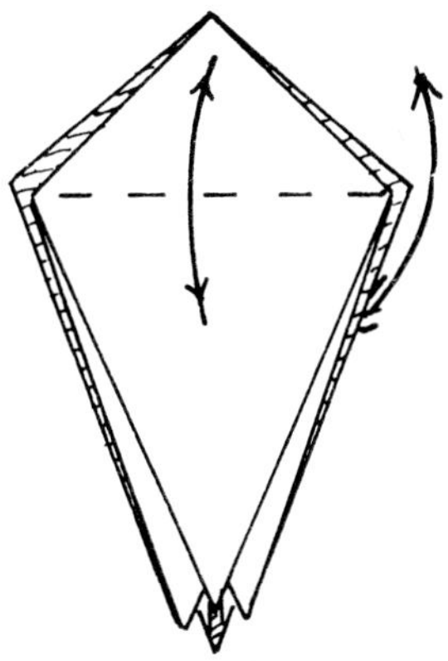

1. Ausgangspunkt ist die Vogelform. Vorfaltung des Oberteils an der breitesten Stelle. Auf der Rückseite wiederholen.

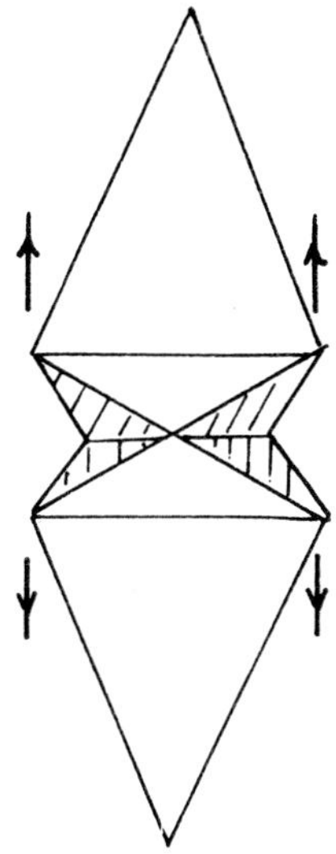

2. Gegenüberliegende Teile so weit wie möglich auseinanderziehen. Zwischen ihnen erscheint das Mittelquadrat.

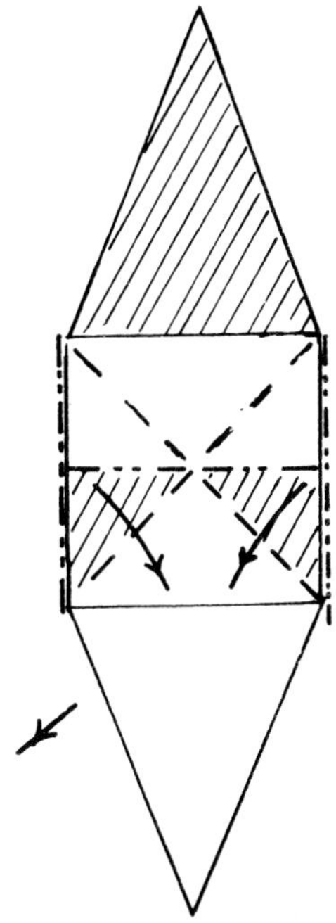

3. Bergfalten an den Quadratseiten (links und rechts im Bild) anbringen. Den unteren Teil der Figur fest auf den Tisch legen und das Quadrat nach innen falten, wie in der Abbildung gezeigt.

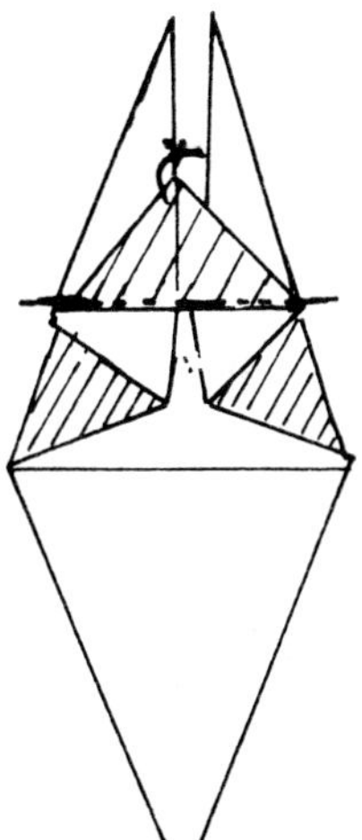

4. Figur ausflachen.

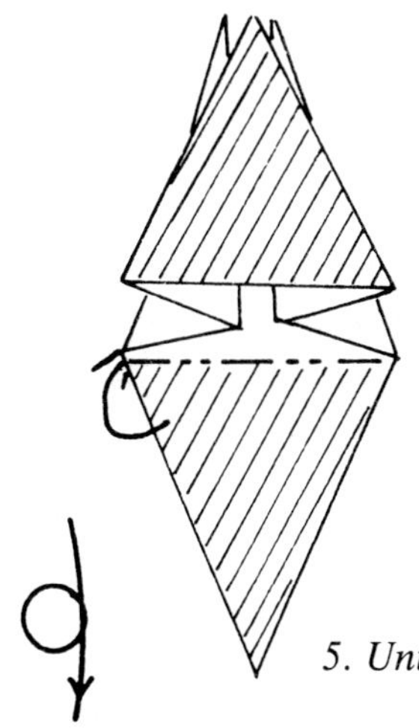

5. Unterteil nach hinten klappen.

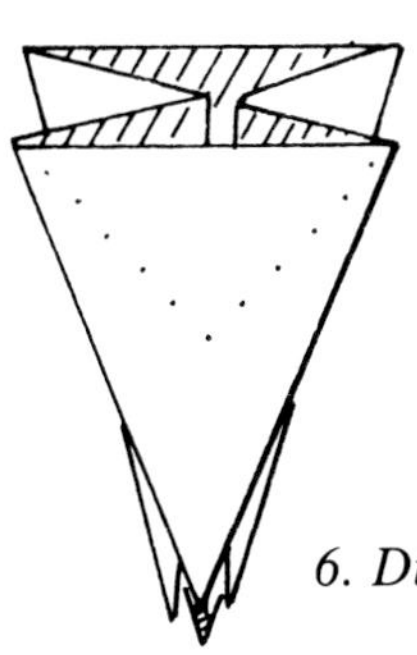

6. Die versenkte Vogelform.

Der achtzackige Stern

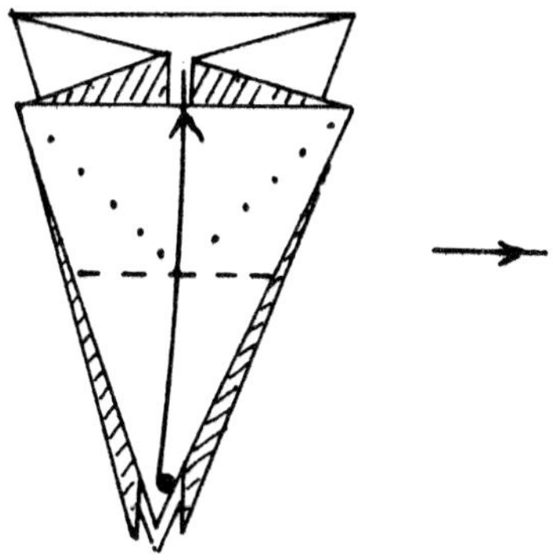

1. Ausgangspunkt ist die versenkte Vogelform. Die vordere Spitze hochfalten (sie wird zur ersten Zacke). Die Faltung erfolgt dort, wo sich die versenkte Spitze befindet.

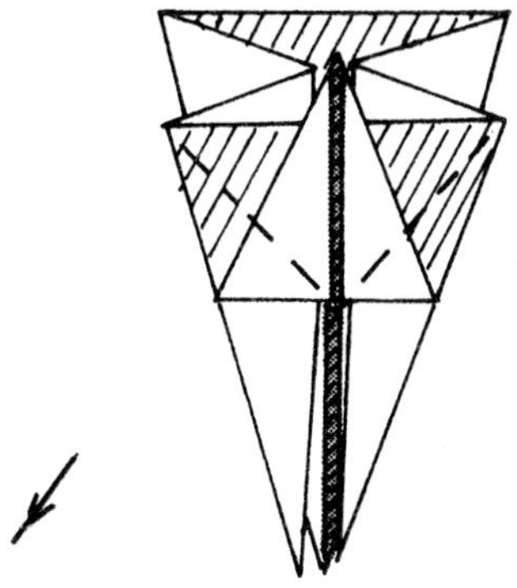

2. Die Ecken nach innen falten. Schritt 1 und 2 auf der Rückseite wiederholen.

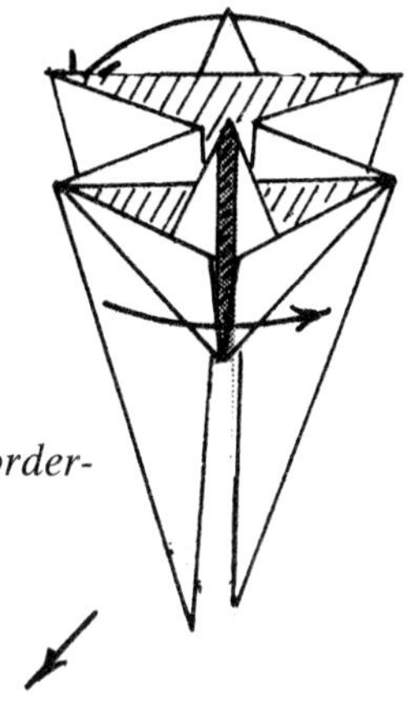

3. Buchfaltung der Vorder- und Rückseite.

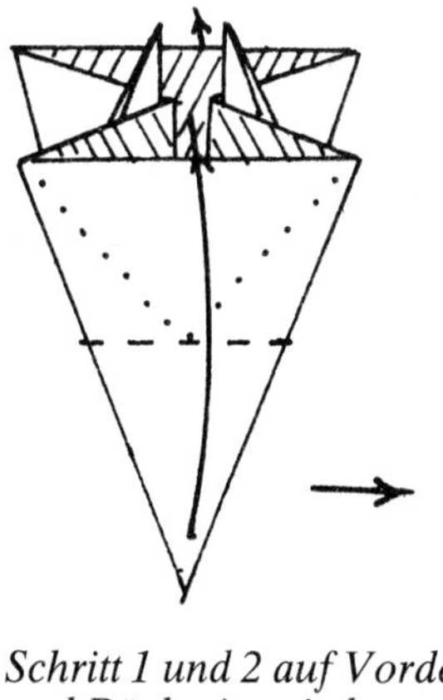

4. Schritt 1 und 2 auf Vorder- und Rückseite wiederholen.

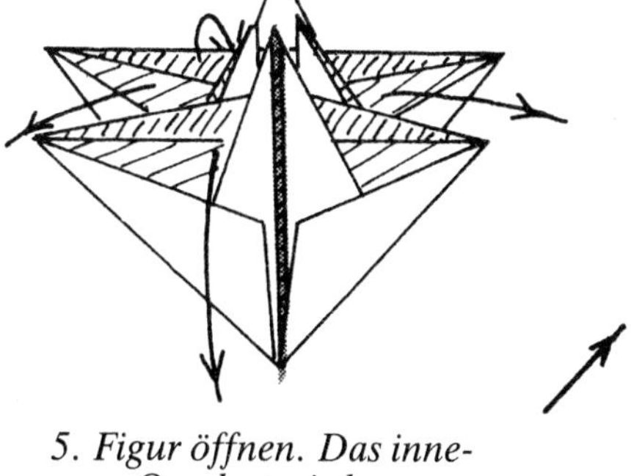

5. Figur öffnen. Das innere Quadrat wird sichtbar.

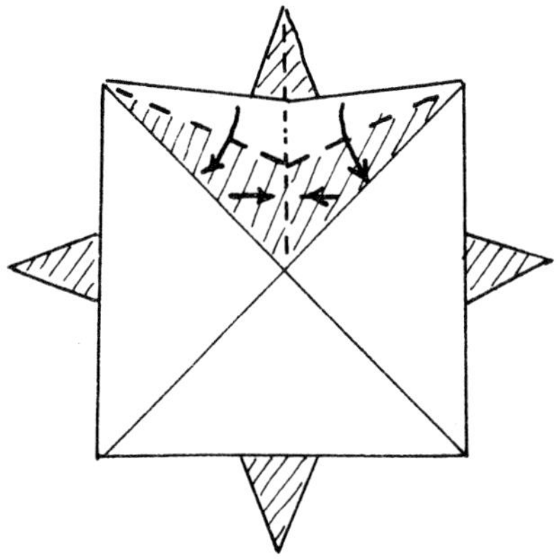

6. Das Quadrat wird folgendermaßen zu Zacken verarbeitet: Obere Kanten an die Diagonalen falten, dabei Diagonalen leicht zusammendrücken.

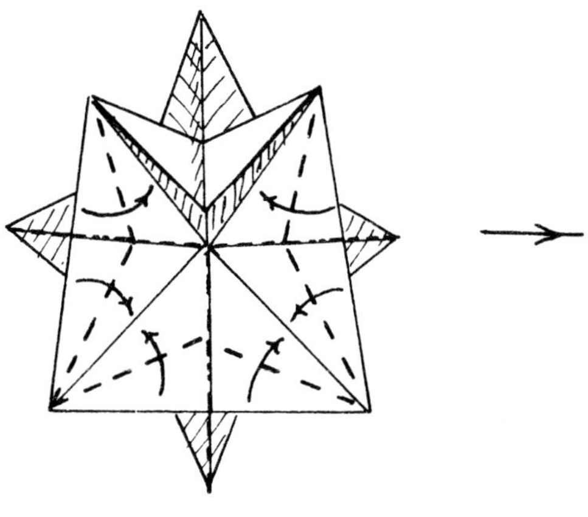

7. Schritt 6 für die anderen 3 Seiten des Quadrats wiederholen. Die Figur wird jetzt dreidimensional und etwas schwierig zu handhaben.

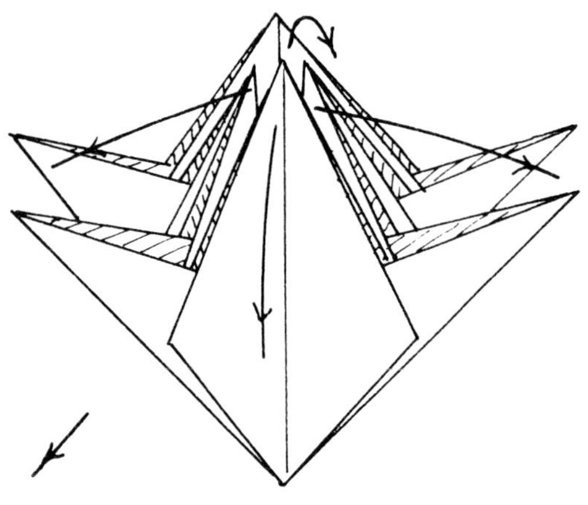

8. Die vier Eckpunkte des Mittelquadrats zusammenfalten, Faltungen verstärken (nachfalten) und wieder entfalten.

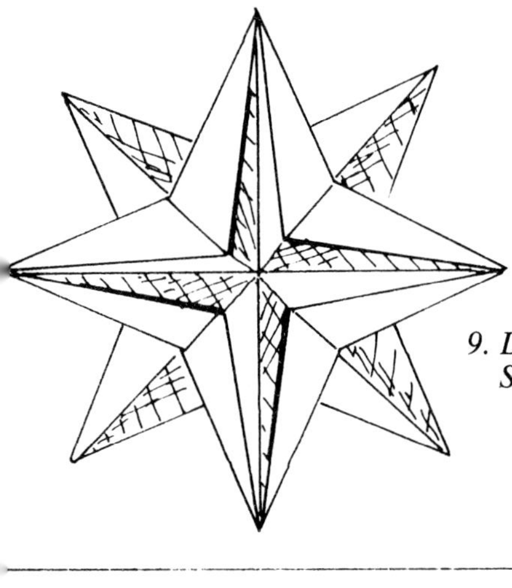

9. Der fertige achtzackige Stern von vorne.

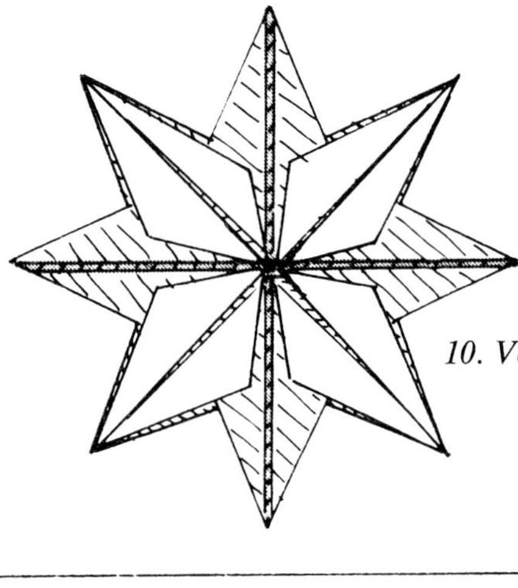

10. Von hinten.

Der Pegasus

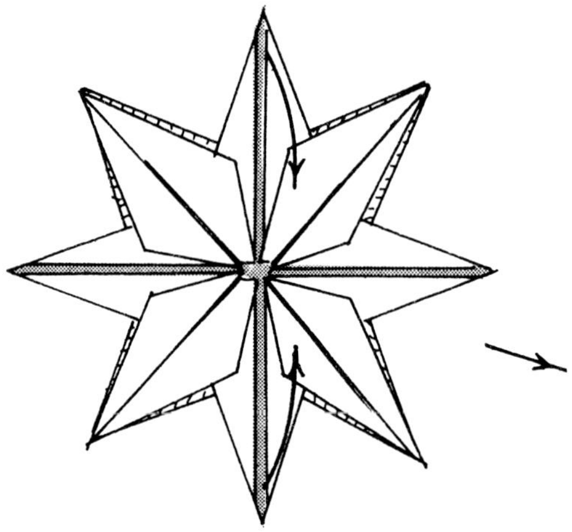

1. Ausgangspunkt ist die Rückseite des achtzackigen Sterns. Zwei gegenüberliegende Zacken hochheben, sie werden später zu Flügeln.

2. Je eine Talfalte in eine Bergfalte und eine Bergfalte in eine Talfalte auf den Flügeln verwandeln. Dann die Flügel am Schwanzende der Figur zusammendrücken.

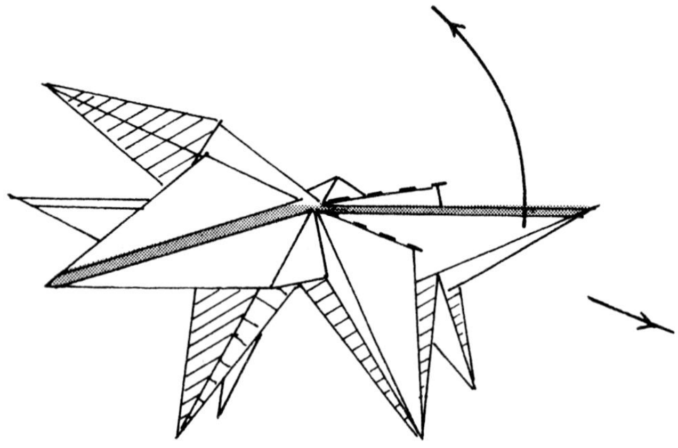

3. Dritten Zacken hochheben. Er wird zum Kopf.

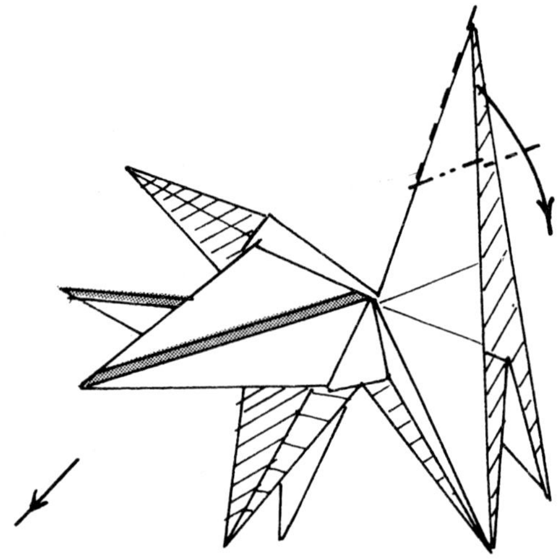

4. Den Kopf durch Rückwärtsinnen-Faltung formen.

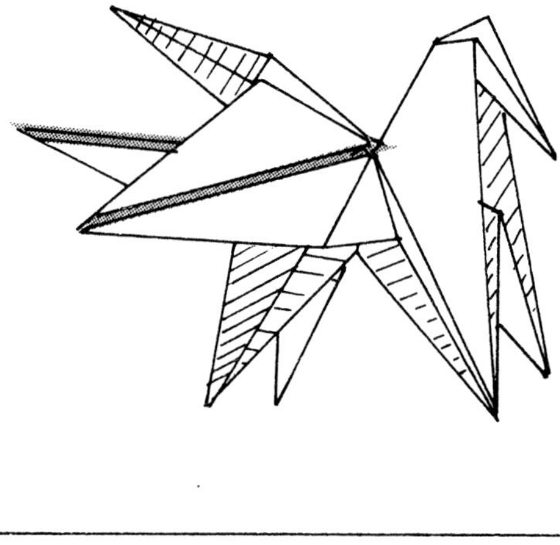

5. Der Pegasus, das geflügelte Pferd.

Der Seehund

1. Ausgangspunkt ist die Rückseite des achtzackigen Sterns. Gegenüberliegende Zacken auseinanderziehen. Wählen Sie die zwei Zacken, die an der Unterseite nicht verbunden sind. Die gefalteten Teile des Mittelquadrats sollen dabei nicht entfaltet werden.

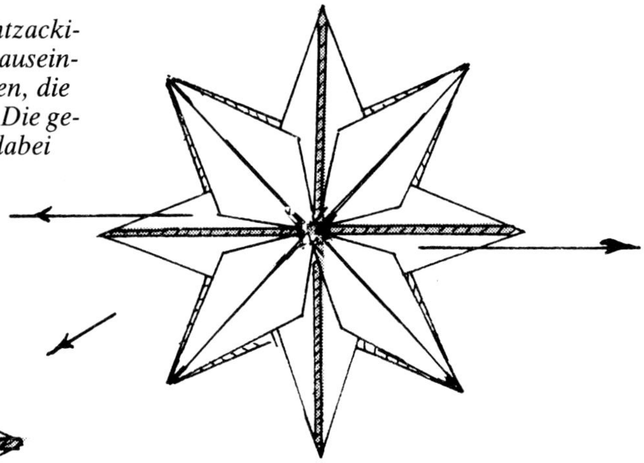

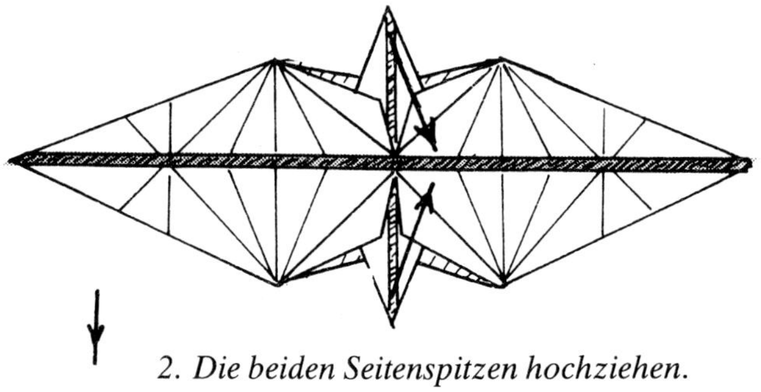

2. Die beiden Seitenspitzen hochziehen.

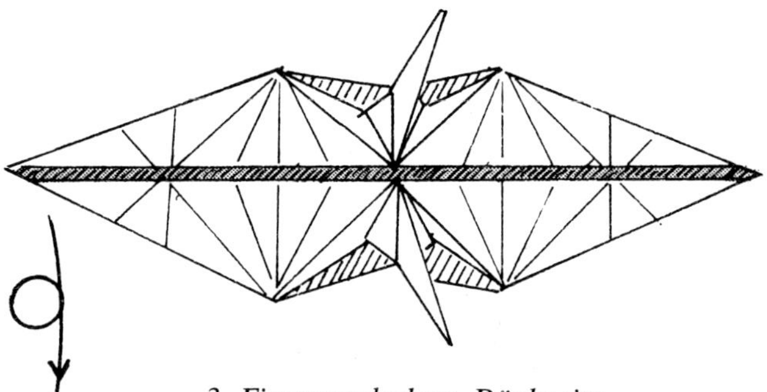

3. Figur umdrehen. Rückseite liegt jetzt oben.

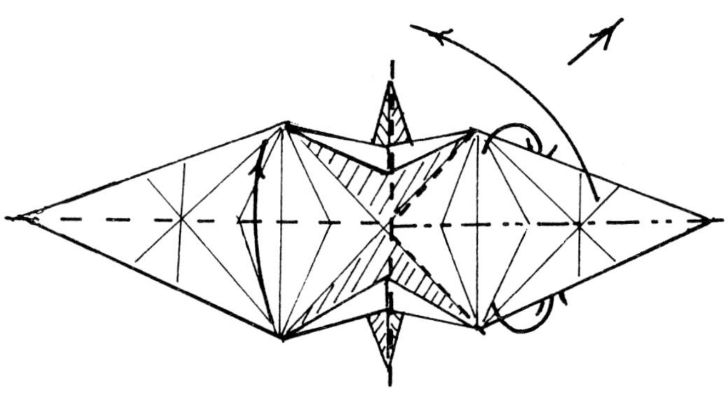

4. Talfaltung der Figur. Anschließend wird der Kopfteil durch eine Rückwärts-innen-Faltung geformt.

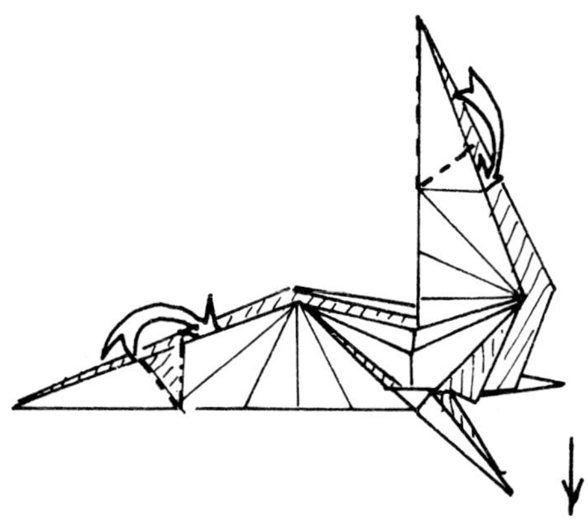

5. Schwanz durch Knitterfaltung formen. Kopf durch Rückwärts-innen-Faltung formen.

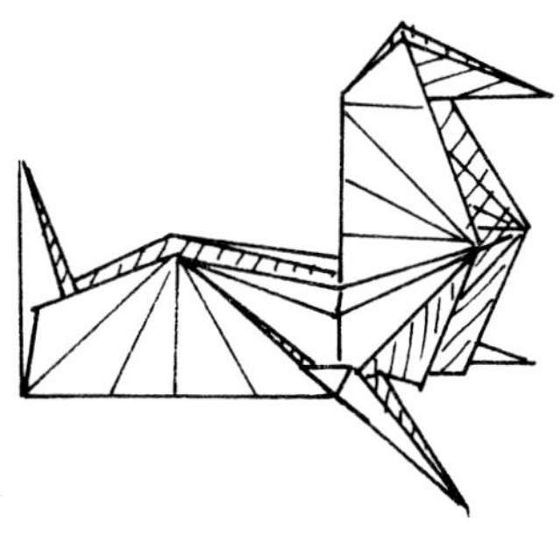

6. Der fertige Seehund.

Der Meerengel

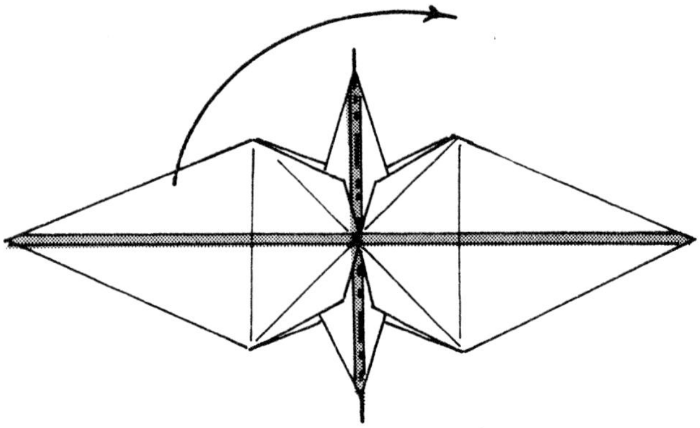

1. *Ausgangspunkt ist Bild 2 des Seehunds (S. 63). Halbieren Sie die Figur durch eine Bergfaltung.*

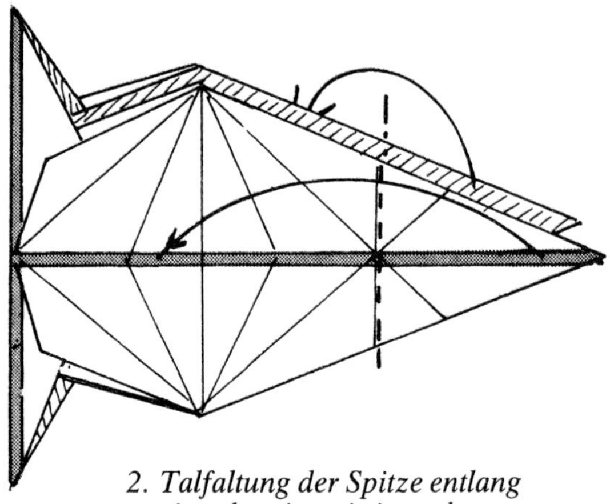

2. *Talfaltung der Spitze entlang einer bereits existierenden senkrechten Falte. Auf der Rückseite wiederholen.*

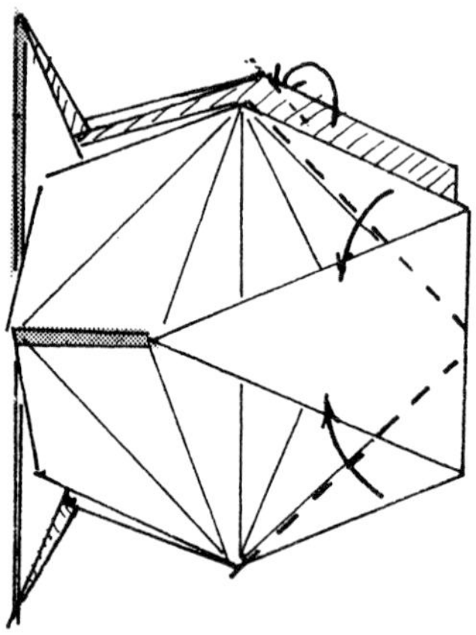

3. *Ecken nach innen falten. Auf der Rückseite wiederholen.*

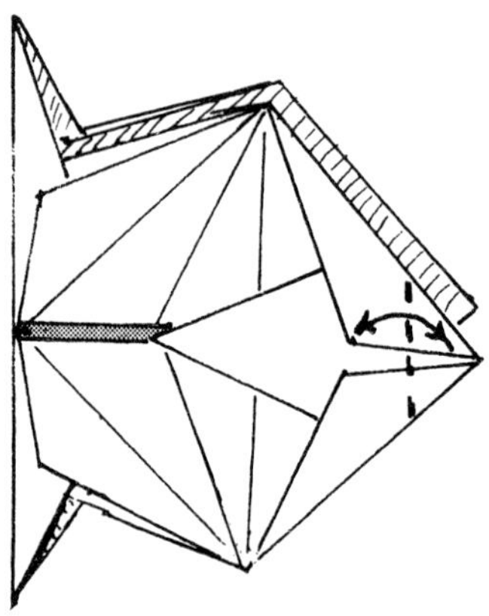

4. *Vorfaltung des Mundes.*

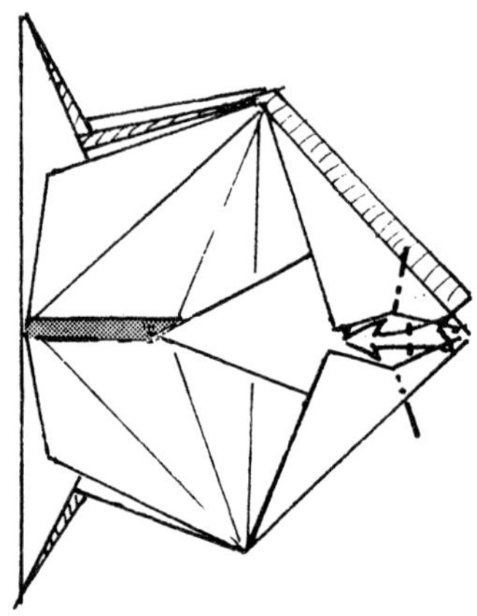

5. *Die Eckfalten leicht öffnen und die Spitze nach innen stülpen.*

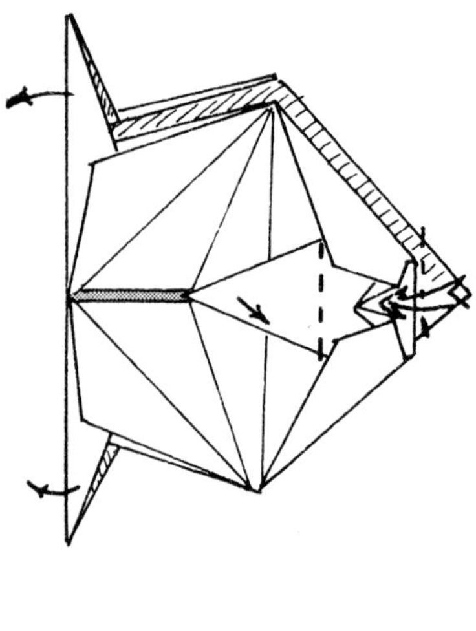

6. *Feinarbeit: Die rechte Spitze ins Maul klappen, damit die Figur vorne zusammengehalten wird. Flossen öffnen. Schwanzflossen leicht herausziehen. Dadurch erhält die Figur ein dreidimensionales Aussehen.*

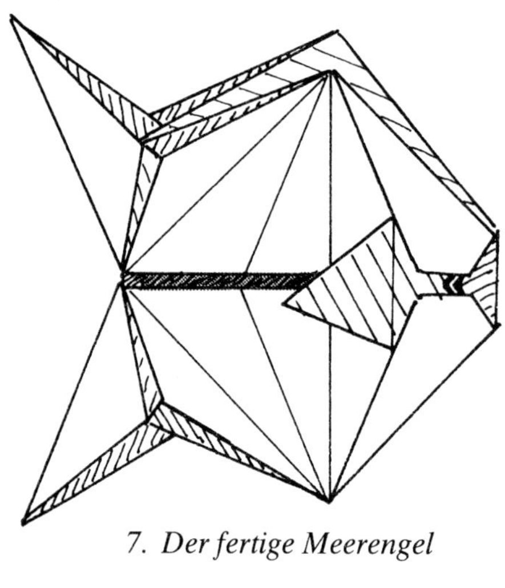

7. *Der fertige Meerengel*

Das Kätzchen

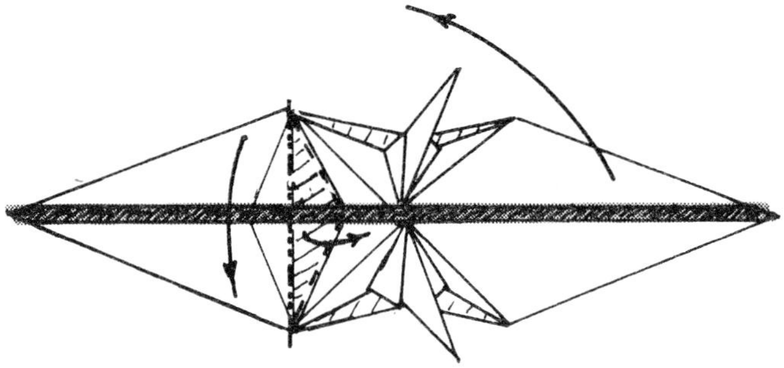

1. Ausgangspunkt ist Bild 3 des Seehunds (S. 63). Die Tal- und Bergfalten des Mittelquadrats werden umgedreht. Durch Harmonikafaltung entsteht der Schwanzteil. Schwanzteil zusammenklappen (Buchfaltung) und rechte Seite nach oben klappen (ähnlich wie bei der Fußfaltung).

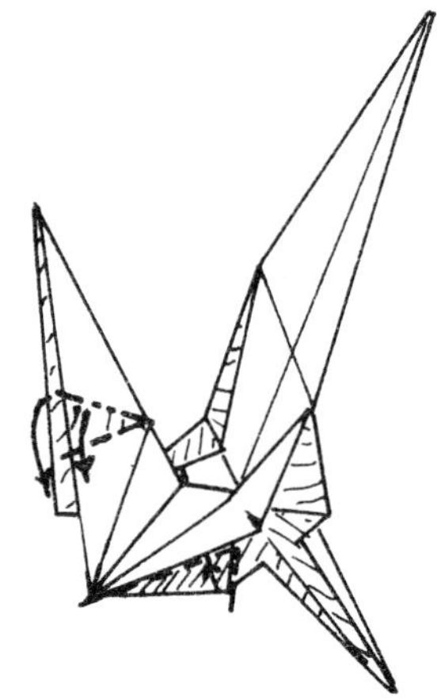

2. Knitterfaltung des Schwanzes.

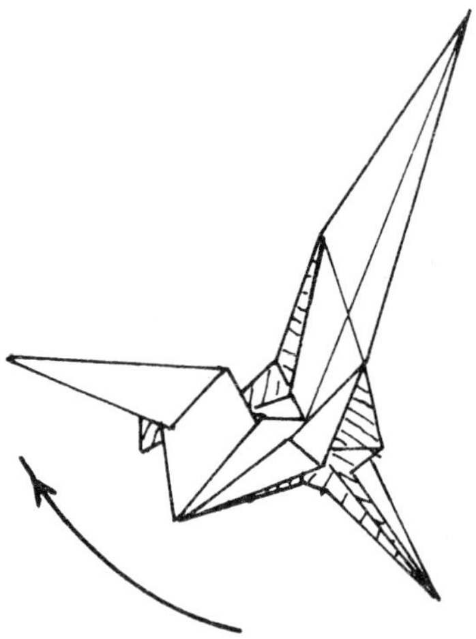

3. Figur nach vorne drehen.

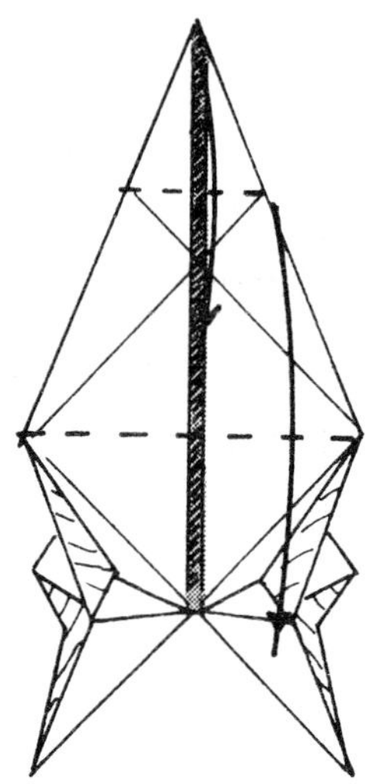

4. Spitze des Kopfteils nach innen falten. Kopfteil an der breitesten Stelle noch einmal nach innen (unten) falten.

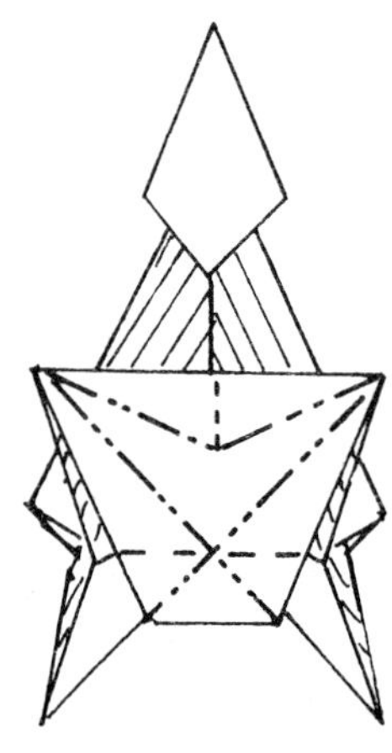

5. Modifizieren Sie die ursprünglichen Faltungen, wie in der Abb. gezeigt.

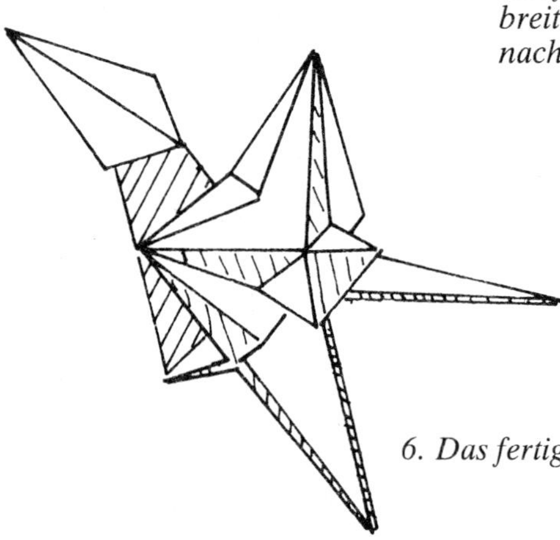

6. Das fertige Kätzchen.

Das Pferd

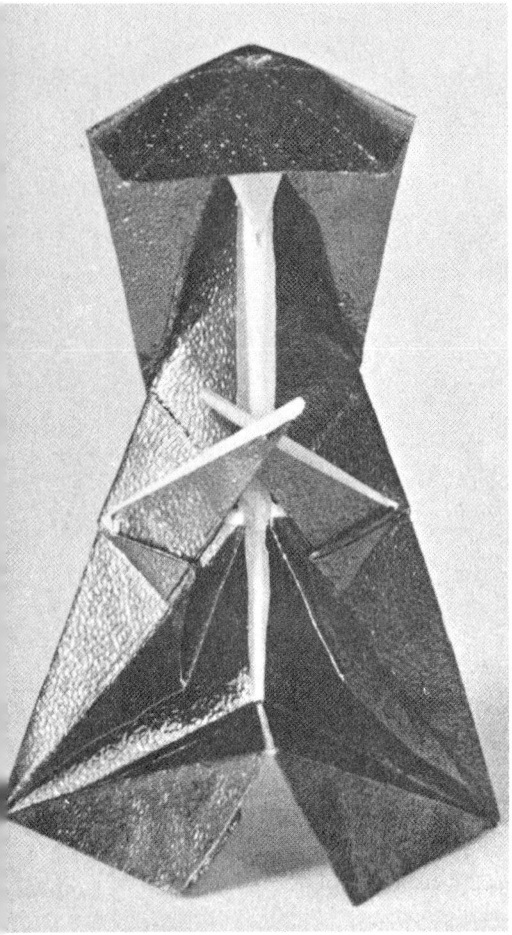

Die Nonne

Die Kuh

Das Nilpferd

Das Nashorn

5. KAPITEL

Dreibeinige Tiere und die Nonne

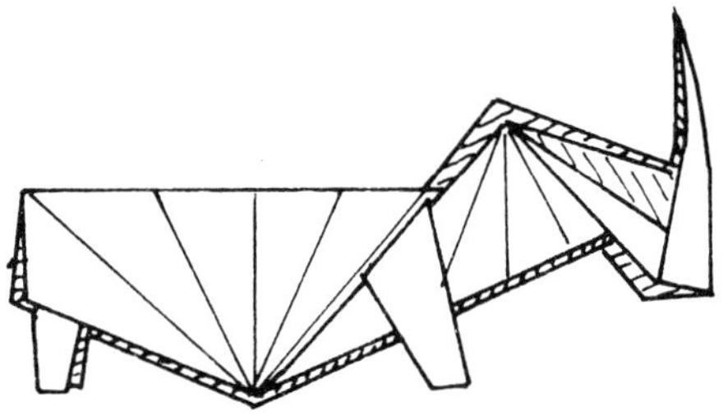

Die dreibeinigen Tiere – Pferd, Nashorn, Nilpferd und die Kuh – entstehen aus dem auseinandergezogenen achtzackigen Stern. Hinterbein und Körper werden aus einem langen Teil geformt, die Vorderbeine entstehen aus den kurzen Seitenlappen, Hals und Kopf wird aus dem verbleibenden langen Teil erzeugt. Bei jedem Tier wird eine Besonderheit betont: beim Pferd die Mähne, beim Nashorn das Horn, beim Nilpferd das schaufelförmige Maul, bei der Kuh der verwinkelte, aber dennoch elegante Körper. Die wenigsten Leute stört es, daß die Tiere nur drei Beine haben.

Pferd und Nashorn sind nicht besonders schwierig. Das Nilpferd hat eine etwas schwierige, harmonikagefaltete Kopfsektion, bei der man möglicherweise ein bißchen experimentieren muß. Beim Falten der Seiten bei der Kuh treffen die Falten nicht an der Kante des Mittelquadrats zusammen, sondern bei der ersten Faltung danach (siehe Bild 3).

Die Nonne, eine meiner Lieblingsfiguren, stellt eine Modifikation der Faltungen für die Kuh dar. Eine Reihe von Faltungen wurde speziell für diese Figur entwickelt, besonders für das Gesicht, das umgestülpt wird, für die Kapuze, die von hinten nach vorn geklappt wird, und für die sitzende Haltung.

Die Schönheit der Figur der Kuh überträgt sich auch auf die Nonnenfigur, wobei hier noch die Körperlichkeit dazukommt, eine dreieckige Grundform und die betende Stellung, die ihr etwas Heiliges verleiht.

Das Pferd

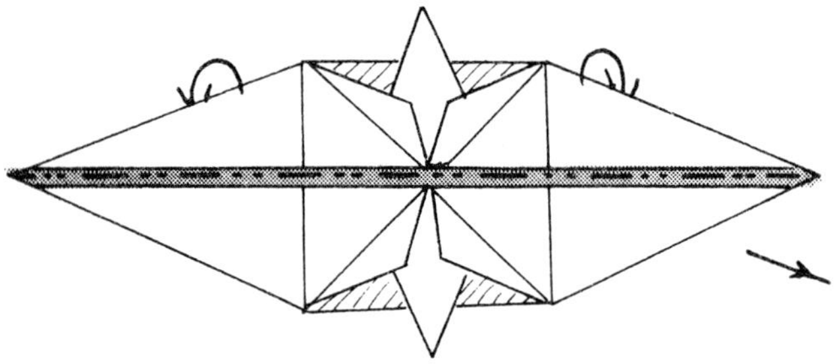

1. Ausgangspunkt ist der achtzackige Stern mit auseinandergezogenen Zacken und ausgeflachtem Mittelquadrat. Bergfaltung entlang der Mittellinie.

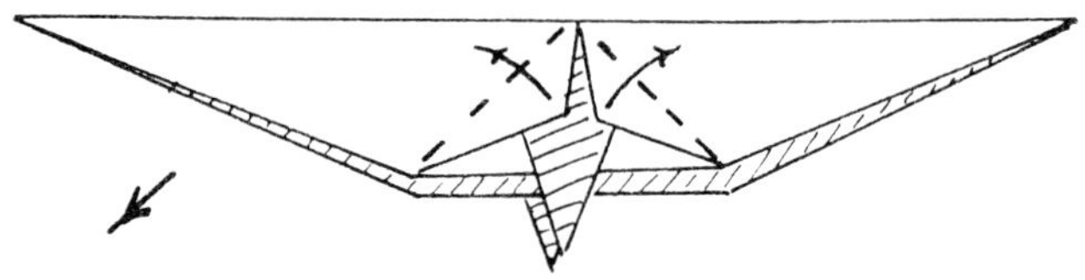

2. Die kleinen Ecken nach oben falten, auch auf der Rückseite.

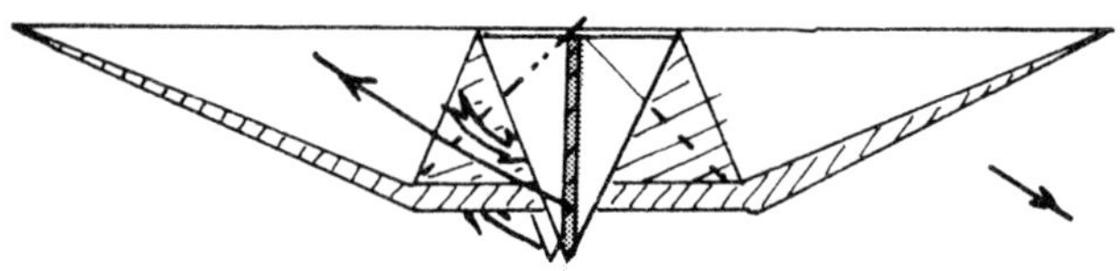

3. Den kleinen linken Teil einstülpen und die kleine Spitze zurückziehen. Auf der Rückseite wiederholen.

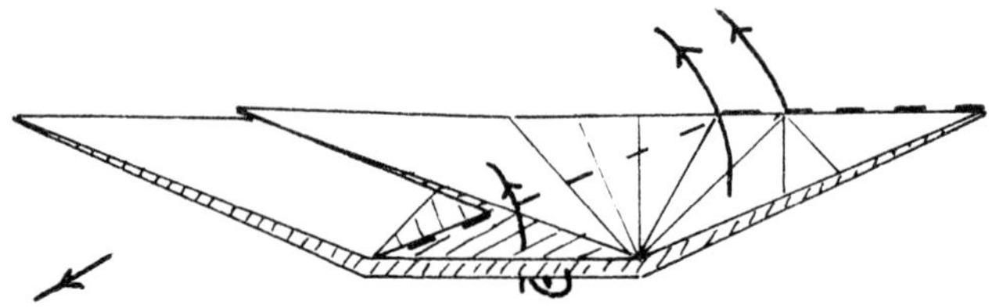

4. Die Mähne wird durch eine Rückwärts-außen-Faltung des rechten Teils geformt. Die Faltung beginnt an der unteren Ecke des Mittelquadrats und endet an der Faltung zwischen der senkrechten und der diagonalen Falte.

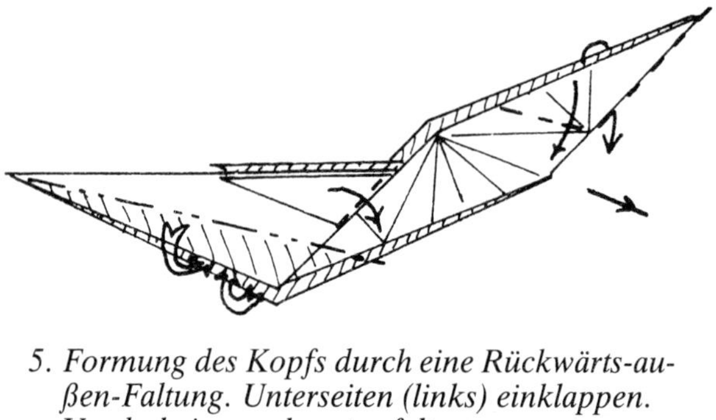

5. Formung des Kopfs durch eine Rückwärts-außen-Faltung. Unterseiten (links) einklappen. Vorderbeine nach unten falten.

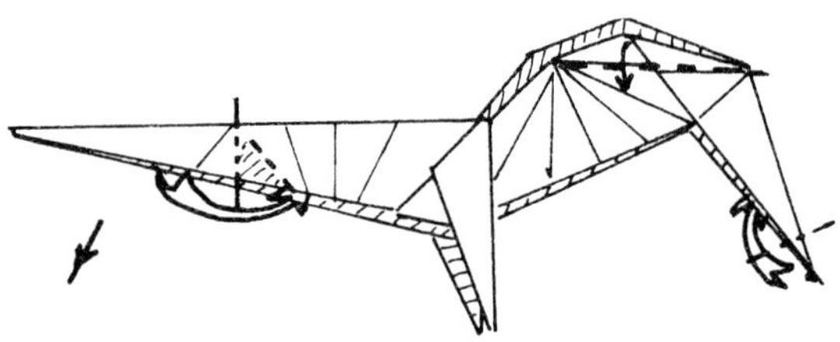

6. Hinterbein durch Knitterfaltung entlang vorgegebener Falten formen. Nasenspitze einstülpen. Kopfoberseite nach unten falten.

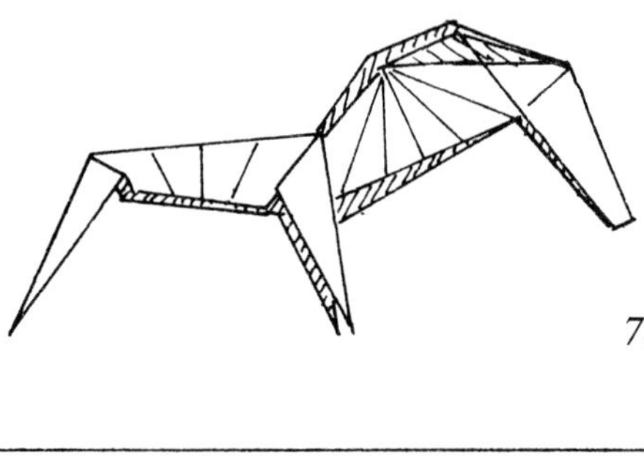

7. Das fertige Pferd.

Das Nashorn

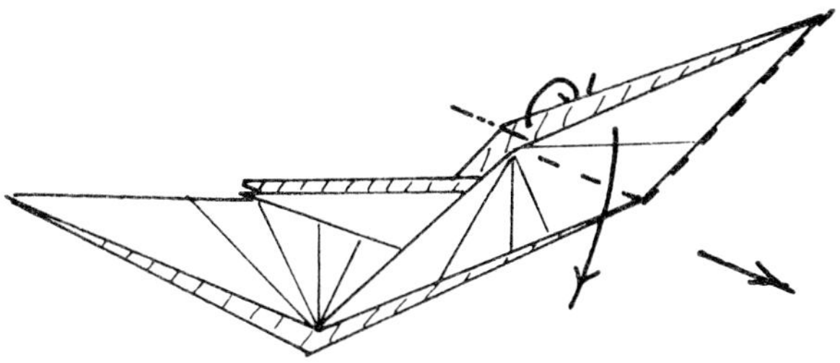

1. Ausgangspunkt ist Bild 5 des Pferdes. Formung des Kopfes durch Rückwärts-außen-Faltung.

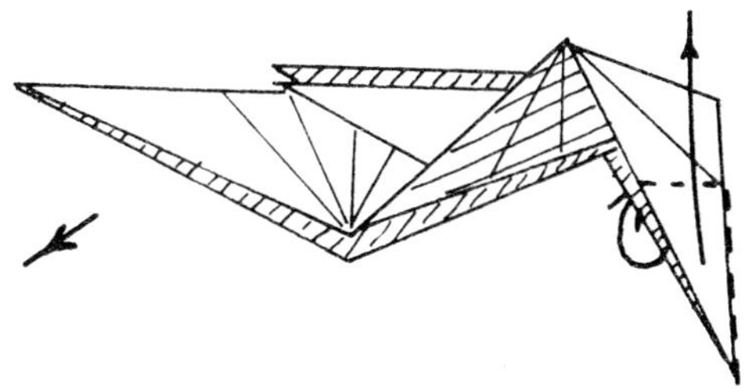

2. Rückwärts-außen-Faltung des Horns nach oben.

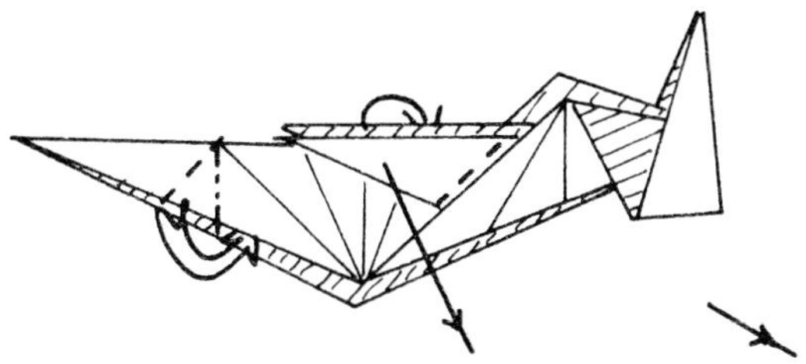

3. Herunterfalten der Vorderbeine. Knitterfaltung des Hinterbeins.

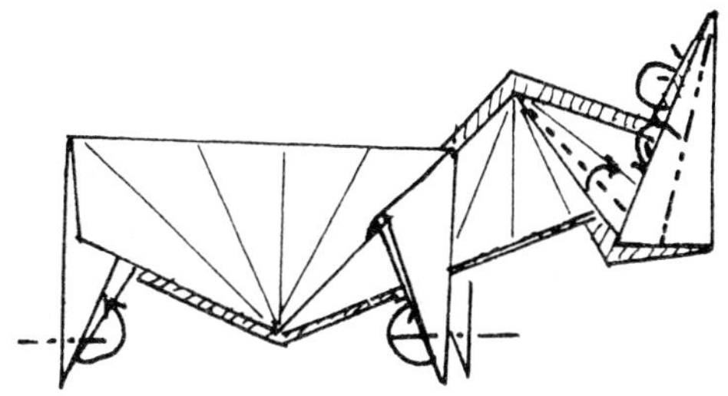

4. Die Spitzen der Beine einfalten. Den Unterteil des Kopfes durch Talfaltung nach oben bringen. Das Horn durch Bergfaltung herstellen. Horn leicht nach innen biegen.

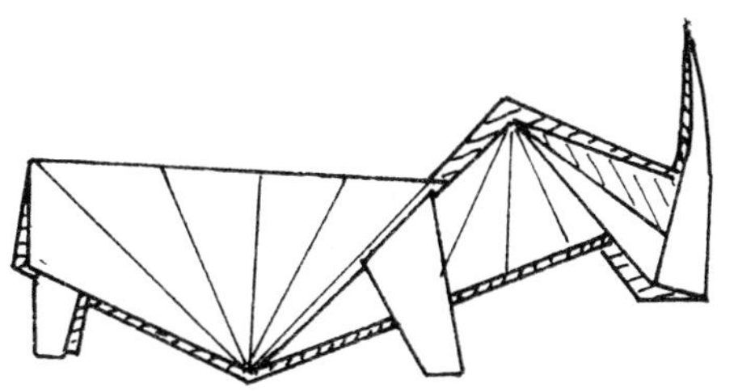

5. Das fertige Nashorn.

Das Nilpferd

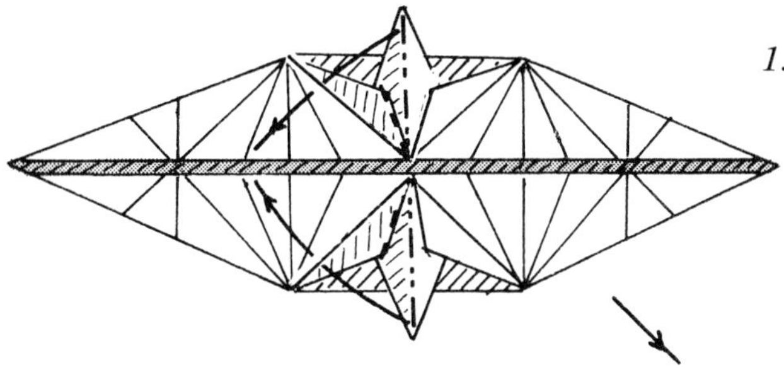

1. Ausgangspunkt ist der achtzackige Stern mit auseinandergezogenen Zacken. Die kleinen Seitenlappen herausziehen und auf die linke Seite legen.

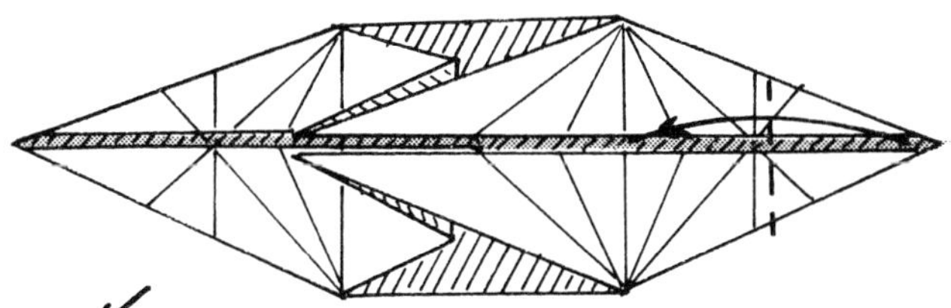

2. Den Kopf zur Kante des Mittelquadrats falten.

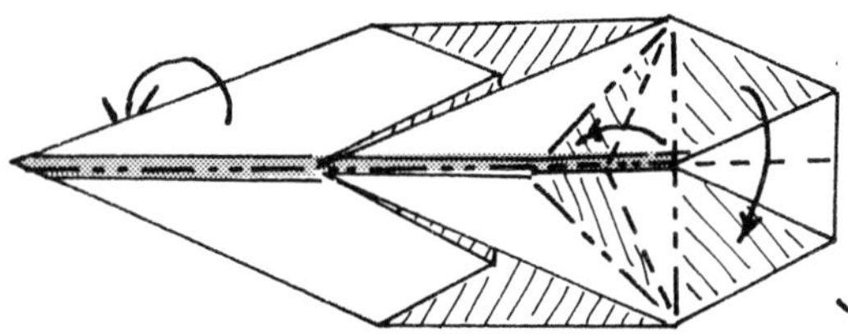

3. Harmonikafaltung wie im Bild gezeigt: Zuerst Bergfaltung des Körpers entlang der Mittellinie. Danach Bergfaltung entlang der Diagonalen des Mittelquadrats. Danach wird der Kopf durch Talfaltung nach unten gebracht.

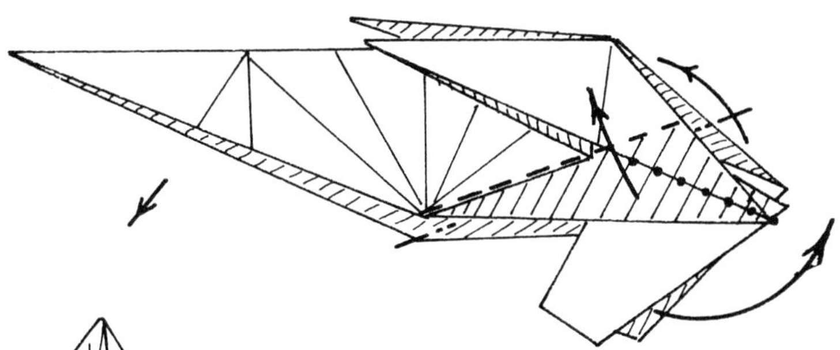

4. Talfaltung der Halsfaltung auf beiden Seiten. Bergfaltung des Kopfes entlang der punktierten Linie. Dabei muß der Kopf nach oben gehen.

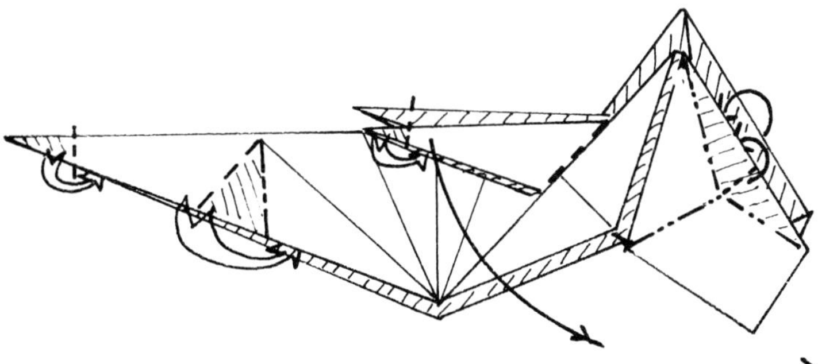

5. Feinarbeit: Die Spitzen der drei Beine einstülpen. Knitterfaltung des Hinterbeins. Vorderbeine herunterfalten. Kopffalten anbringen, damit ein geöffnetes Maul entsteht.

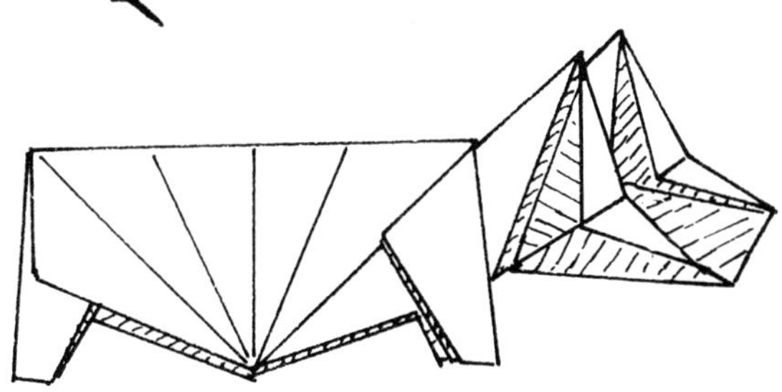

6. Das fertige Nilpferd.

Die Kuh

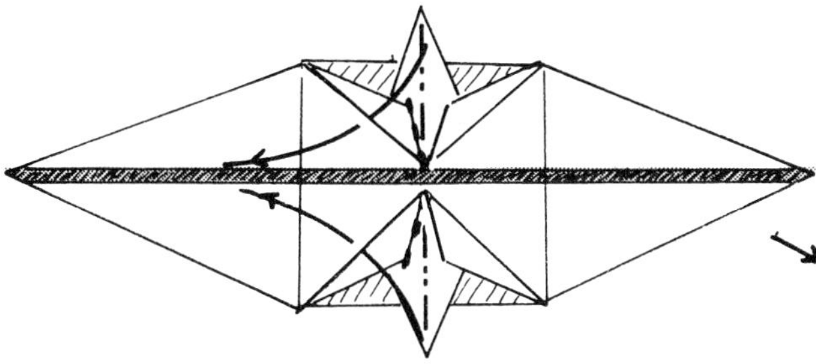

1. *Ausgangspunkt ist die Figur 1 des Nilpferdes.*

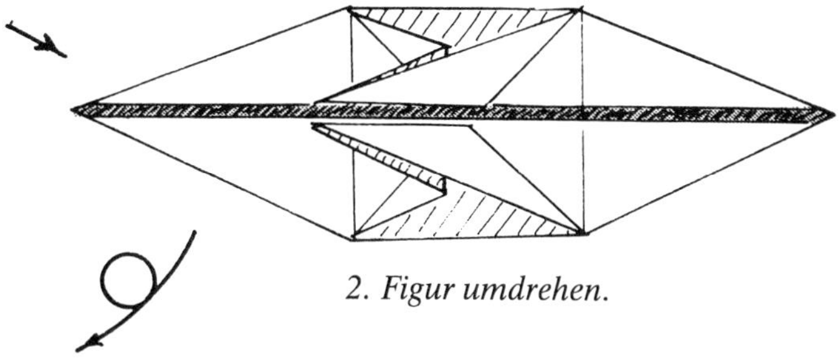

2. *Figur umdrehen.*

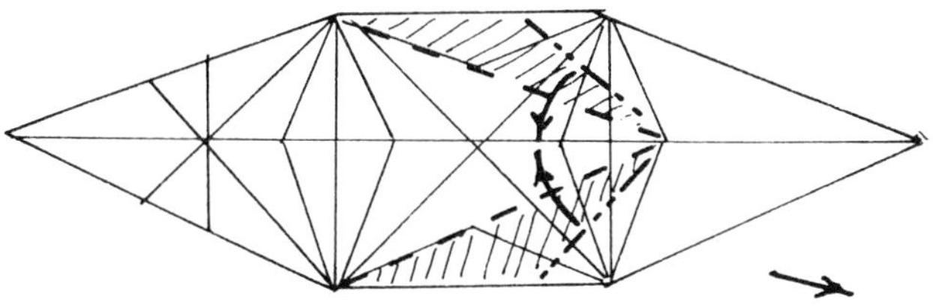

3. *Die Seiten nach innen falten, wie im Bild gezeigt: Zuerst Talfaltung, dann überstehende Teile wieder zurückfalten.*

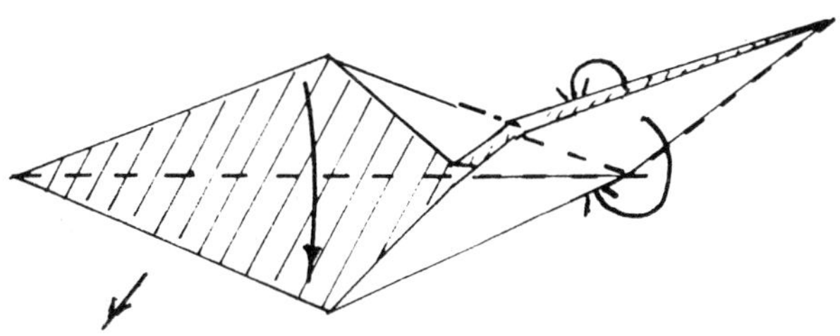

4. *Formung des Kopfteils durch eine Rückwärts-außen-Faltung. Anschließend Buchfaltung der ganzen Figur.*

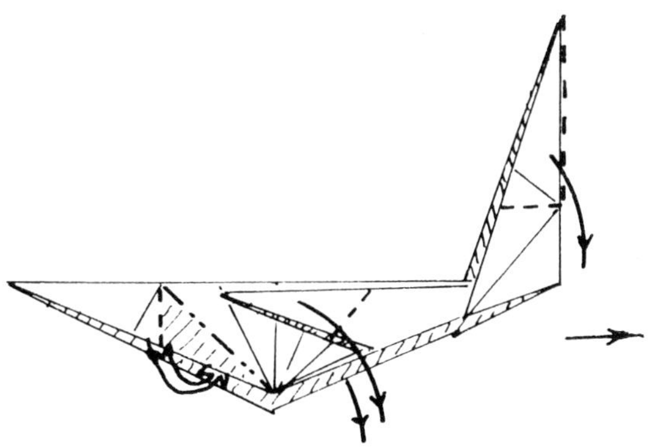

5. *Knitterfaltung des Hinterbeins innerhalb des Körpers. Herunterfalten der Vorderbeine. Formung des Kopfes durch eine Rückwärts-außen-Faltung.*

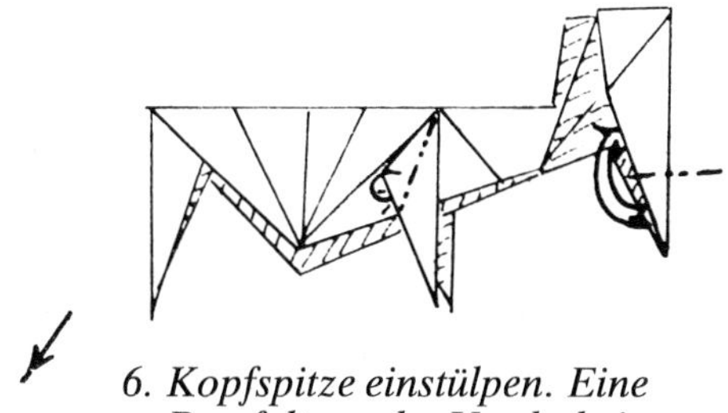

6. *Kopfspitze einstülpen. Eine Bergfaltung der Vorderbeine erhöht die Stabilität.*

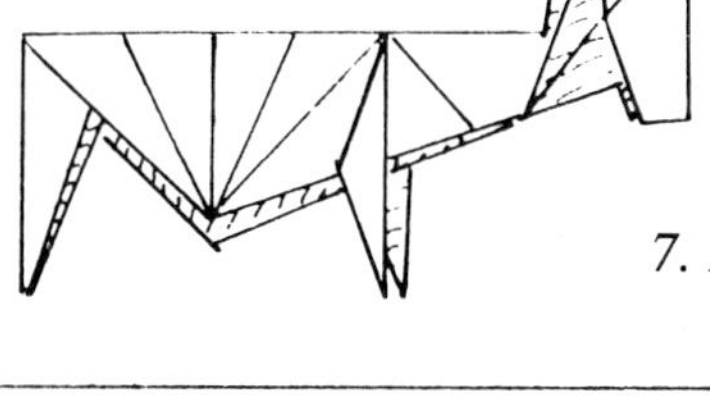

7. *Die fertige Kuh.*

Die Nonne

Die Anfangsschritte sind die gleichen wie bei der Kuh, nur haben die Seitenteile eine andere Lage. Es empfiehlt sich, vorher die Kuh gefaltet zu haben.

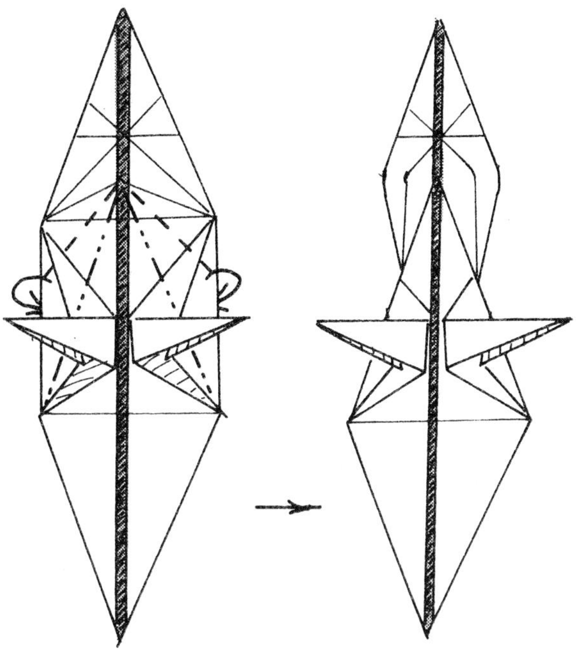

1. Nach Auseinanderziehen der Zacken eines achtzackigen Sterns die kleinen Seitenlappen entsprechend dem Bild falten. Bergfaltung des Mittelteils. Überstehende Fläche durch Talfalten entfernen.

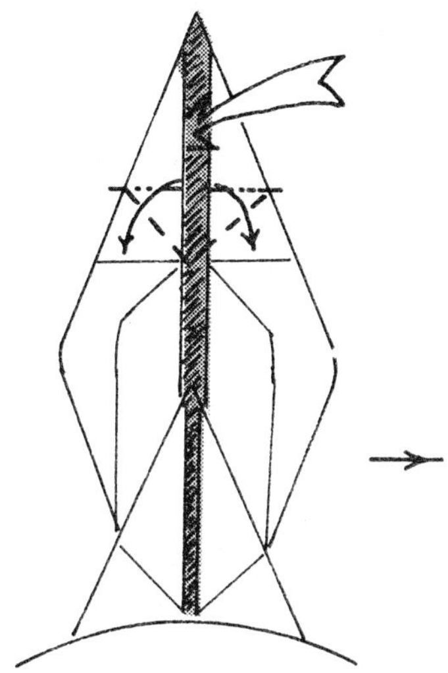

2. Kopfteil öffnen und Ecken entsprechend falten.

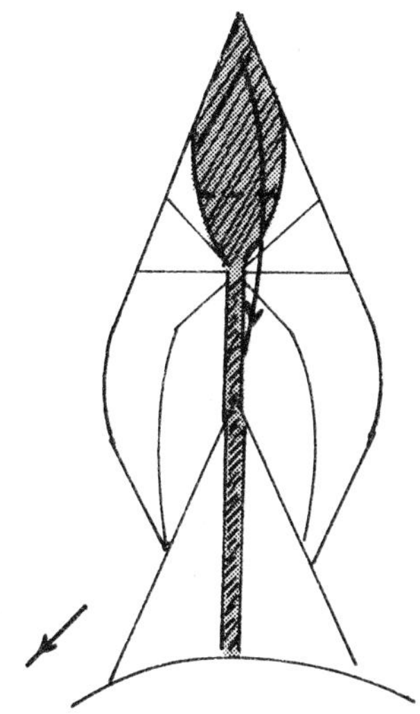

3. Kopfspitze nach unten fal ten und dabei Seitenkante weiter auseinanderziehen.

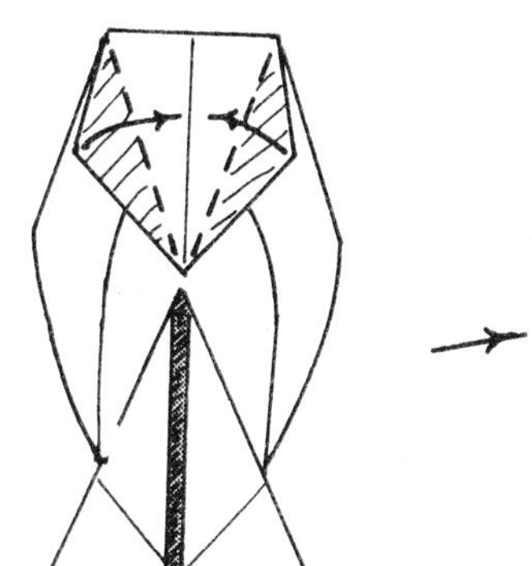

4. Zum Formen des Gesichts Seiten nach innen falten.

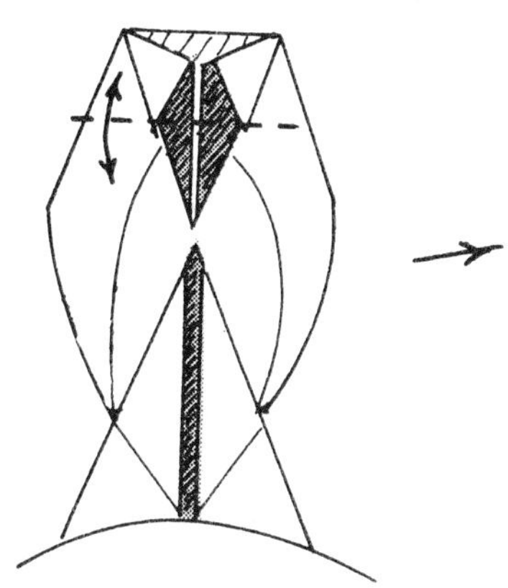

5. Kopf nach unten falten und Faltung wieder rückgängig machen.

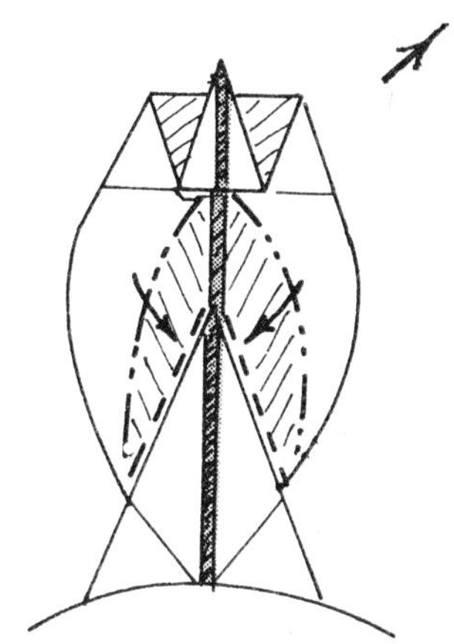

6. Der Kopfteil wird gelockert und der hintere Teil nach vorne gebracht (durch eine Rückwärts-außen-Faltung). Kopf nach unten gegen die Seite der Kapuze falten.

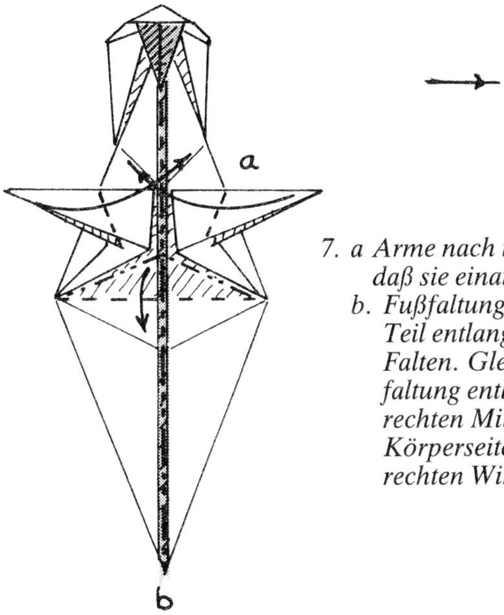

7. a Arme nach innen falten, so daß sie einander kreuzen.
b. Fußfaltung für den unteren Teil entlang bestehender Falten. Gleichzeitig Bergfaltung entlang der senkrechten Mittellinie. Die Körperseiten bilden einen rechten Winkel.

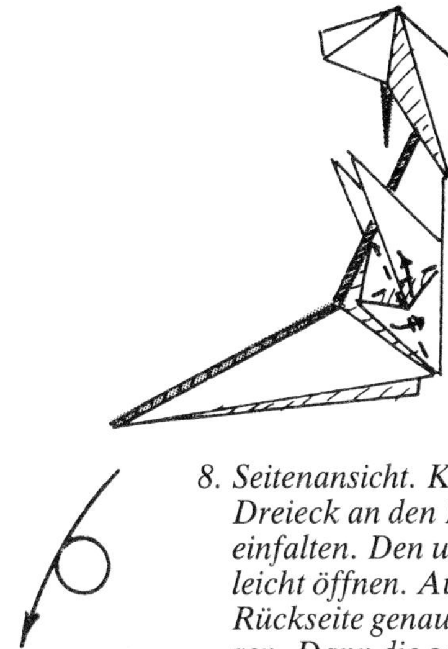

8. Seitenansicht. Kleines Dreieck an den Ellbogen einfalten. Den unteren Teil leicht öffnen. Auf der Rückseite genauso verfahren. Dann die ganze Figur so drehen, daß man die Unterseite sieht.

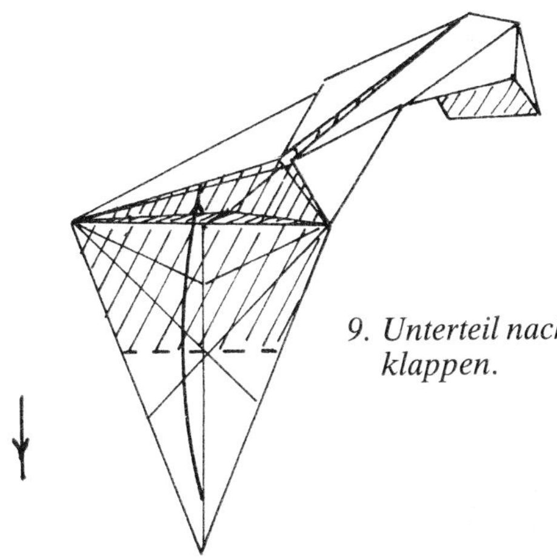

9. Unterteil nach oben klappen.

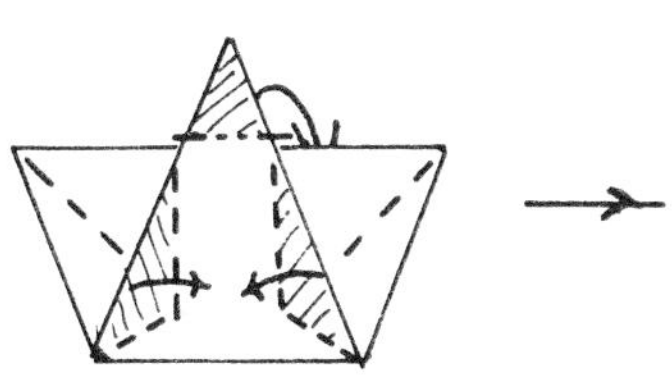

10. Spitze des Dreiecks nach hinten falten, damit sie verschwindet. Die eingezeichneten Diagonalfalten erhöhen die Stabilität. Seiten eindrücken.

11. Die fertige Unterseite.

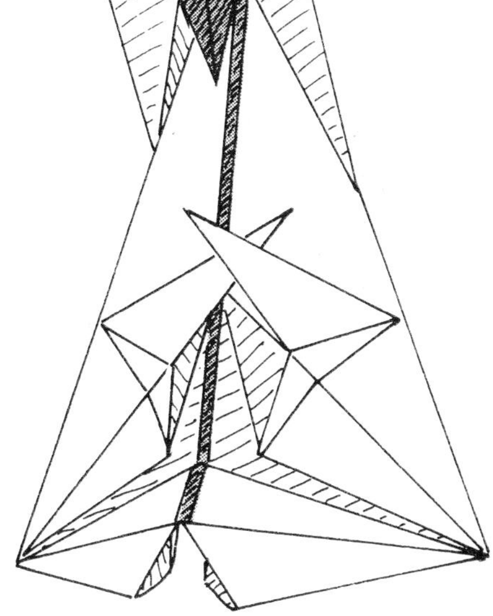

12. Die fertige Nonne.

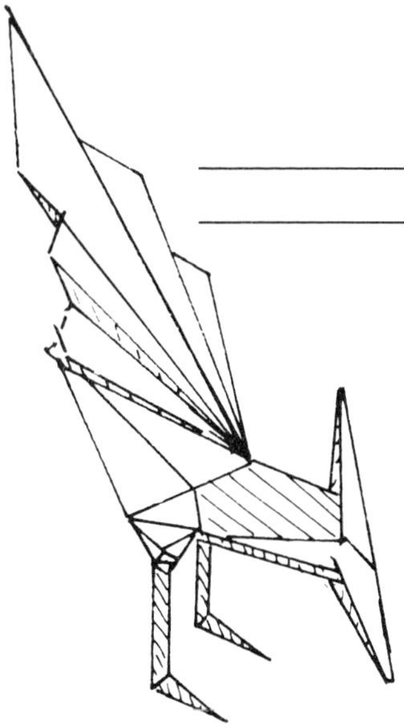

6. KAPITEL

Die T-Faltung

Die T-Faltung entsteht aus dem auseinandergezogenen achtzakkigen Stern, bei dem einer der langen Teile in senkrechte Lage gebracht wird. Die Seiten des Mittelquadrats bleiben dabei eingefaltet. Aus der T-Faltung können drei Tiere hergestellt werden, die Giraffe und der Esel (beide dreibeinig) und der Pfau. Die Giraffe mit ihren langen geraden Linien und der stilisierten Form war mein erstes künstlerisches Modell. Beim Esel muß eine etwas mühselige Harmonikafaltung zur Erzeugung der Ohren angewandt werden. Von vorne schaut er besser aus, weil dann der traurige Eindruck verschwindet. Der Elefant (in diesem Buch nicht aufgeführt) ist aber noch attraktiver. Die Eleganz des Pfaus liegt gleichermaßen in seiner Kopfform wie in seinen abgespreizten Schwanzfedern begründet. Für den Kopf braucht man zweilagiges Papier (Aluminiumpapier oder Wachspapier). Beim Esel und beim Pfau werden die Beine durch Hasenohrfaltungen verschmälert.

Der Fuchs beginnt mit einer X-Form, nicht mit dem achtzackigen Stern. Das erreicht man dadurch, daß die Seiten des Mittelquadrats nach außen und tiefer als sonst gefaltet werden. Dadurch wird das Mittelquadrat zu einer uhrglasförmigen Figur, und die modifizierte T-Faltung ist nicht mehr senkrecht zum Hauptkörper. Durch Verschmälern des Körpers erhält der Körper seine Eleganz. Durch eine Hasenohrfaltung bekommt der Fuchs seine charakteristische Schnauze.

Das Kamel beginnt mit einem achtzackigen Stern und bringt durch eine T-Faltung die beiden Teile in die andere Richtung, als nebenstehend gezeigt. Dadurch erhält das Kamel seinen Höcker und den seltsamen Hals.

Die T-Faltung

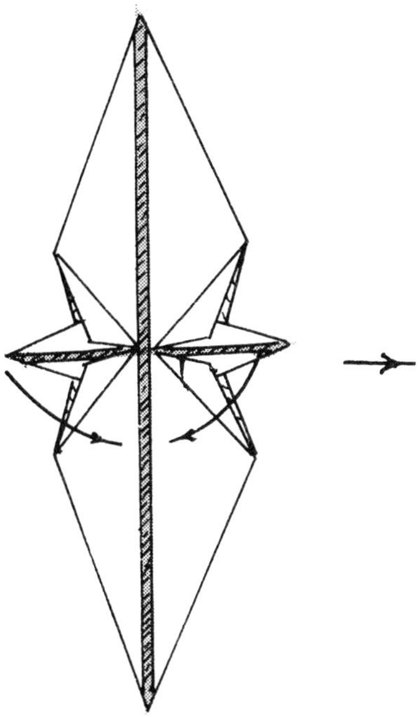

1. Gegenüberliegende Zacken des achtzackigen Sterns auseinanderziehen. Achten Sie darauf, daß die Faltungen des Mittelquadrats dabei erhalten bleiben. Die zwei kurzen Seitenlappen herausziehen und nach oben klappen.

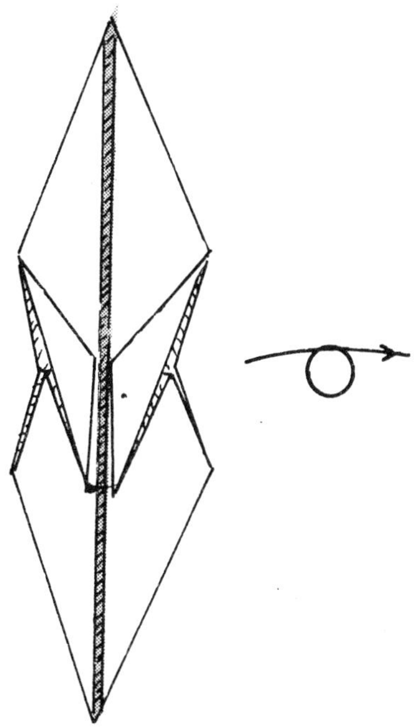

2. Figur umdrehen, so daß die Rückseite jetzt oben liegt.

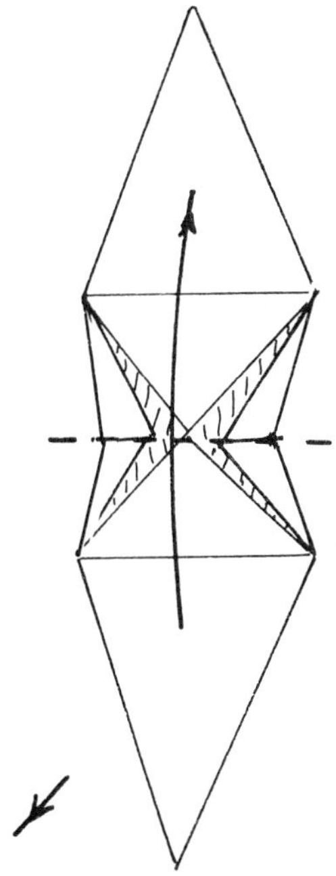

3. Den unteren Teil nach oben klappen. Die Seiten des Mittelquadrats werden dabei eingefaltet.

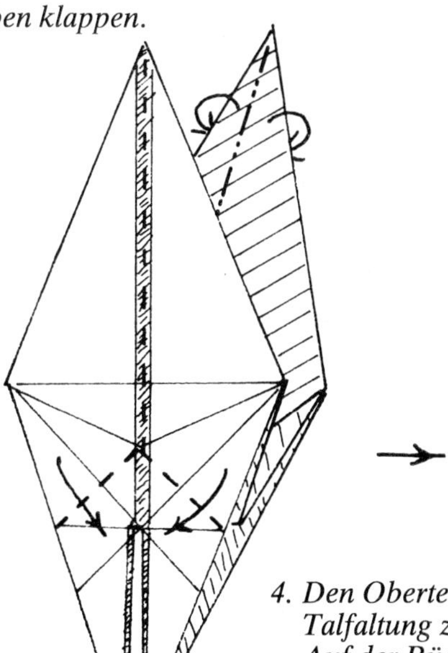

4. Den Oberteil der Figur durch Talfaltung zusammenklappen. Auf der Rückseite desgleichen. Die eingefalteten Seiten des Mittelquadrats kommen dabei nach außen.

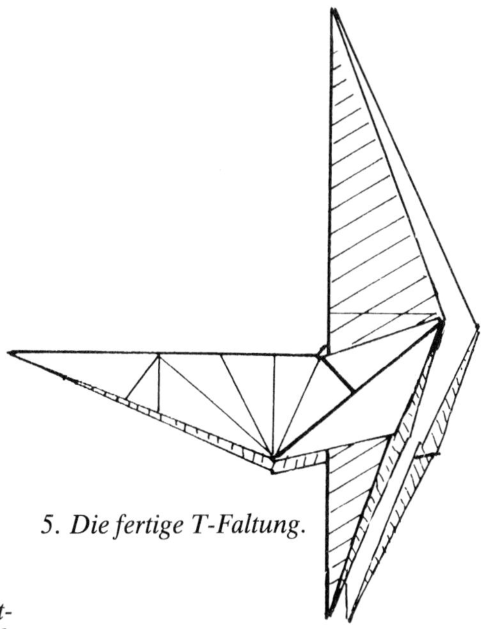

5. Die fertige T-Faltung.

Die Giraffe

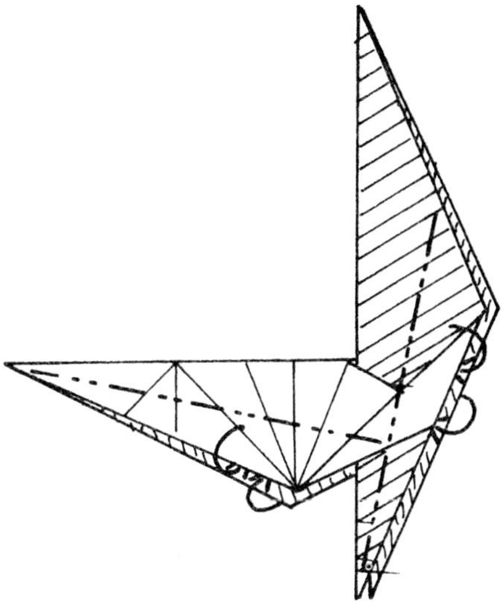

1. *Ausgangspunkt ist die T-Faltung. Die beiden abstehenden Lappen werden dadurch verkleinert, daß die Ecken durch eine Bergfaltung nach innen geklappt werden.*

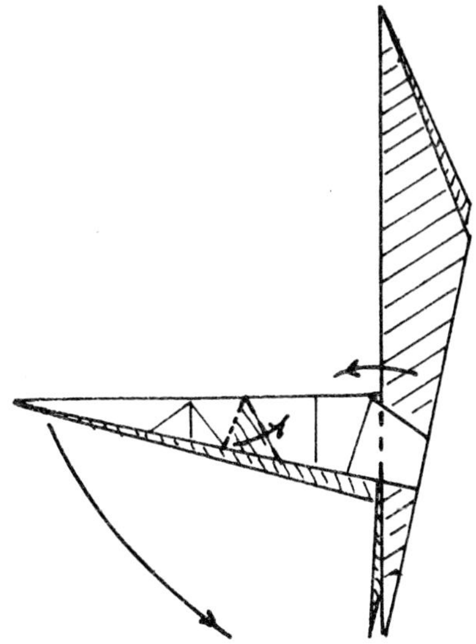

2. *Hinterbein durch Knitterfaltung nach unten bringen. Vorderlappen öffnen.*

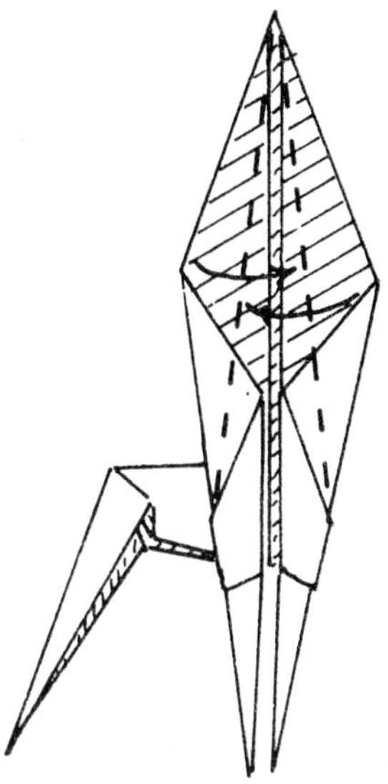

3. *Die Seiten des Vorderlappens nach innen falten, so daß sie sich überlappen.*

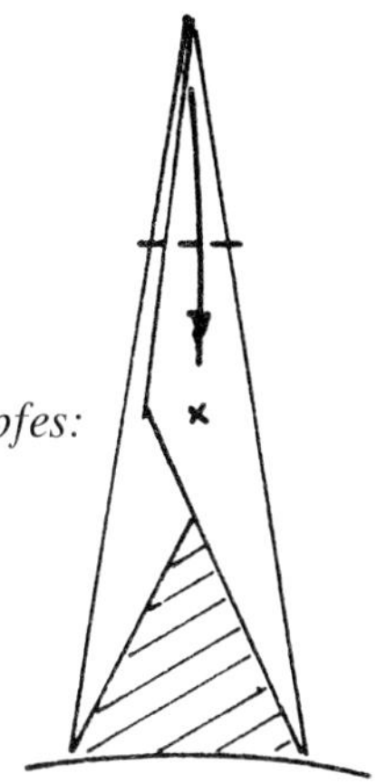

4. *Formung des Kopfes: Zum Punkt x herunterfalten.*

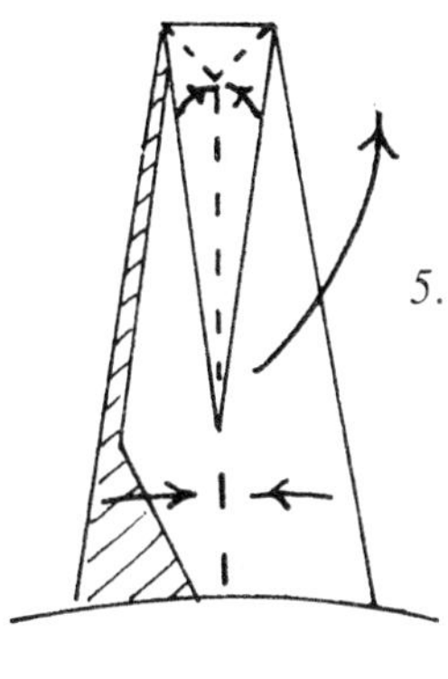

5. *Die Aussparung an der Kopfspitze einfalten. Kopf waagrecht herausziehen, während gleichzeitig der Hals zusammengedrückt wird.*

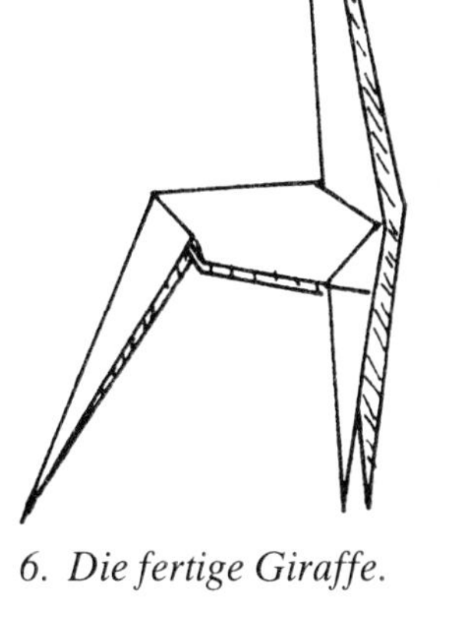

6. *Die fertige Giraffe.*

Die Giraffe

Der Pfau

Der Fuchs

Der Esel

Das Kamel

Der Esel

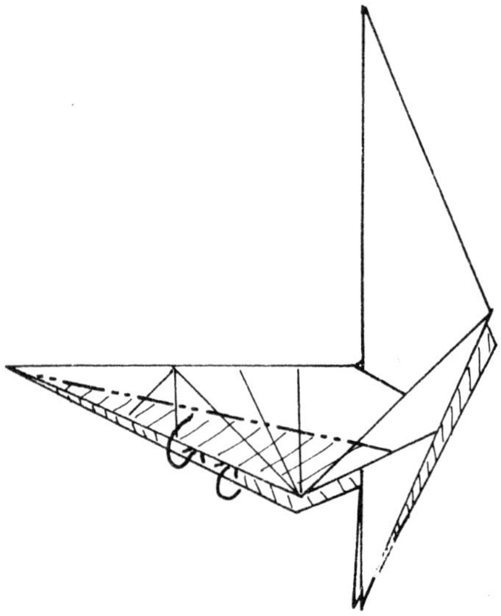

1. Ausgangspunkt ist die T-Faltung. Der Körper wird durch Einfalten der Ecken verschmälert.

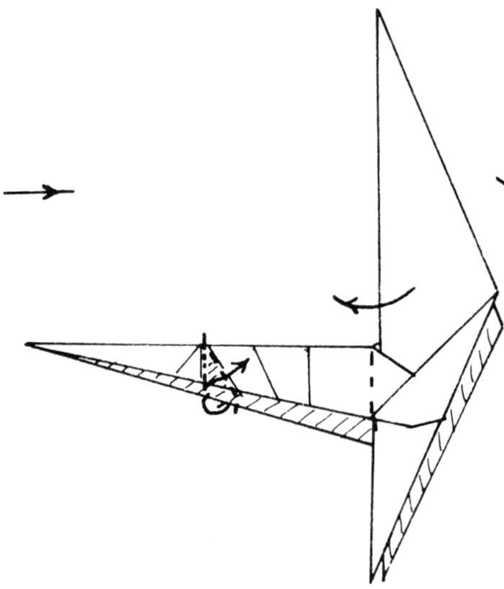

2. Knitterfaltung des Hinterbeins. Die Vorderseite öffnen.

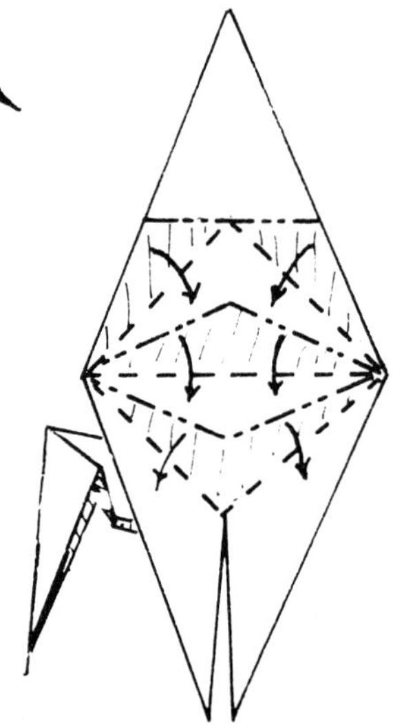

3. Mit Hilfe bestehender Falten werden die Ohren durch Harmonikafaltung geformt und ausgeflacht.

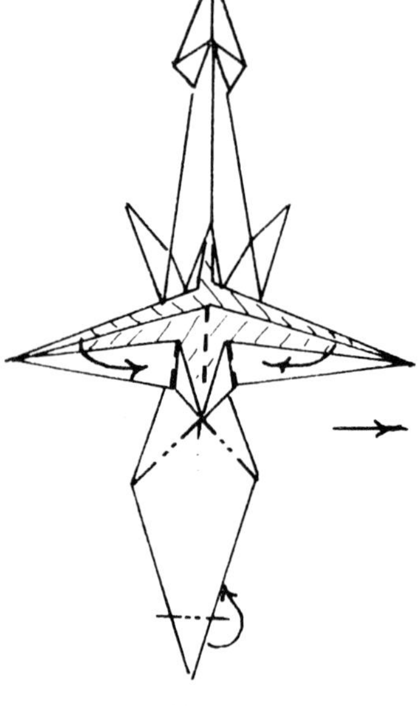

4. Die Giraffe von oben. Kopf verkleinern, Ohren herausziehen.

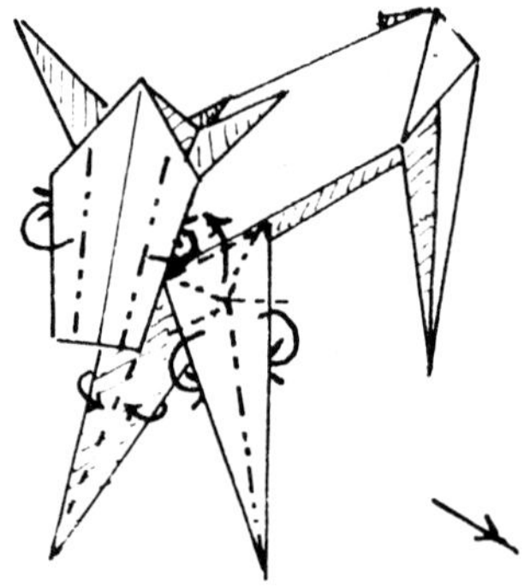

5. Durch Bergfaltungen wird das Gesicht verschmälert. Die Vorderbeine werden durch eine Hasenohr-Faltung verschmälert. Die Vorderbeine werden verkürzt, indem das obere Dreieck des Hasenohrs waagrecht gestellt wird.

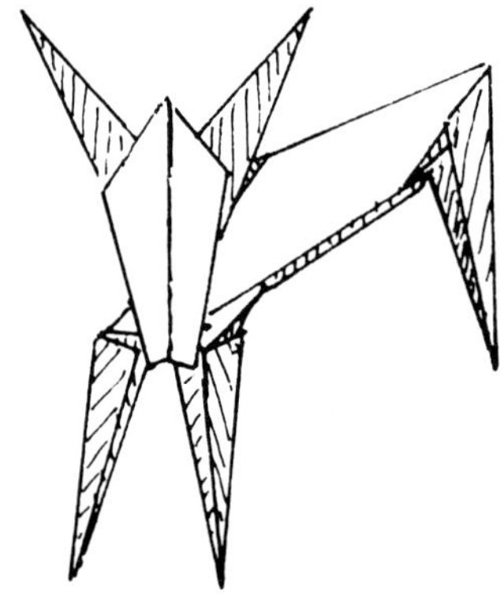

6. Der traurige Esel.

Der Pfau

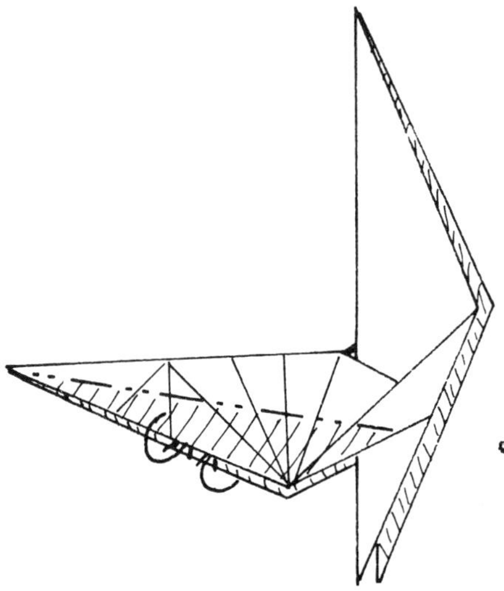

1. Ausgangspunkt wie beim Esel.

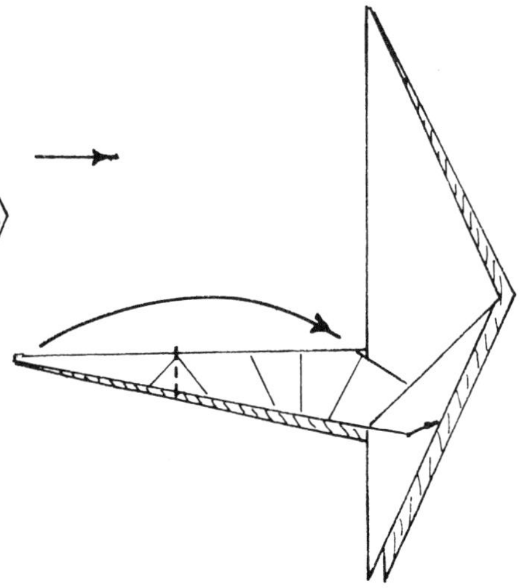

2. Die Spitze des Kopfteils durch eine Rückwärts-außen-Faltung nach rechts falten.

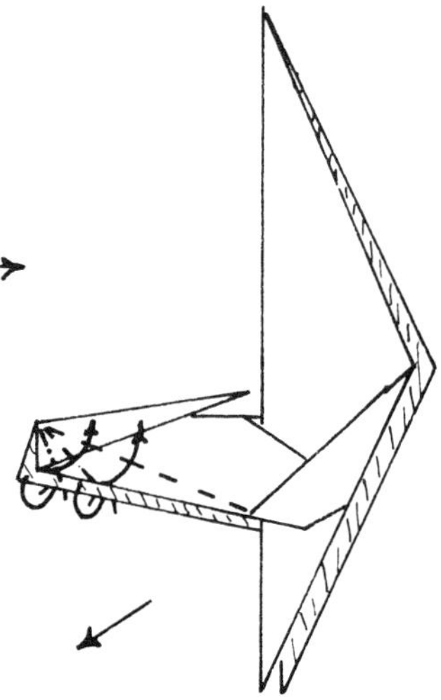

3. Auf beiden Seiten des Halses die Ecken zur Mittellinie falten. Dadurch entsteht eine scharfe Spitze.

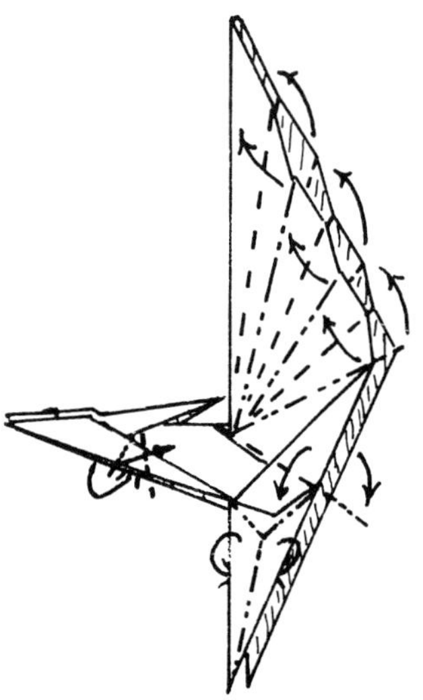

4. Knitterfaltung des Kopfes, damit der Hals in den Kopf hineinkommt. Die Schwanzfedern durch Harmonikafaltung formen: Zuerst in der Mitte falten, dann jede Hälfte dritteln. Erst vorfalten, dann eigentliche Harmonikafaltung ausführen. Zu einem Fächer zusammendrücken und dann wieder öffnen. Die Beine durch Hasenohrfaltung verschmälern.

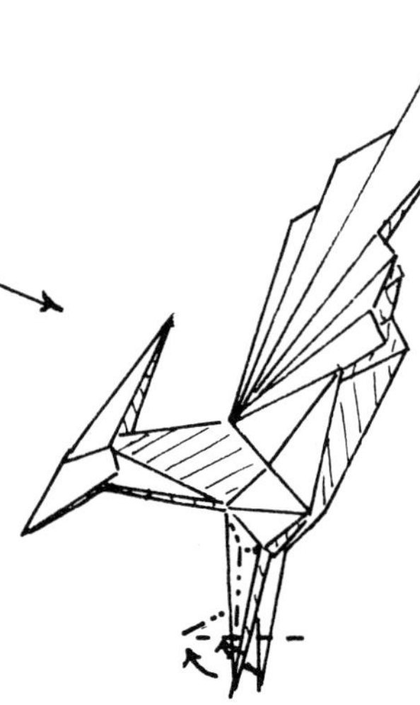

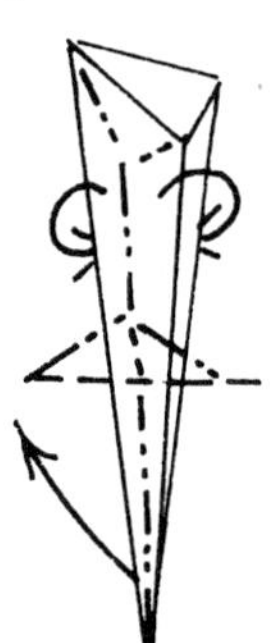

5. Die Beine noch einmal verschmälern mit Hilfe der Hasenohrfaltung. Etwa ein Drittel der Beine für die Füße verwenden (Fußfaltung).

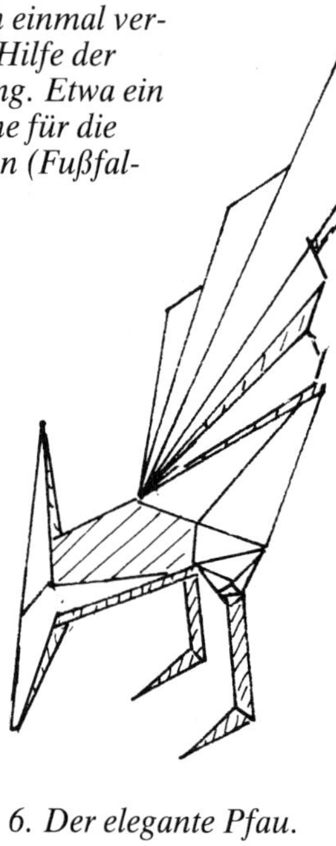

6. Der elegante Pfau.

Der Fuchs

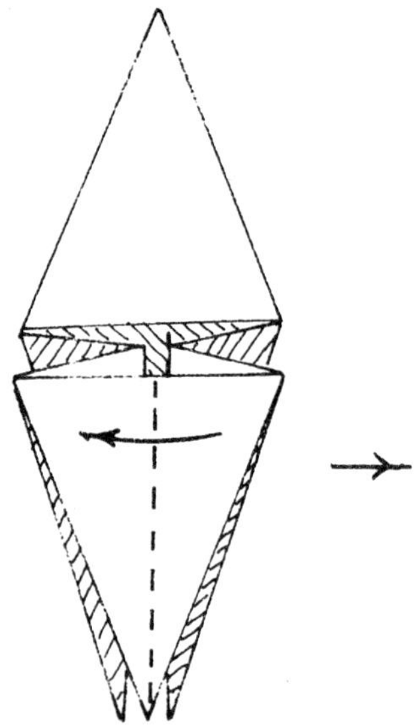

1. Ausgangspunkt ist die versenkte Vogelform (S. 59). Durch Buchfaltung des Vorderlappens wird ein Seitenlappen frei.

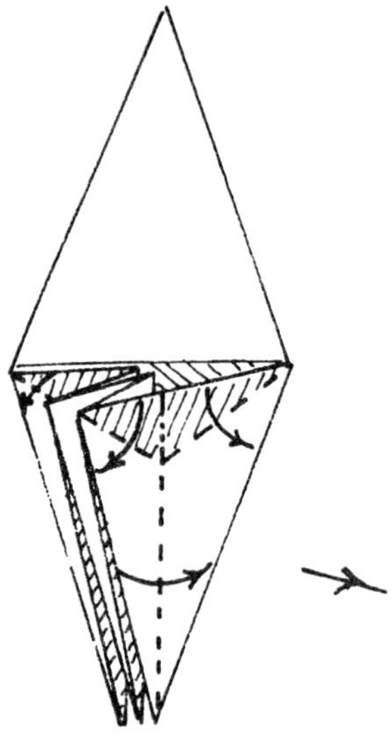

2. Oberkante einstülpen (an die Unterkante falten), während man gleichzeitig den Vorderlappen durch Buchfaltung zusammenklappt. Auf der Rückseite wiederholen.

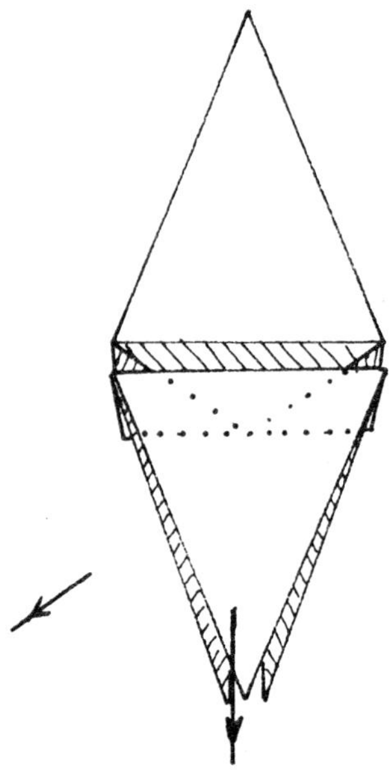

3. Den unteren Teil so weit herausziehen, bis sich in der Mitte ein X formt.

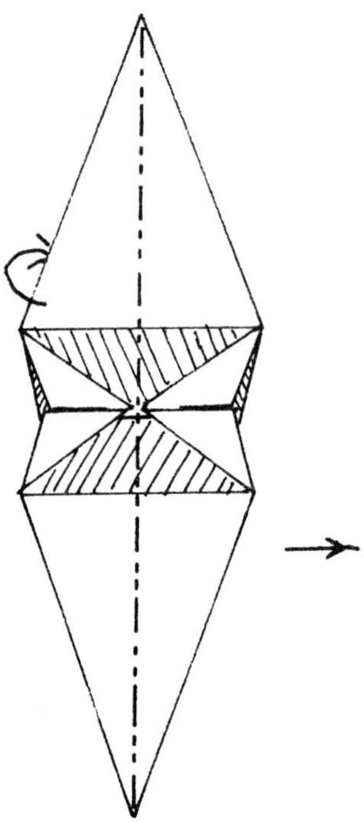

4. Die fertige X-Form. Die ganze Figur der Länge nach zusammenklappen (nach hinten).

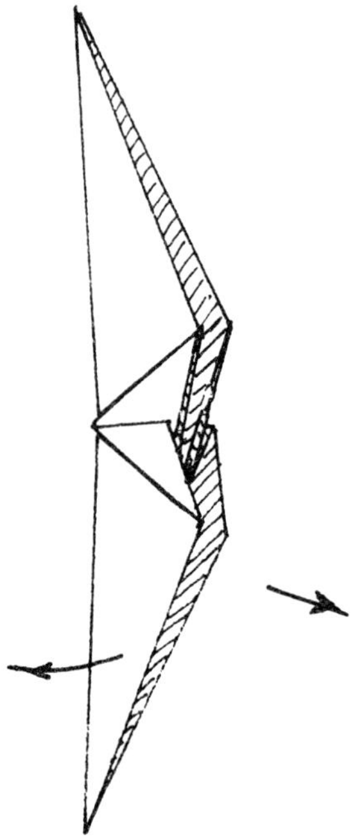

5. Den Unterteil soweit wie möglich herausziehen. Es entsteht eine modifizierte T-Form.

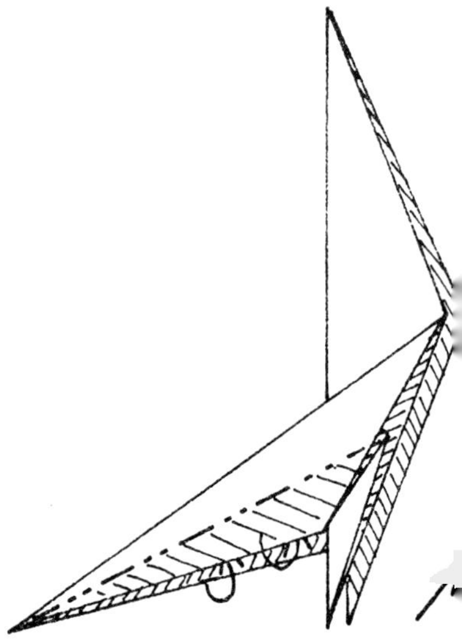

6. Modifizierte T-Form. Verschmälern des Schwanzteils durch Hineinfalten der Unter-kanten.

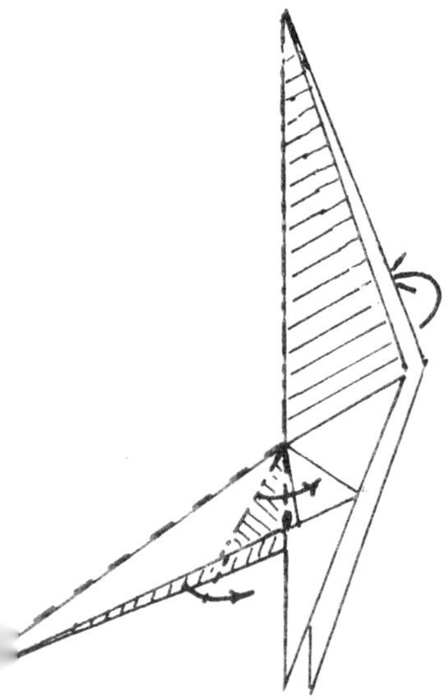

7. Vorderteil öffnen. Talfalte am Rücken anbringen und den Schwanz flachdrücken.

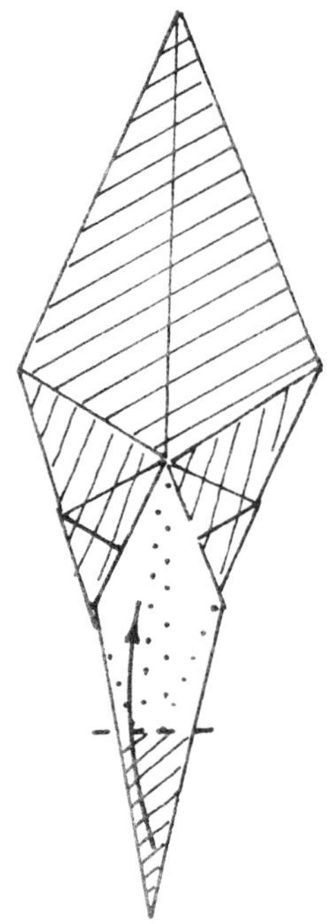

8. Den Schwanz nach oben falten, so daß er genau in die Lücke paßt.

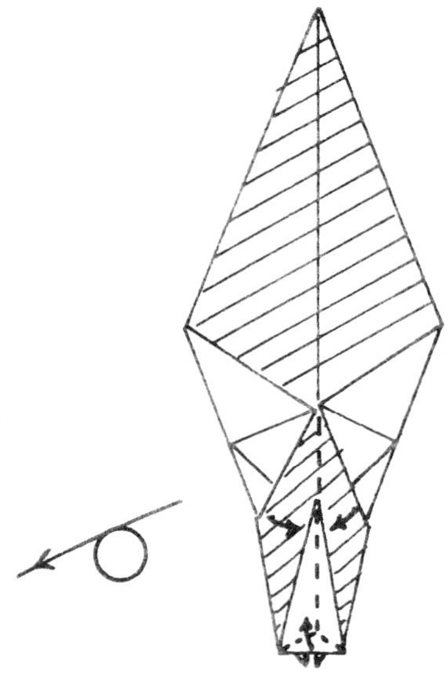

9. Schwanzbasis einfalten. Schwanzteil zusammendrücken und Schwanz teilweise herausziehen.

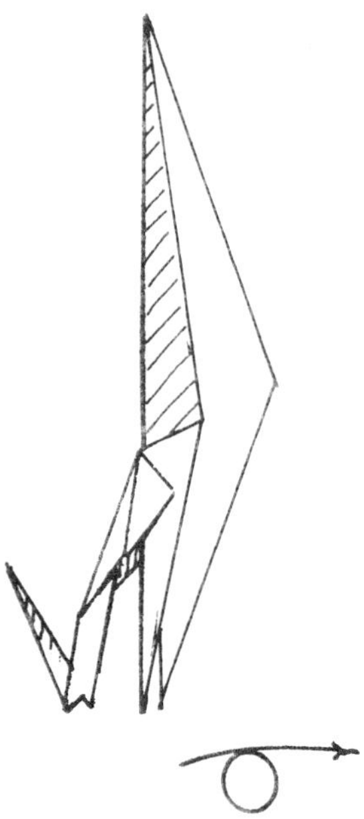

10. Figur umdrehen, so daß die Vorderseite sichtbar wird.

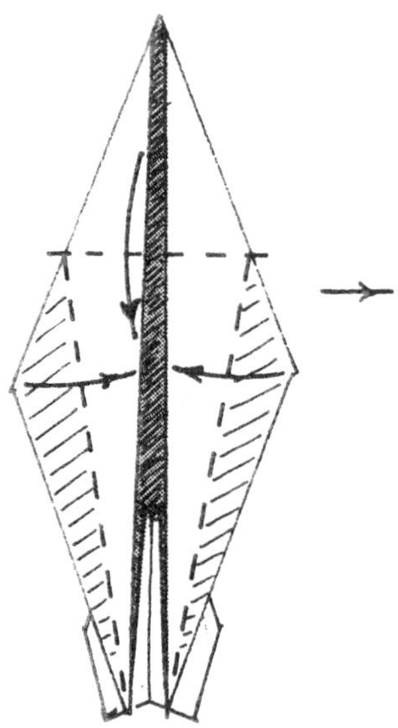

11. Seiten nach innen falten. Anschließend Kopf nach unten falten.

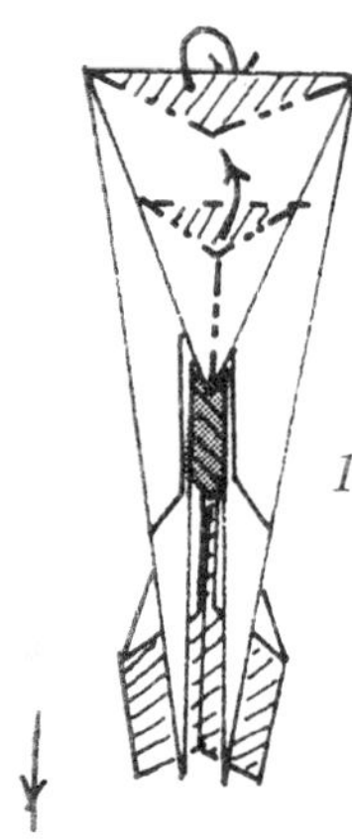

12. Oberkante zurückfalten. Dadurch entstehen die Ohren. Hasenohrenfaltung für die Nase anwenden.

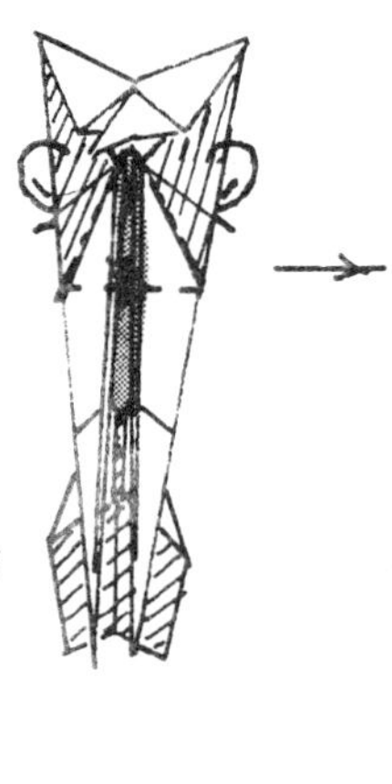

13. Den Kopf durch Bergfaltung entlang des Dreiecks nach hinten falten und das ganze Dreieck nach unten falten.

14. Der fertige Fuchs.

Das Kamel

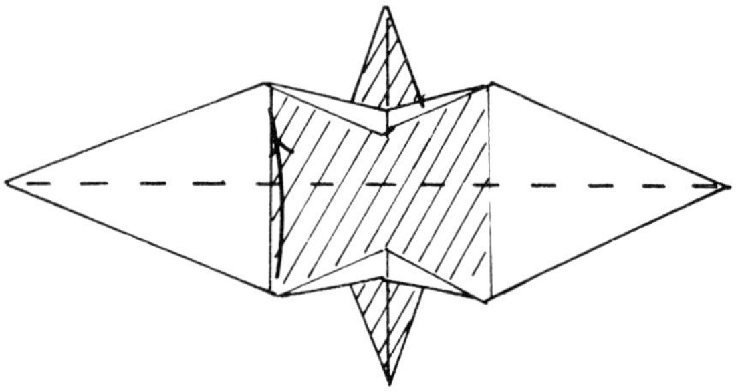

1. *Gegenüberliegende Zacken eines achtzackigen Sterns auseinanderziehen. Man nimmt dazu zwei Zacken auf der Unterseite. Die Figur der Länge nach zusammenklappen.*

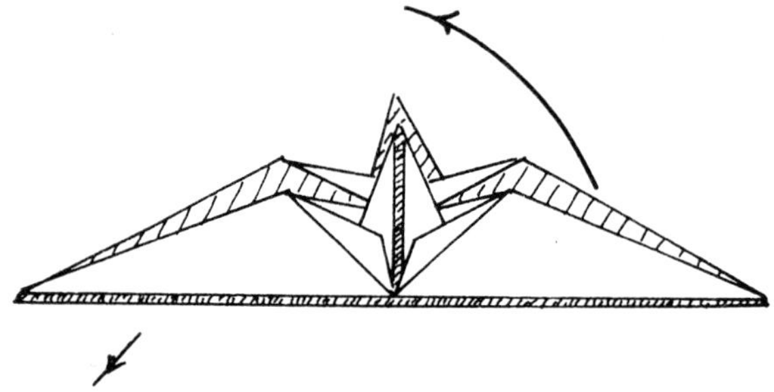

2. *Die rechte Seite in senkrechte Lage hochklappen. Dabei muß die Außenkante des Mittelquadrats zum Zentrum hin gefaltet werden.*

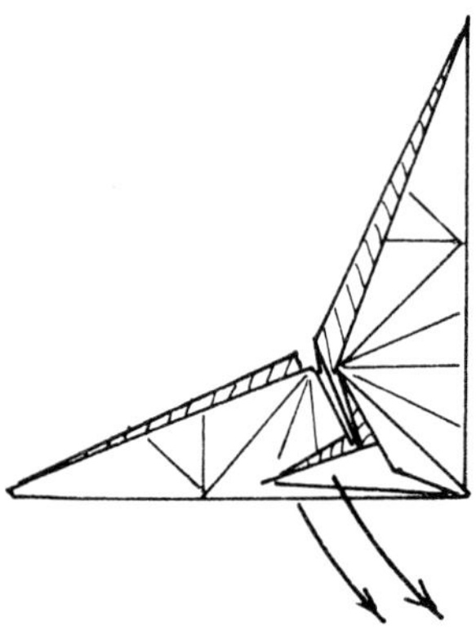

3. *Die beiden kleinen Seitenlappen herausziehen.*

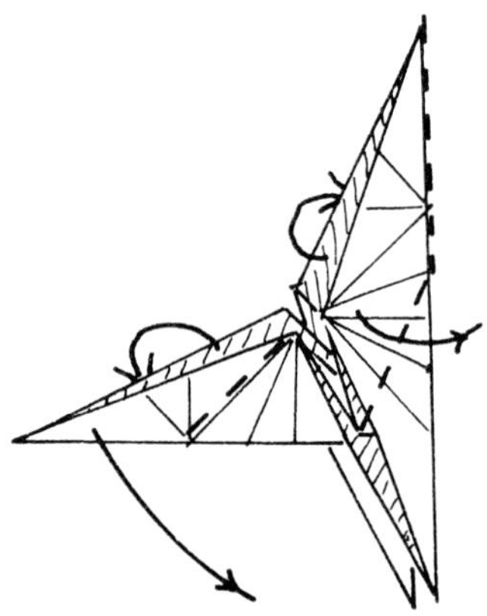

4. *Das Hinterbein durch eine Rückwärts-außen-Faltung formen. Das gleiche mit dem Hals.*

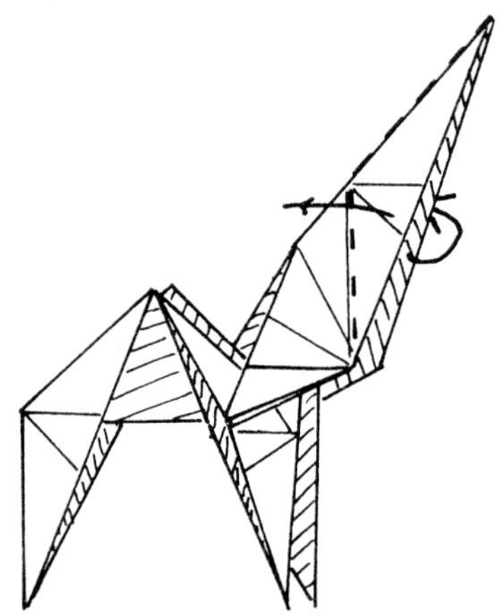

5. *Den Hals durch Rückwärts-außen-Faltung wieder zurückfalten.*

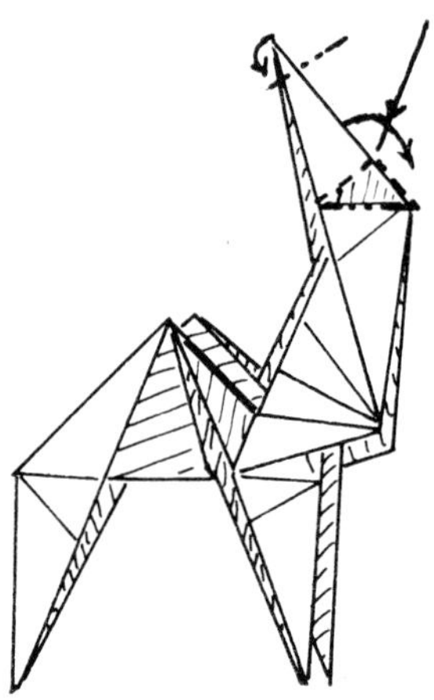

6. *Die Nase nach innen verkürzen. Danach Kopf herunterfalten (durch Fußfaltung). Dreieckigen Teil dabei versenken.*

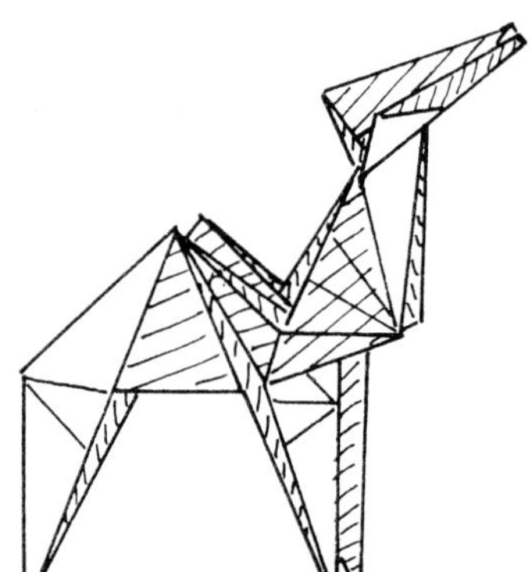

7. *Das fertige Kamel.*

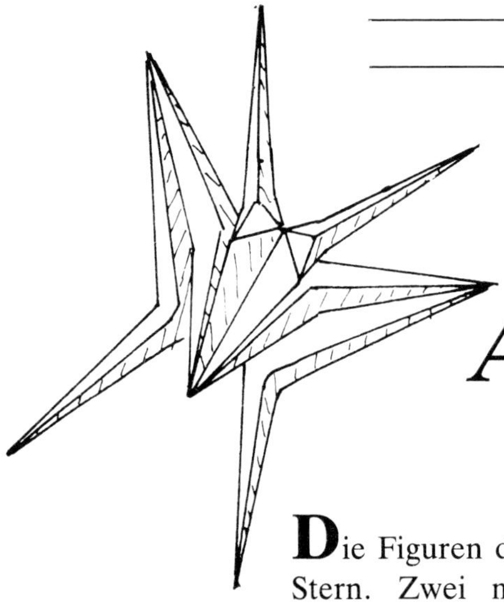

7. KAPITEL

Verschiedene Achtstern-Figuren

Die Figuren dieses Kapitels basieren alle auf dem achtzackigen Stern. Zwei menschliche Figuren, Tut-Anch-Amun und der Badende, zeichnen sich durch einen karoförmigen Kopf aus. Der Kopf wird in diesem Kapitel genauer beschrieben, da er auch bei anderen menschlichen Figuren Verwendung findet. Man muß nicht nur den Kopf durch Harmonikafaltung auf beiden Seiten formen, man braucht auch eine zweite Harmonikafaltung für Hals und Schultern. König Tut-Anch-Amun sitzt wie die Nonne. Der Badende sollte eigentlich eine Frau sein. Wer den kleinen Unterschied bemerkt...

Das Aussehen der Fledermaus habe ich über Jahre verbessert. Die letzte Version ist besonders schön geworden. Am Kopf muß man besonders sorgfältig arbeiten, um das mausähnliche Gesicht zu modellieren.

Bei Schwalbe und Schmetterling ist es ähnlich. Beide beginnen mit einem auseinandergezogenen achtzackigen Stern, der flachgedrückt und dann entlang bestehender Faltungen neu gefaltet wird. Beide zeichnen sich durch den Schwalbenschwanz und eine besondere körperliche Erscheinung aus. Beim Schwalbenschwanz wird dieser Effekt durch eine Harmonikafaltung des Körpers erreicht.

Bei der Maus und beim Dackel (11. Kapitel) sind die zwei kurzen Teile versteckt und die vier Ecken des Mittelquadrats werden zu Beinen. Einen Punkt zu verstecken ist nicht gerade effektiv, weil dadurch das Prinzip unterlaufen wird, stets alle vorhandenen Möglichkeiten zu nutzen. Dennoch ziehe ich diesen Schritt einer Beschneidung des Papiers, dem Zusammenkleben von Teilen oder einer nichtquadratischen Ausgangsform vor. Die Maus entstand 1965, die meisten anderen Modelle vor 1962. Bei der Maus findet man neue Faltungen, besonders im Kopfteil. Fred Rohm, dem ich die Maus zeigte, modifizierte sie sofort, so daß man sie aus einer Dollarnote falten kann.

Für den Pinguin braucht man nicht den ganzen achtzackigen Stern. Die Abweichung besteht darin, zwei der Seiten umzustülpen, so daß in einem Teil die weiße Unterseite sichtbar wird. Der Kopf entstand nach einer Reihe von Experimenten. Am attraktivsten wird der Pinguin, wenn man dunkles, einfarbiges Papier nimmt, das auf der anderen Seite weiß ist.

Der Badende

König Tut-Anch-Amun

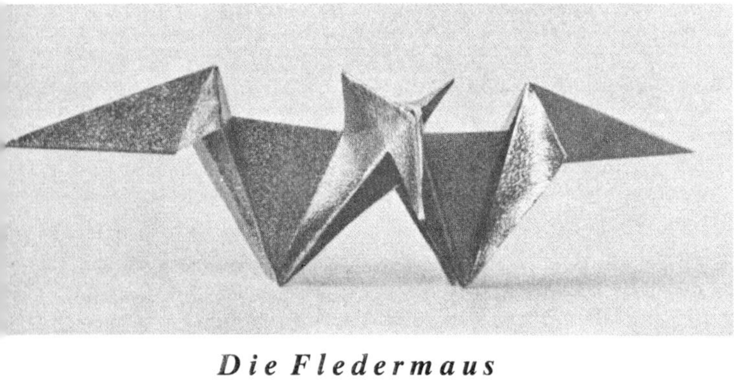

Die Fledermaus

Die Schwalbe

Der Kopf

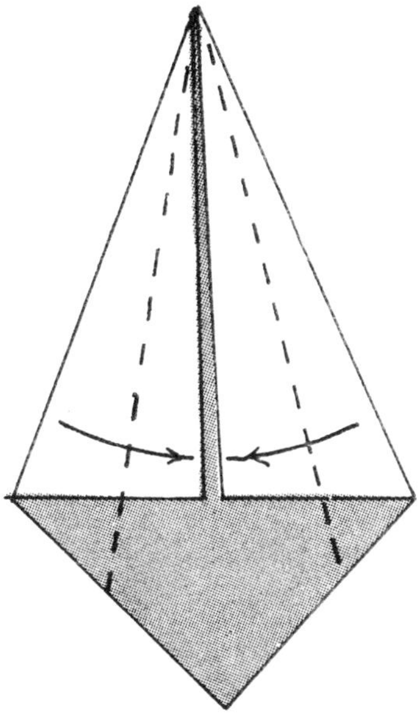

1. Ausgangspunkt ist die Drachenform. Die Seiten durch Talfaltung an die Mittellinie bringen.

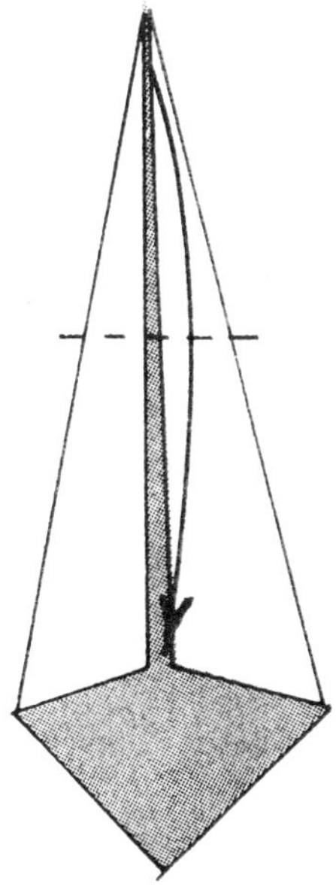

2. Die Spitze nach unten bringen.

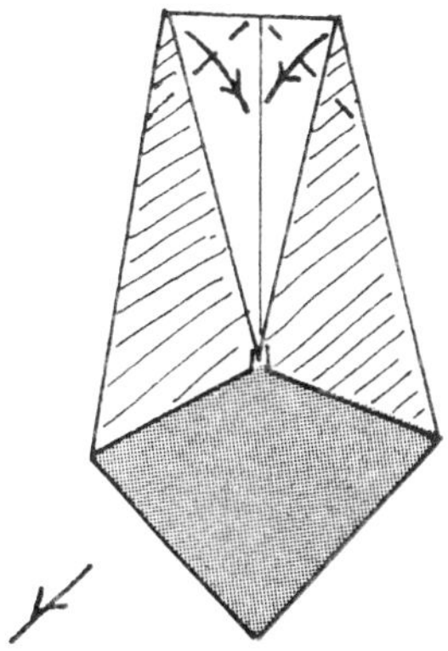

3. Die beiden Ecken herunterfalten.

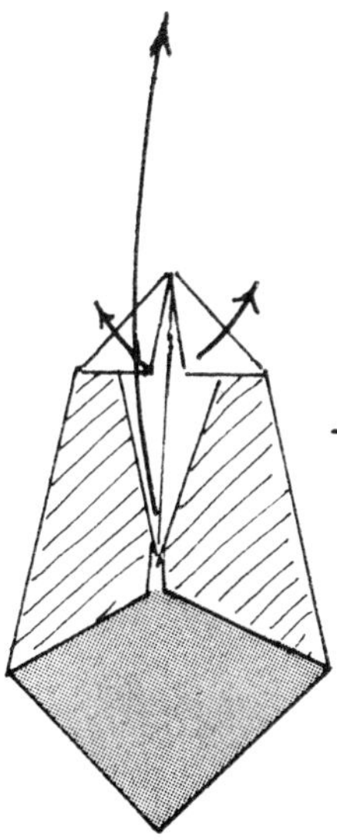

4. Ecken und Spitzen wieder in ihre ursprüngliche Lage bringen.

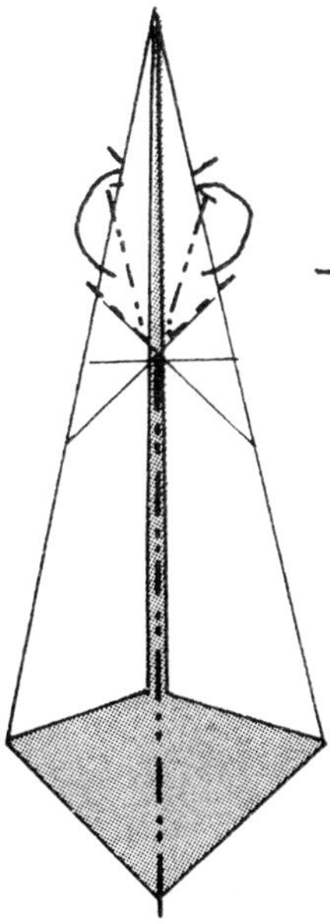

5. Den Oberteil der Spitze nach hinten falten. Gleichzeitig die ganze Figur nach hinten zusammenklappen.

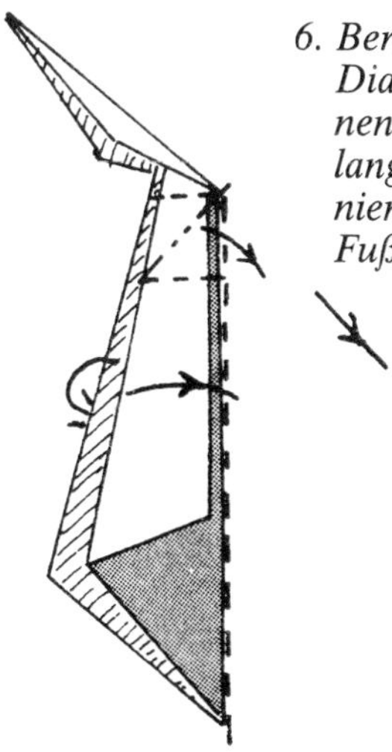

6. Bergfalte an der kurzen Diagonale. Die Figur öffnen und Talfaltungen entlang der horizontalen Linien anbringen (ähnlich Fußfaltung).

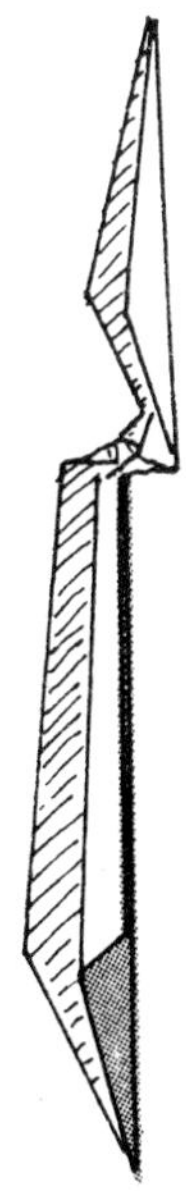

7. Seitenansicht des Kopfes.

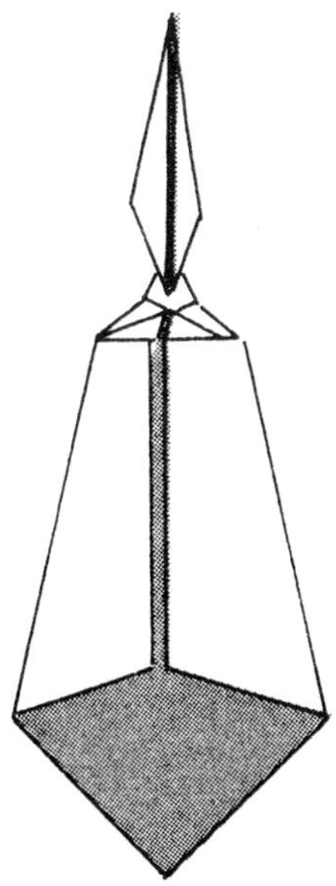

8. Vorderansicht des Kopfes.

Tut-Anch-Amun

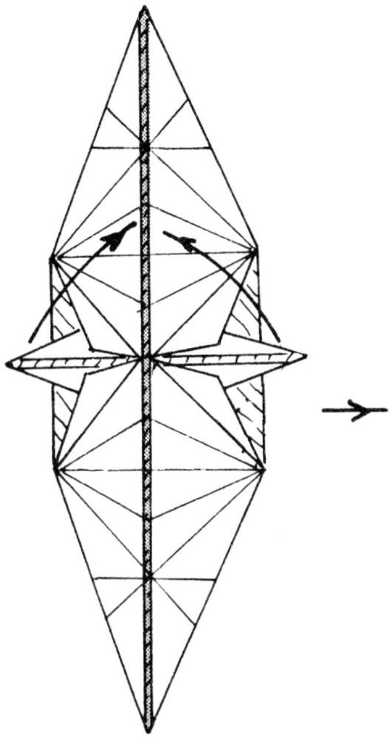

1. Ausgangspunkt ist ein achtzackiger Stern mit auseinandergezogenen Spitzen. Die beiden Seitenlappen herausziehen und nach oben klappen.

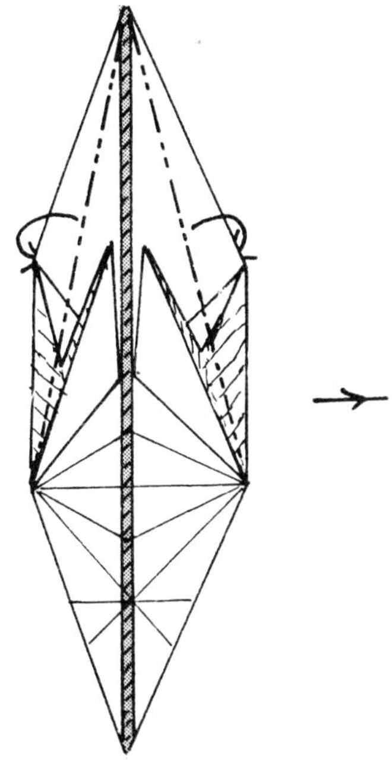

2. Die Seiten des Oberteils nach hinten falten.

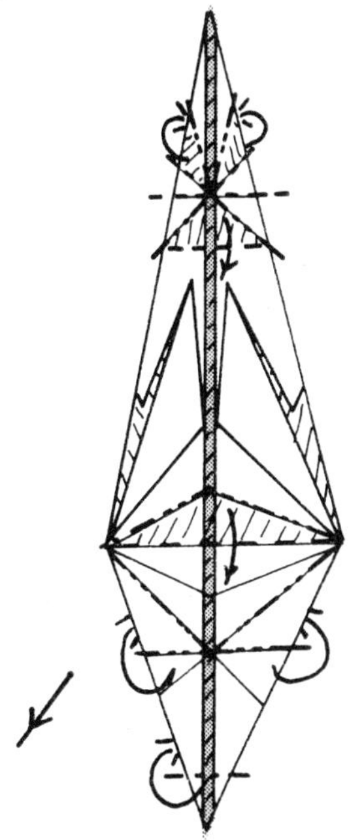

3. Der Kopf wird durch eine Harmonikafaltung geformt. Durch eine Harmonikafaltung der Schulter kommt der Kopf nach oben. Den Unterteil in Sitzlage bringen (siehe Konstruktion der Nonne, S. 72).

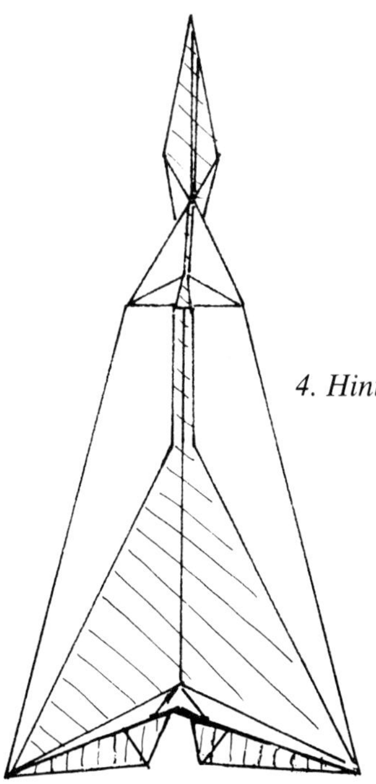

4. Hinteransicht.

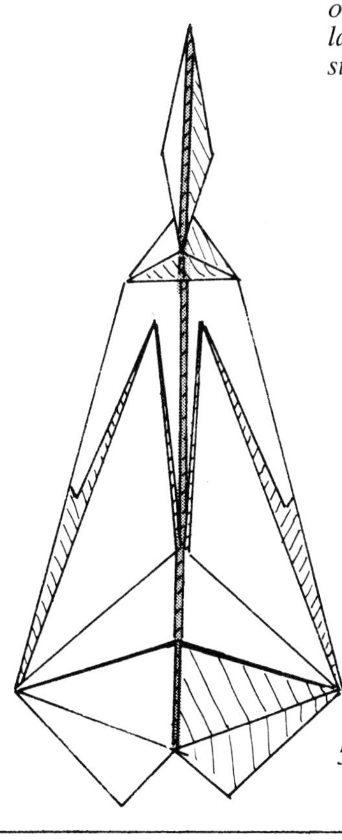

5. König Tut-Anch-Amun.

Der Badende

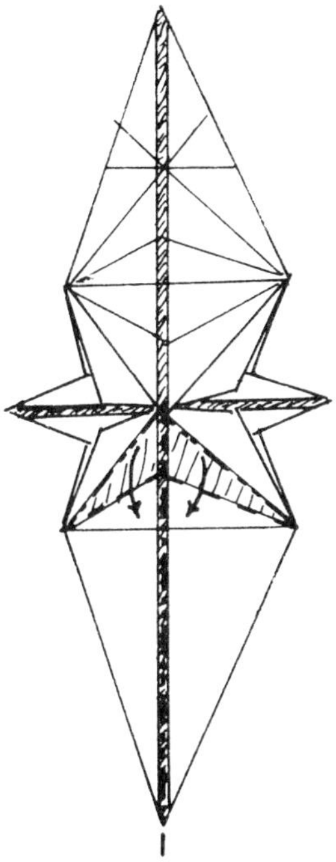

1. Ausgangspunkt ist ein achtzackiger Stern mit auseinandergezogenen Zacken. Den Hüftteil durch Harmonikafaltung formen und das Bein nach vorne ziehen.

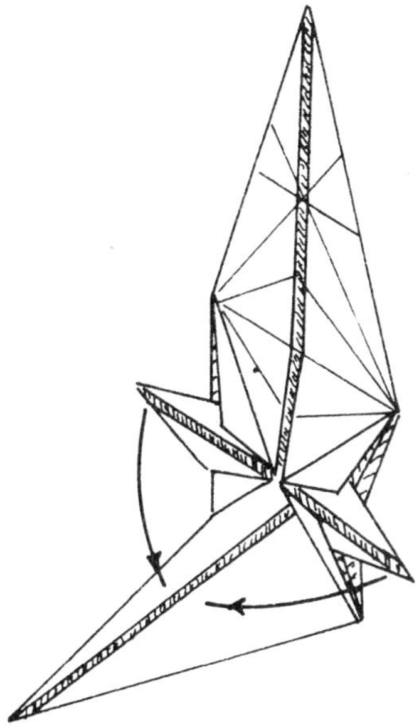

2. Seitenlappen herausziehen (sie werden zu Armen). Die Falten ausflachen.

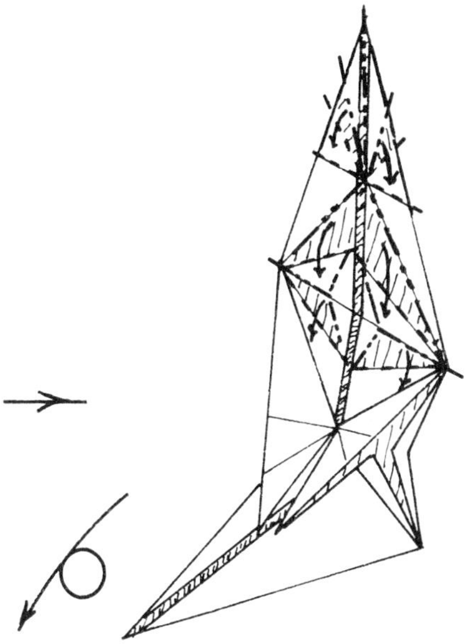

3. Vorfaltung der Brust, der Schulter, des Kopfes. Die Faltungen müssen scharf sein, man macht sie wieder teilweise rückgängig. Figur umdrehen.

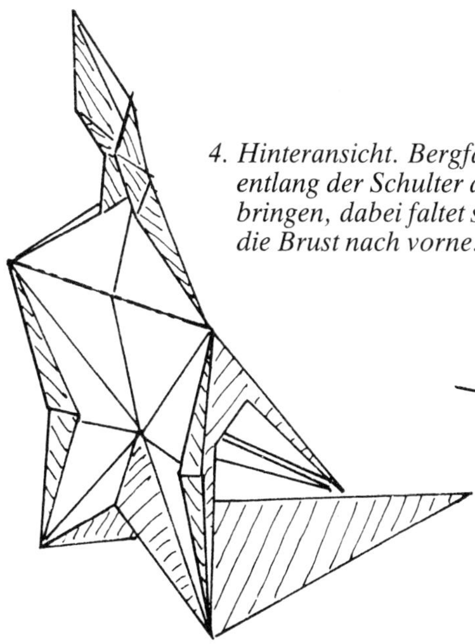

4. Hinteransicht. Bergfalte entlang der Schulter anbringen, dabei faltet sich die Brust nach vorne.

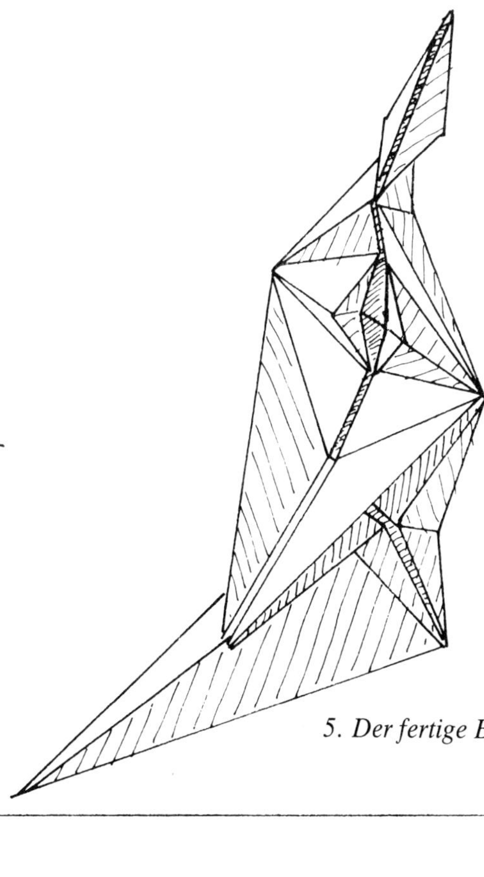

5. Der fertige Badende.

Die Fledermaus

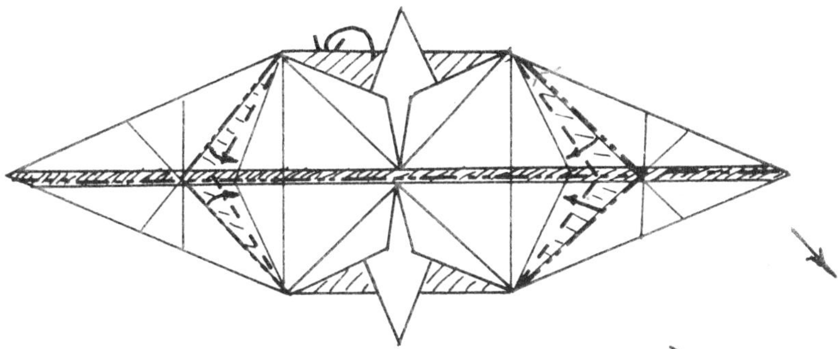

1. Ausgangspunkt ist ein achtzackiger Stern mit auseinandergezogenen Zacken. Die Flügel werden durch eine Harmonikafaltung hergestellt. Anschließend wird die ganze Figur nach hinten zusammengeklappt.

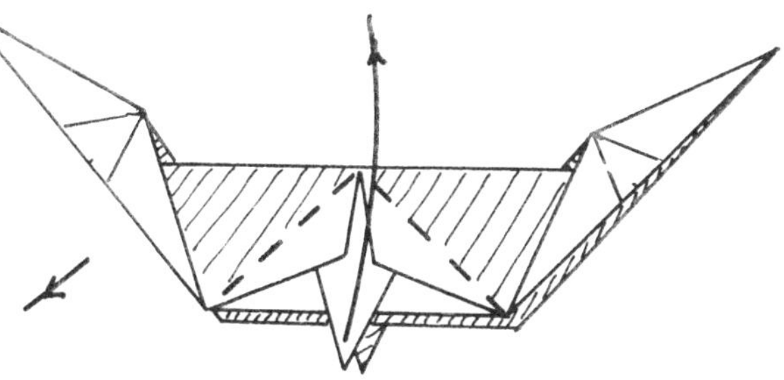

2. Die Seitenlappen so weit wie möglich nach oben bringen.

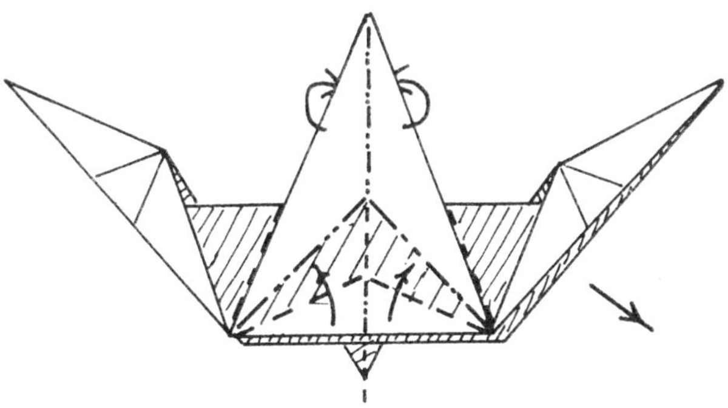

3. Harmonikafaltung für den Mittelteil, wobei Vorder- und Hinterteil gemeinsam gefaltet werden. Der Schwanz (kleine Spitze nach unten) bleibt davon unberührt.

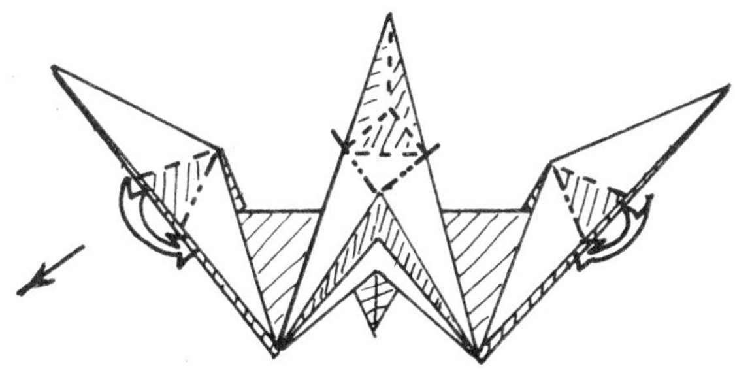

4. Feinarbeit: Den Schnabel nach unten falten und die Ohren zu scharfen Kanten zusammendrücken. Die Flügel durch Knitterfaltung teilweise nach innen bringen. Vorder- und Hinterteil der Beine leicht auseinanderdrücken, damit die Figur stehen kann.

5. Die fertige Fledermaus.

Die Schwalbe

1. *Ausgangspunkt ist die Unterseite des vollständig entfalteten achtzackigen Sterns. Erst Bergfalten anbringen. Dann die Seiten nach innen falten und den Mittelteil nach unten drücken.*

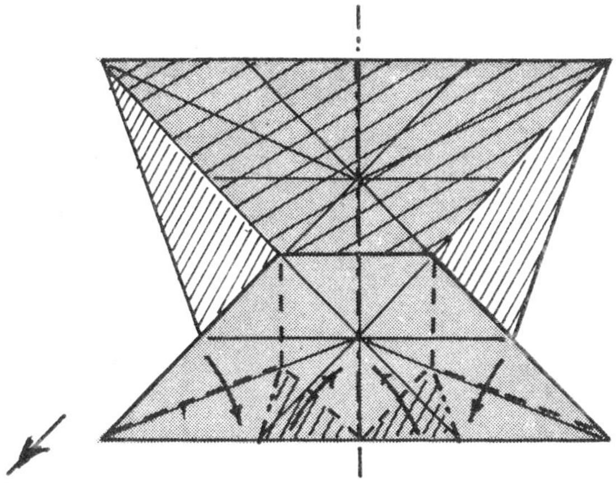

2. *Die Unterkante zur Mittellinie falten, dann die Seiten nach unten falten. Die ganze Figur nach hinten zusammenklappen.*

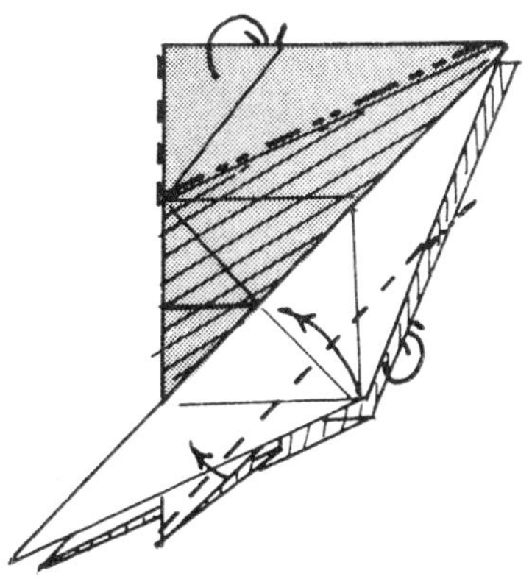

3. *Körper- und Schwanzteil gleichzeitig verschmälern. Die obere Kante durch Rückwärts-innen-Faltung einstülpen.*

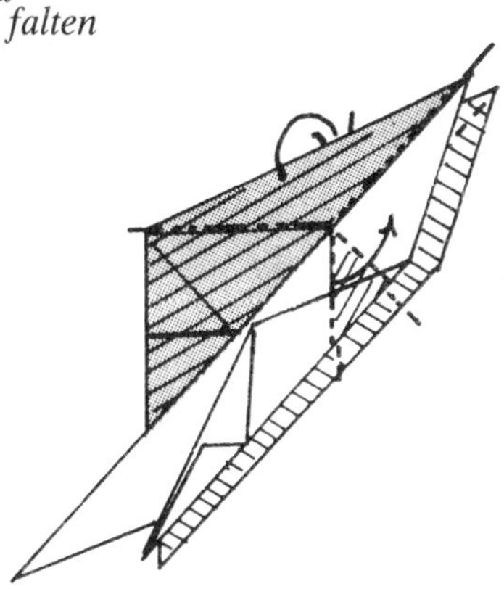

4. *Beide Punkte durch Hasenohrfaltung zu Flügeln formen.*

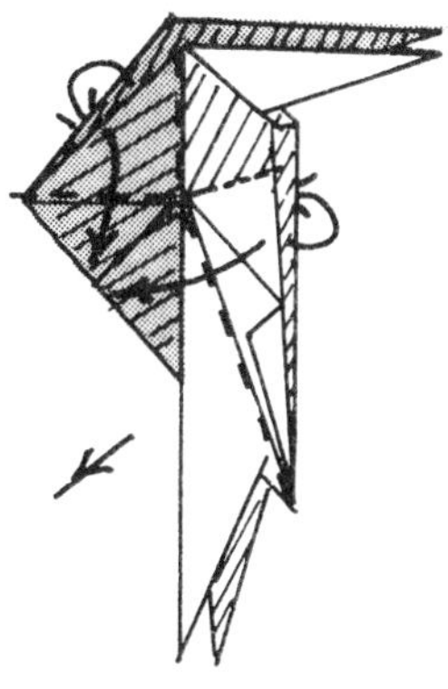

5. *Die Körperseiten nach links falten und die Flügel ausflachen. Auf der Rückseite wiederholen.*

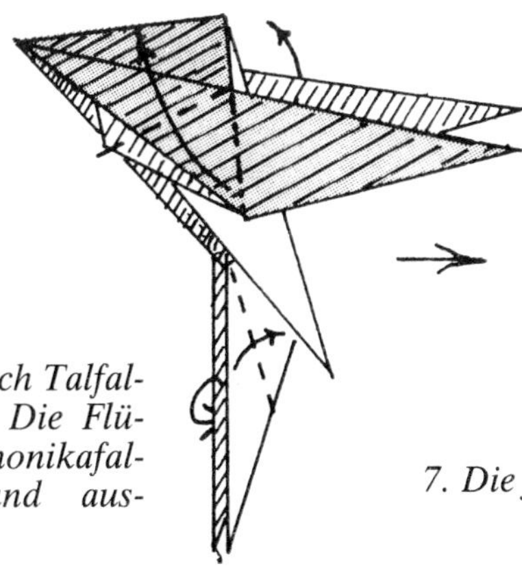

6. *Den Schwanz durch Talfaltung verbreitern. Die Flügel durch Harmonikafaltung formen und ausbreiten.*

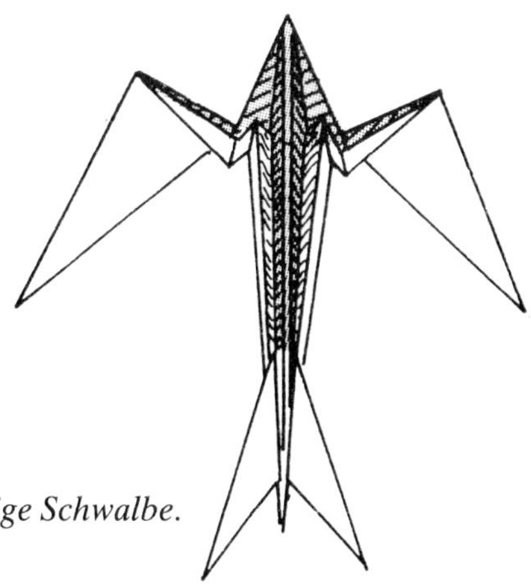

7. *Die fertige Schwalbe.*

Der Schwalbenschwanz

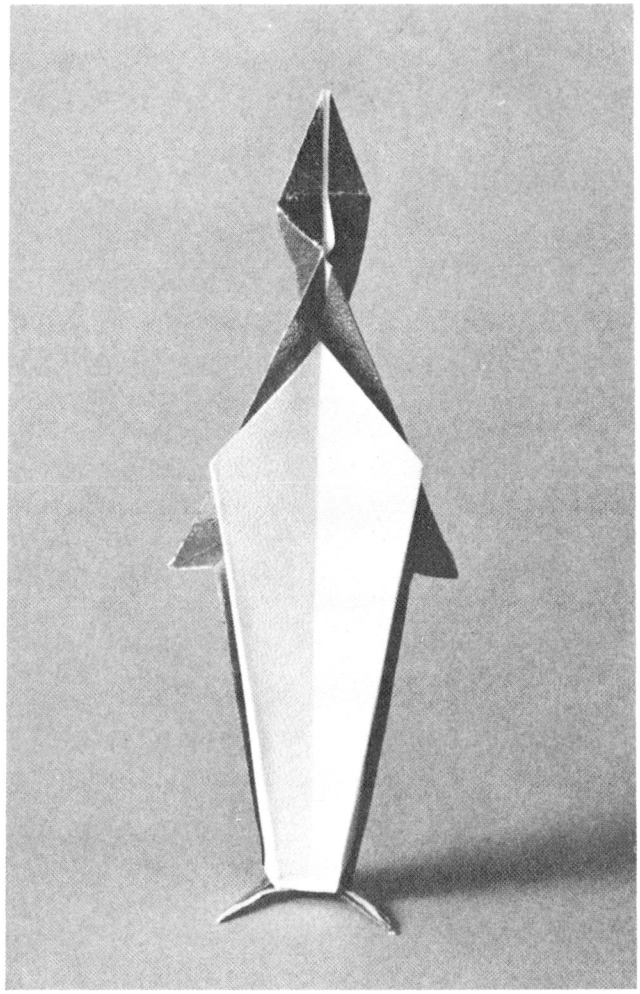

Der Pinguin

Die Maus

Der Schwalbenschwanz

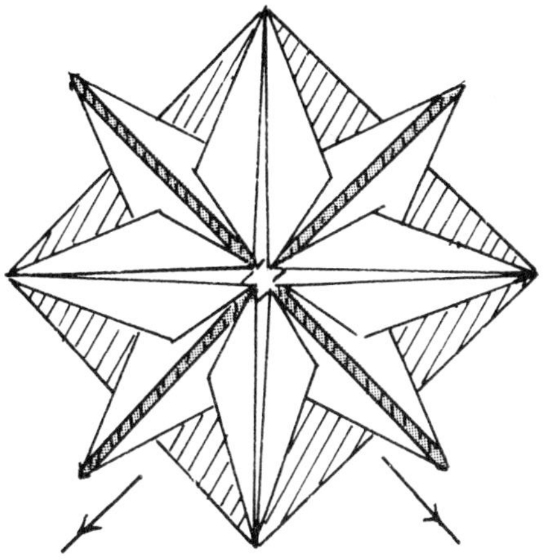

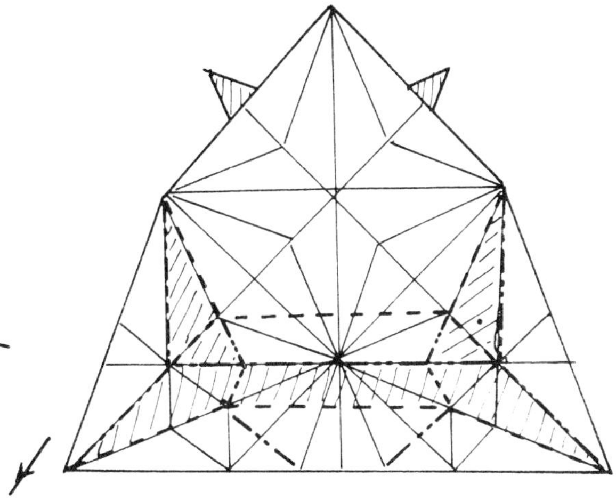

1. Den Mittelteil eines achtzackigen Sterns ausflachen. Zwei Zacken mit offenen Kanten auseinanderziehen. Figur umdrehen.

2. Erst die waagrechten Faltungen durchführen (Tal/Berg/Tal). Durch Harmonikafaltung unter Benutzung schon existierender Falten den Schwanz formen.

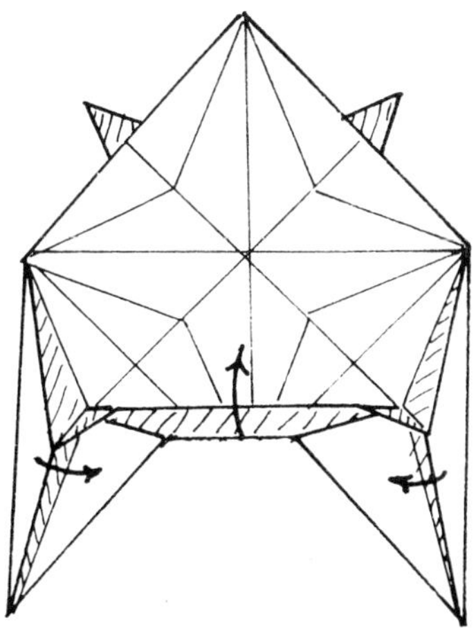

3. Die Kanten des Mittelteils nach unten drücken und die Außenkanten des Schwanzes nach innen falten.

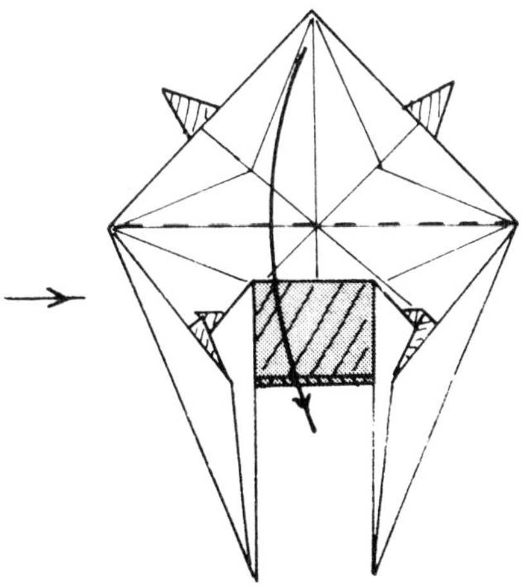

4. Oberteil nach unten klappen.

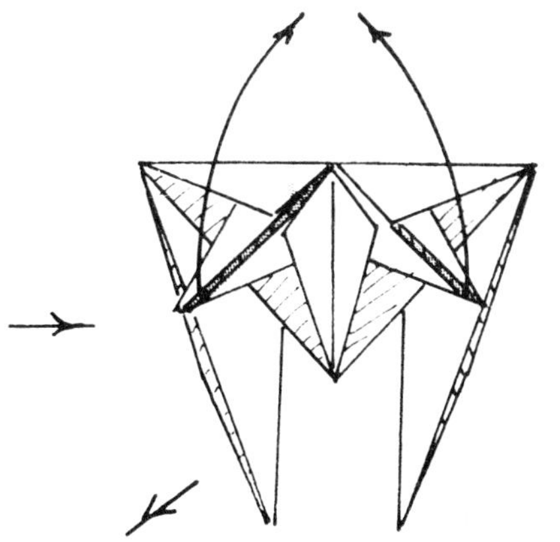

5. Die Fühler aus den sie bedeckenden Lappen herausziehen.

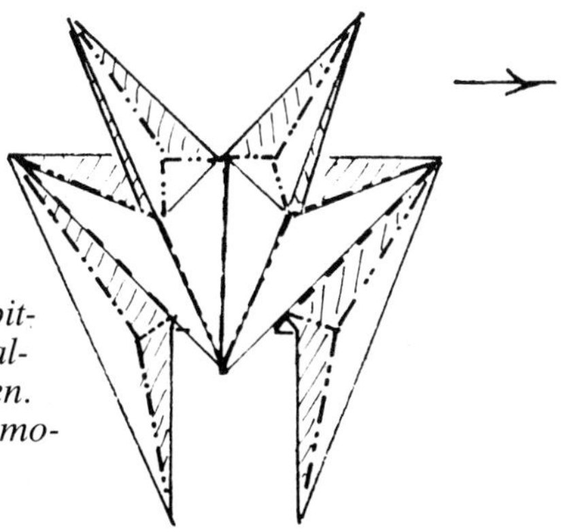

6. Fühler und Schwanzspitzen mittels Hasenohrfaltung zusammendrücken. Flügel und Körper harmonikafalten.

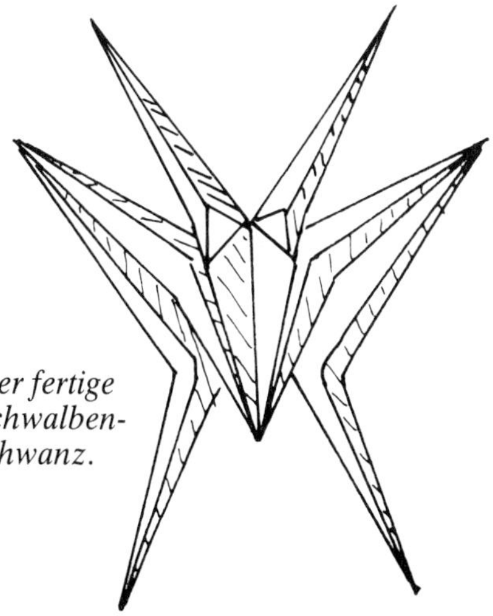

7. Der fertige Schwalbenschwanz.

Die Maus

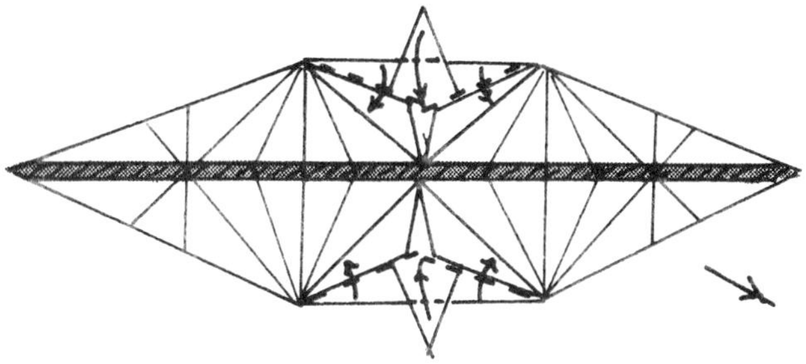

1. Gegenüberliegende Zacken eines achtzackigen Sterns auseinanderziehen. Vorstehende Seitenlappen nach innen falten, danach Seiten des Mittelquadrats nach innen falten.

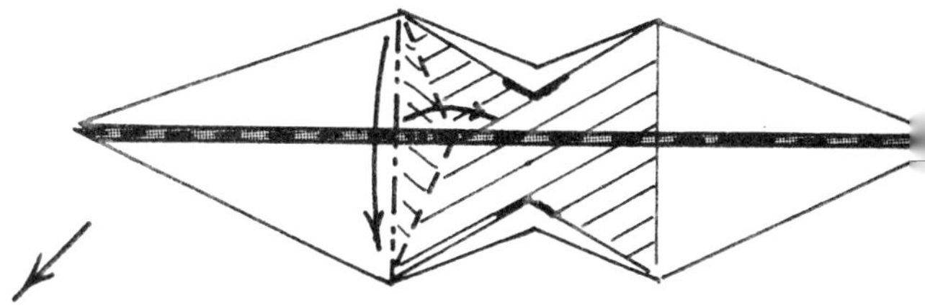

2. Das Verbindungsstück zwischen Körper und Schwanz durch Harmonikafaltung formen. Die ganze Figur nach vorne zusammenklappen.

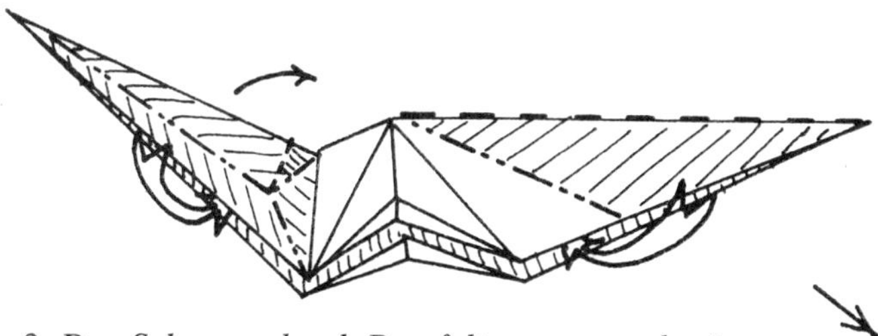

3. Den Schwanz durch Bergfaltungen verschmälern. Dann den Schwanz nach oben heben, wodurch an seiner Basis ein kleines Dreieck entsteht. Den Kopf durch Rückwärts-innen-Faltung formen.

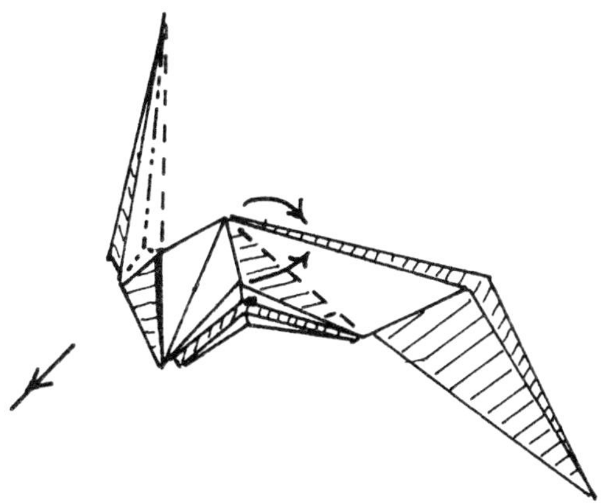

4. Den Schwanz nochmals durch Harmonikafaltung (Berg/Tal/Berg) verschmälern. Den Kopfteil zwischen den Körper nach unten drücken.

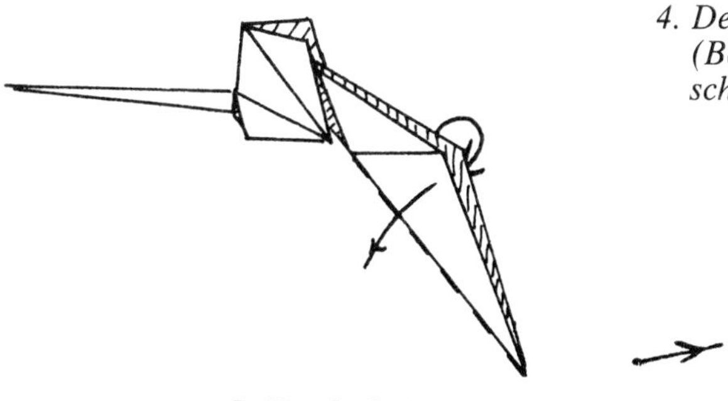

5. Kopfteil öffnen.

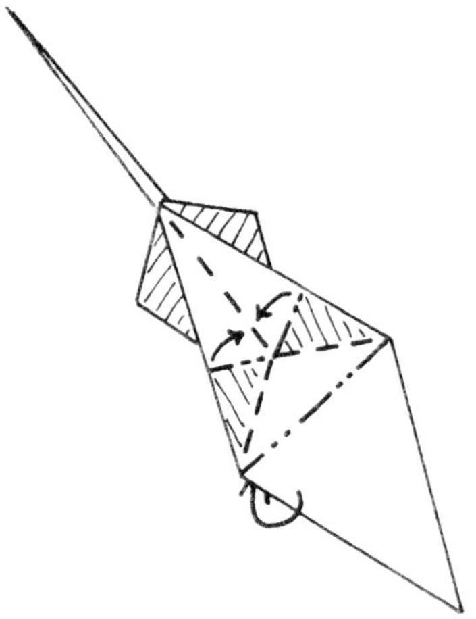

6. Vorderteil des Kopfes nach hinten klappen. Mittelpunkt des Dreiecks versenken und dabei den rückwärtigen Teil zusammendrücken.

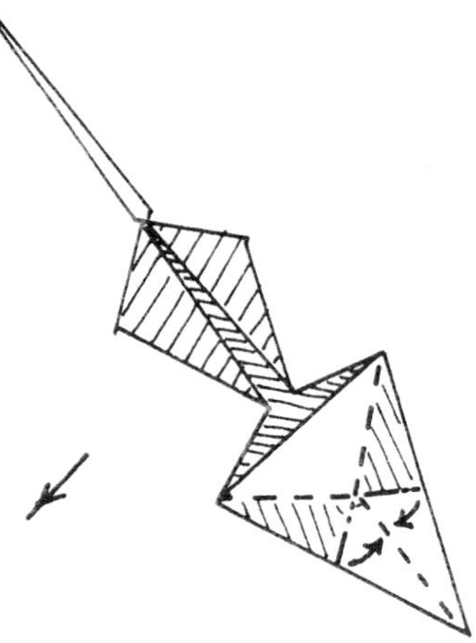

7. Versenken des Mittelpunkts am vorderen Dreieck wiederholen. Nase zusammendrücken.

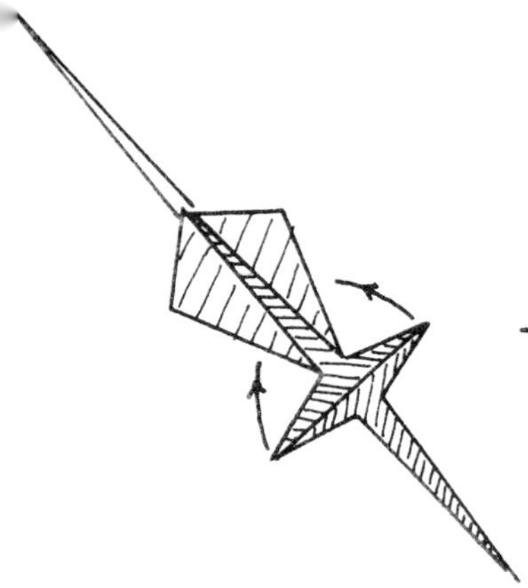

8. Ohren nach hinten drükken, wobei die Ohrspitzen leicht über dem Rücken vorstehen.

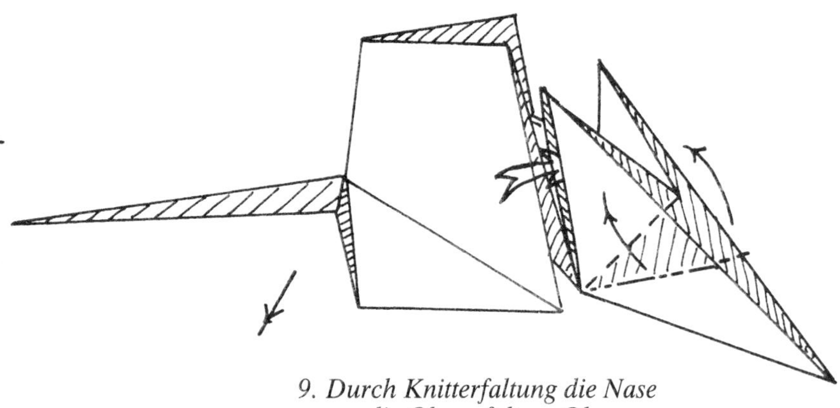

9. Durch Knitterfaltung die Nase um die Ohren falten. Ohren öffnen und Nase leicht lokkern.

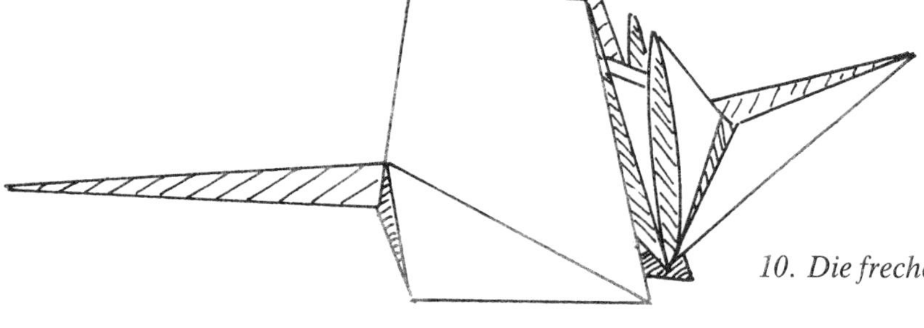

10. Die freche Maus.

Der Pinguin

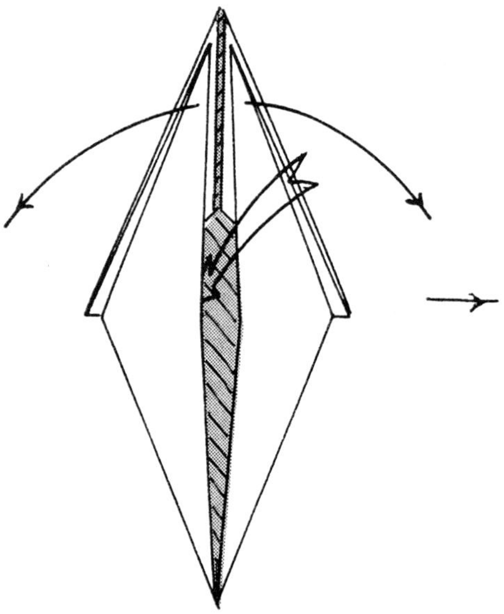

1. Ausgangspunkt ist die versenkte Vogelform. Der versenkte Punkt liegt oben und die Oberlappen sind nach unten geklappt. Die beiden Lappen öffnen, so weit es geht.

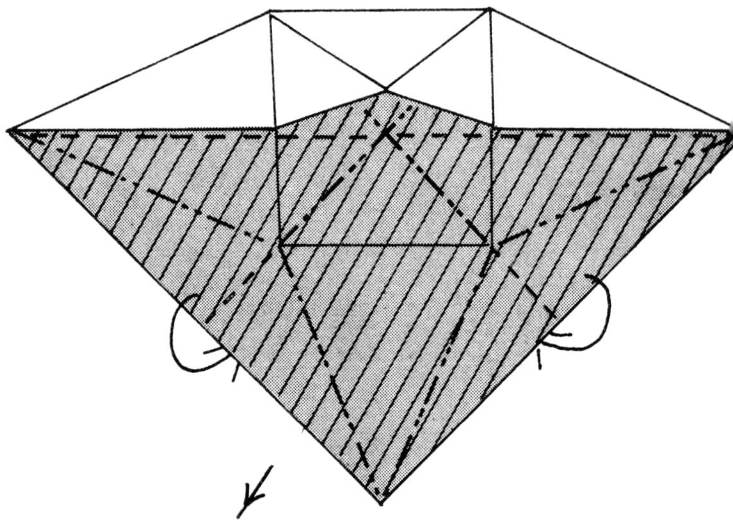

2. Die Falten umkehren und die Vogelbasis wieder falten. Der Vorderlappen ist nun weiß.

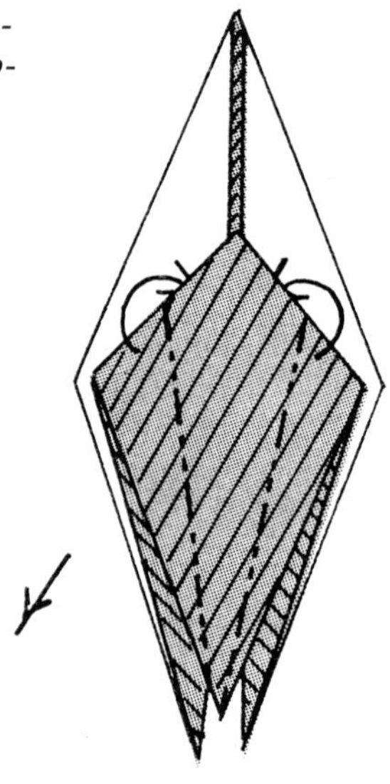

3. Bergfaltung der Seitenkanten nach innen.

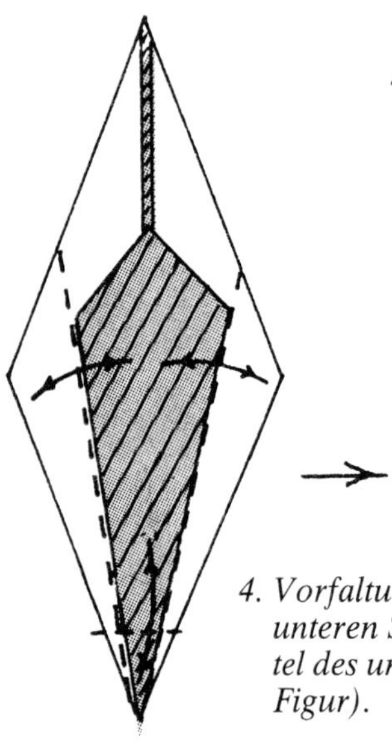

4. Vorfaltung der Seiten und der unteren Spitze (etwa ein Viertel des unteren Teils der Figur).

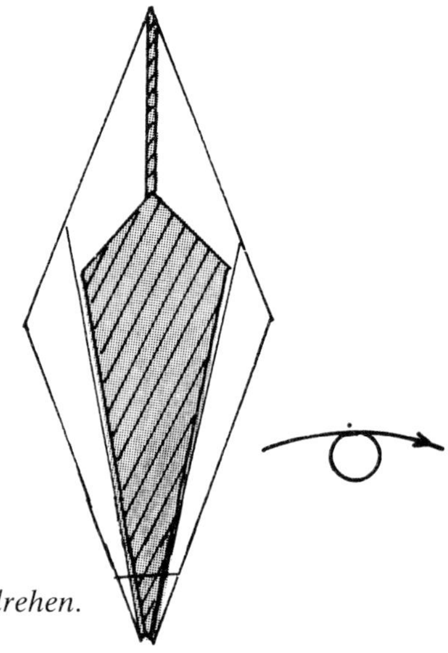

5. Figur umdrehen.

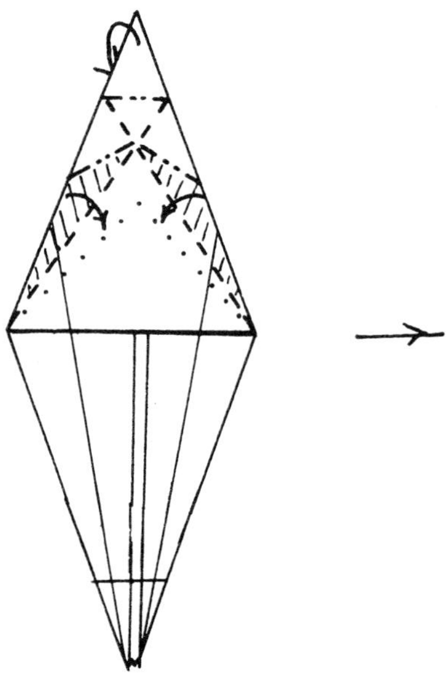

6. *Die beiden Oberkanten nach innen falten, und zwar an die unsichtbaren Begrenzungen der versteckten Drachenform. Bergfalten an den bezeichneten Stellen anbringen. Karoförmigen Kopf formen: Bergfalten zusammenbringen und Kopfspitze hochheben.*

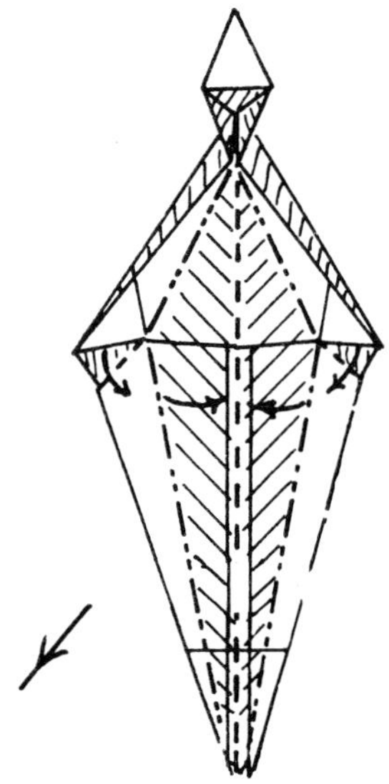

7. *Die versteckte weiße Seite zusammenklappen. Danach Harmonikafaltung nach rückwärts. Kleine Ecken an den Seiten nach unten falten. Figur seitwärts drehen.*

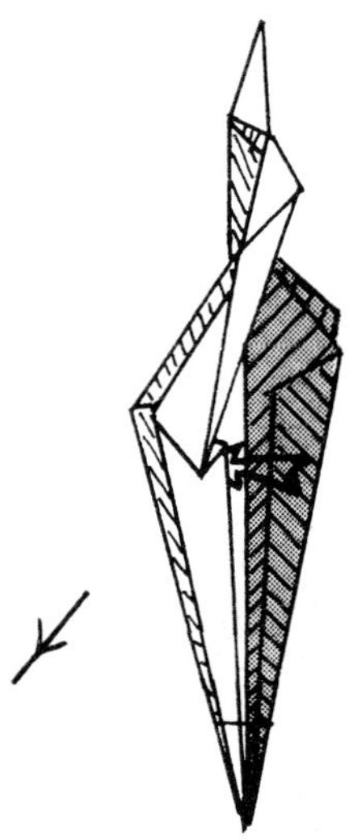

8. *Die Ecken des weißen Teils in die durch Harmonikafaltung entstandenen Falten stecken.*

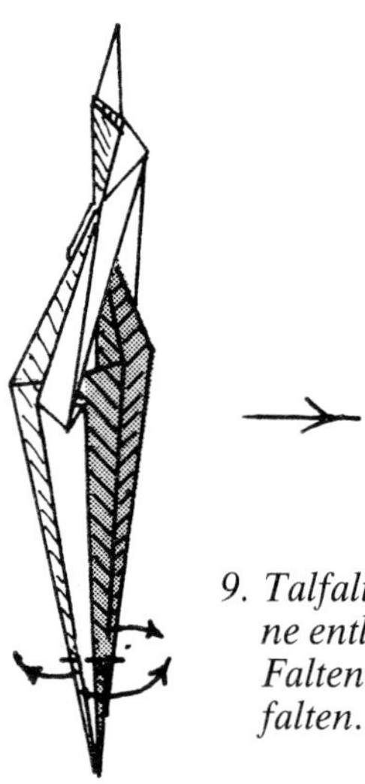

9. *Talfaltung der Beine nach vorne entlang bereits existierender Falten. Schwanz nach hinten falten.*

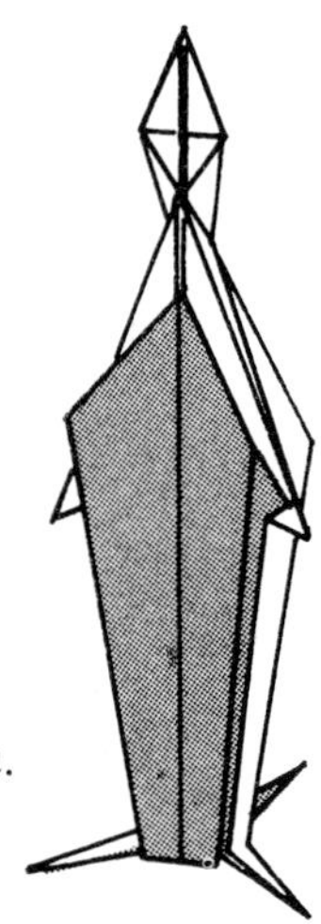

10. *Der fertige Pinguin.*

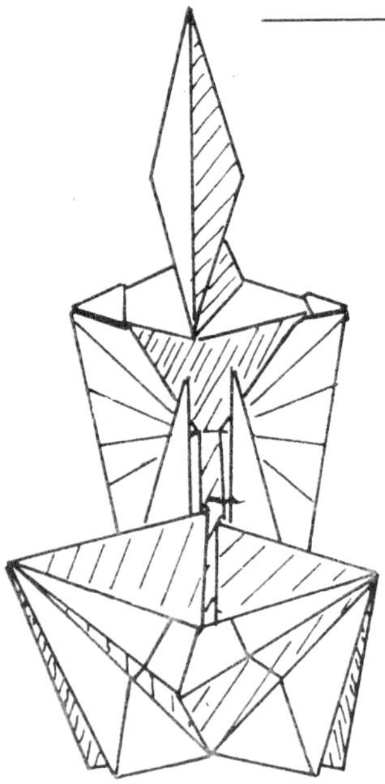

8. KAPITEL

Die Eulenform

Bei der Eulenform, die ihren Ausgang vom achtzackigen Stern nimmt, sind am Ende zwei kurze Seitenlappen, ein kurzer Mittellappen, ein langer Lappen und zwei Ecken des Mittelquadrats übrig. Bleiben insgesamt sechs Ecken. Das kurze Mittelstück wird eingeschlossen. Wenn die Nase der Eule oder der Schwanz der Schildkröte locker ist, dann war der Verschluß nicht gut genug.

Die Eule wird am meisten bewundert. Ihre Körperlichkeit ist erstaunlich. Der Fuß wurde mit besonderer Sorgfalt entwickelt, damit das kopflastige Tier nicht umfällt. Bei sehr großen Exemplaren empfiehlt es sich, die Eule auf einen Karton zu kleben.

Der Löwe, den mein Sohn erfunden hat, wird häufig für einen Hund gehalten. Löwenhafter wird er durch Anheben des Kopfes.

Das Kaninchen mit seinen Knopfaugen und seiner Weste stammt aus *Alice im Wunderland.* Beim Mönch werden die Beine aus den Ecken des Mittelquadrats geformt. Außerdem besitzt die Figur Tiefe. Bei der Schildkröte ist bemerkenswert, daß Kopf, Schwanz und Beine zwischen dem Panzer hervorkommen. Der Hals wird durch eine etwas mühselige Harmonikafaltung erzeugt und wird tatsächlich zwischen die Panzerplatten gesteckt.

Der Mönch

Das Kaninchen

Die Schildkröte

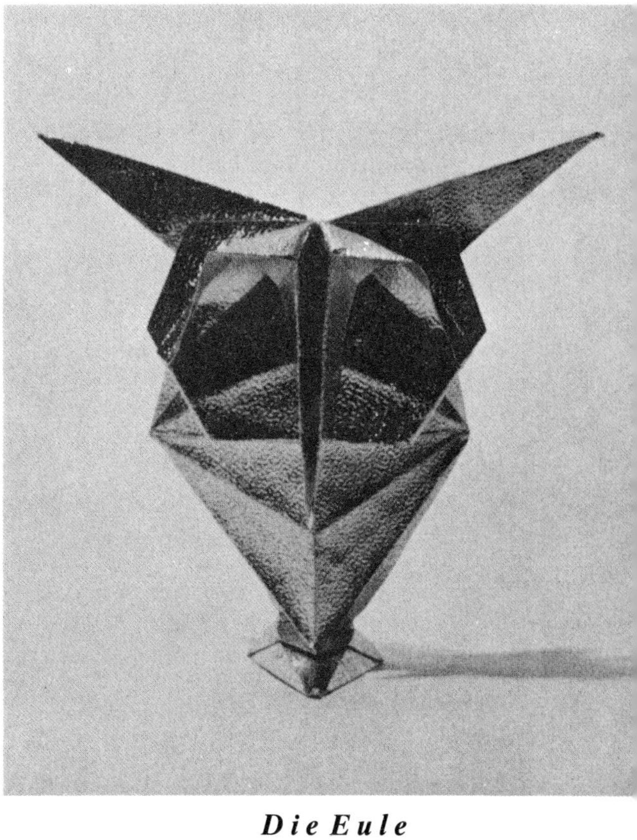

Die Eule

Der Löwe

Die Eulenform

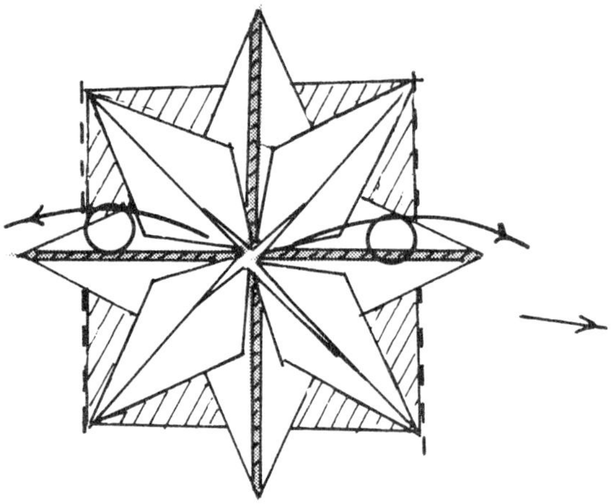

1. *Ausgangspunkt ist die Unterseite eines achtzakkigen Sterns. Mittelquadrat ausflachen. Gefaltete Zacken nach außen ziehen und umklappen.*

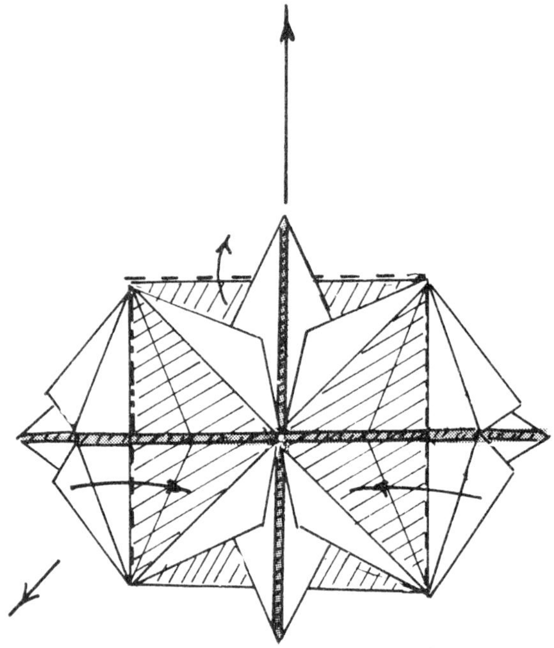

2. *Die obere Spitze so weit es geht herausziehen, dabei gleichzeitig die beiden seitlichen Punkte auf den unteren kurzen Mittellappen hineinfalten. Dadurch wird der kleine Mittelteil an seiner Basis in der Mitte des Mittelquadrats befestigt.*

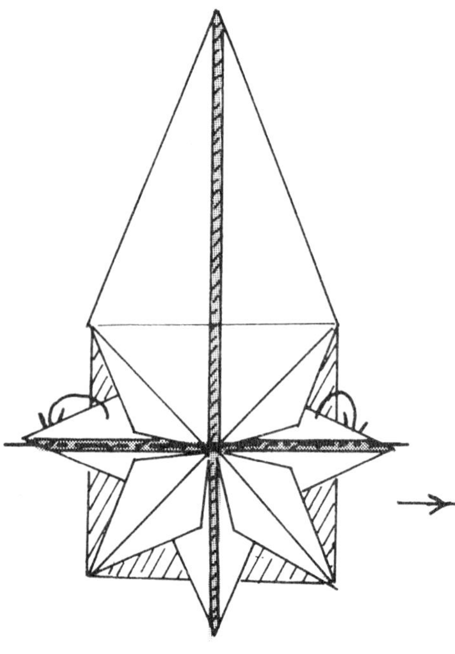

3. *Waagrechte Bergfaltung.*

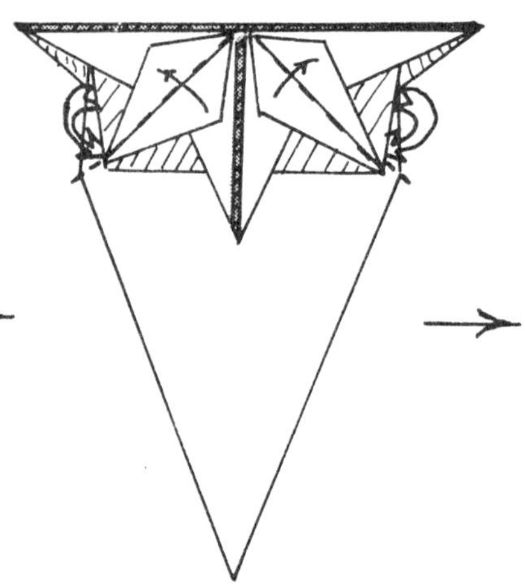

4. *Die Seiten des Mittelquadrats durch Rückwärts-innen-Faltungen nach innen bringen (an die Mittellinie). Die Eckteile des kurzen Mittelteils nach oben falten.*

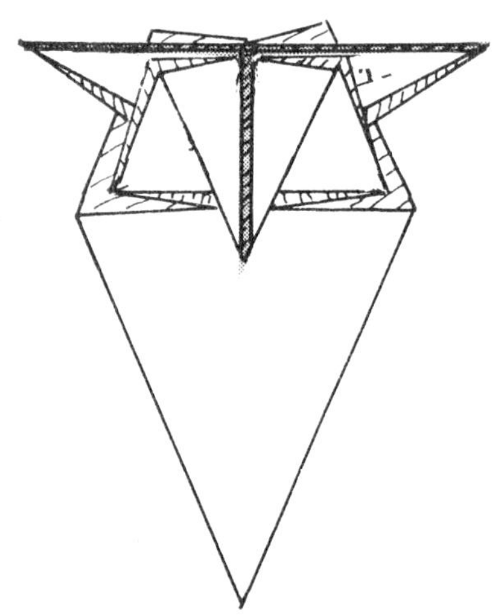

5. *Die Eulenbasis, Ausgangsform für die Eule, die Schildkröte, das Kaninchen und den Löwen.*

Der Löwe

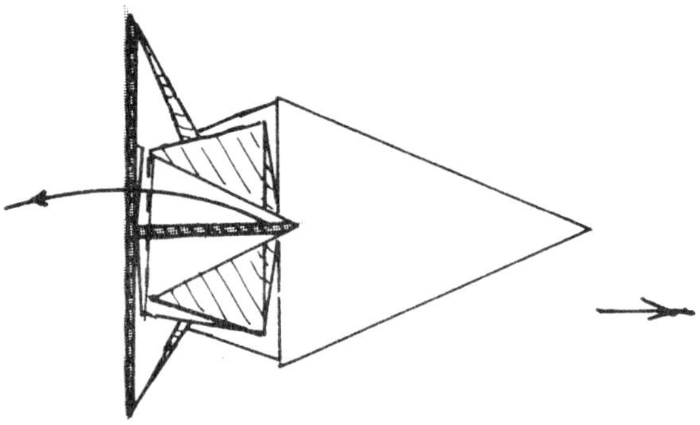

1. Ausgangspunkt ist die Eulenform. Den Oberlappen so weit wie möglich nach links ziehen.

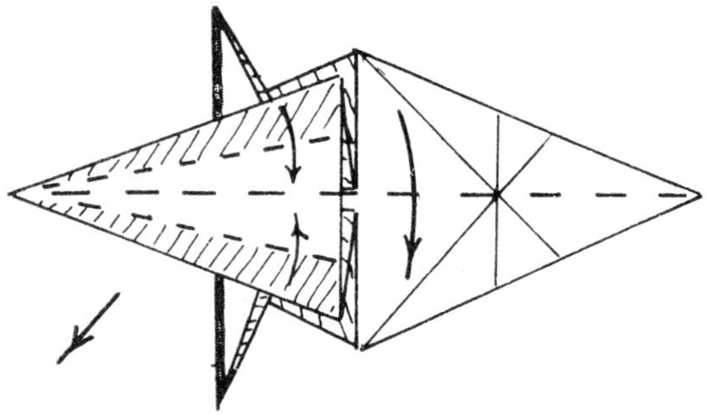

2. Den Schwanzteil durch Talfaltungen verschmälern. Dann die Figur nach vorne zusammenklappen.

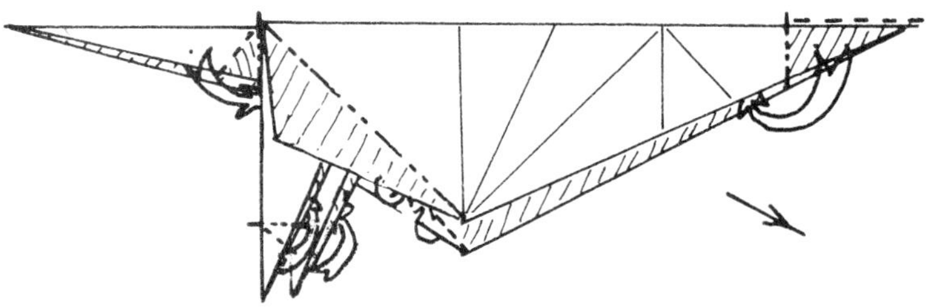

3. Den Schwanz durch Knitterfaltung nach unten klappen. Die Schwanzwurzel kommt dabei ins Körperinnere. Hinterfüße durch Knitterfaltung formen (gleiche Höhe wie die Vorderbeine), danach in den Körper stecken. Nase durch Rückwärts-innen-Faltung abflachen.

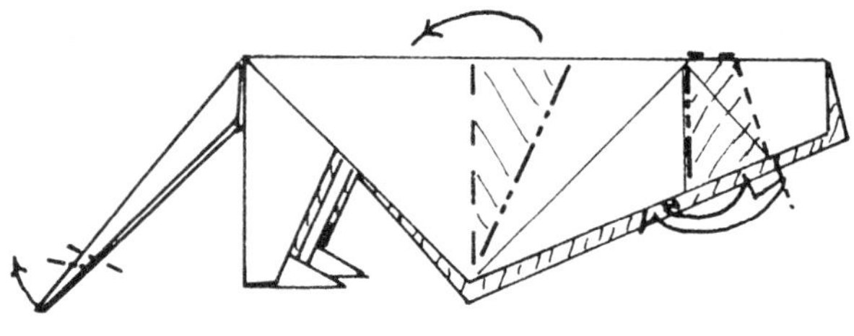

4. Vorderteil öffnen. Knitterfaltung des Kopfes nach außen. Harmonikafaltung des Gesichts nach innen. Schwanzende durch Fußfaltung formen.

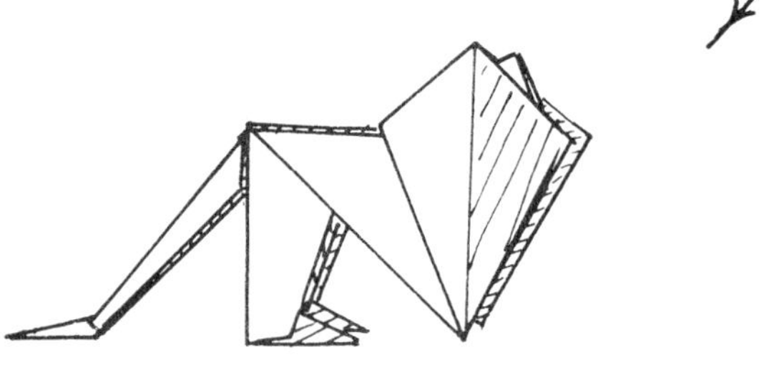

5. Der fertige Löwe (nach Bill Sakoda).

Die Eule

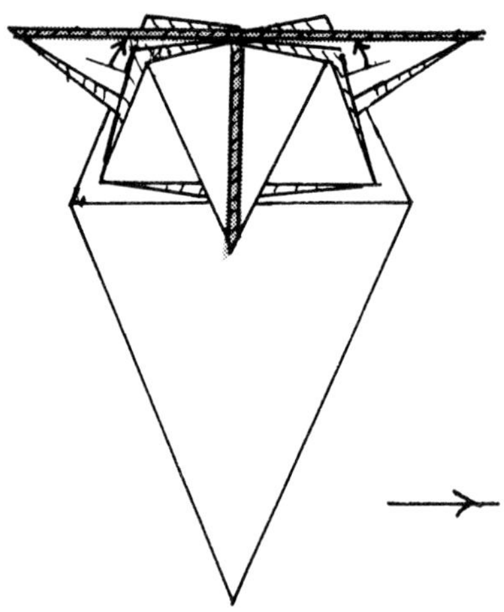

1. Ausgangspunkt ist die Eulenform. Ohren leicht anheben (Winkelhalbierende der Ohren trifft Ecken des Kopfes). Ohren festdrükken, damit sie in dieser Lage bleiben.

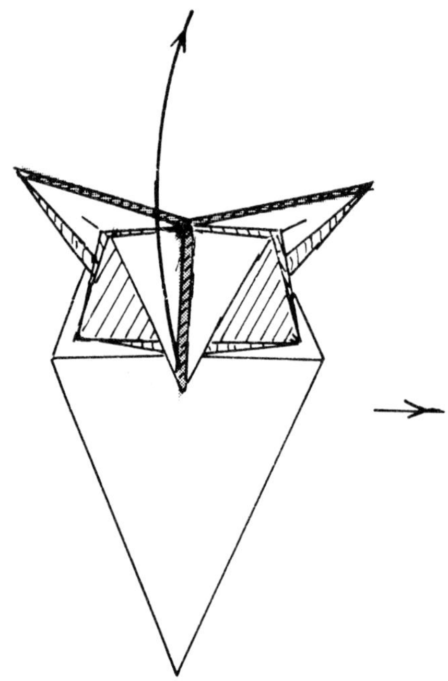

2. Kurzen Vorderlappen nach oben ziehen, soweit es geht.

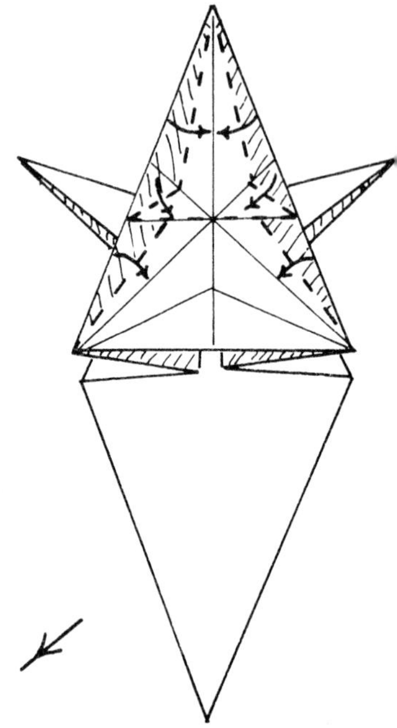

3. Talfaltungen der unteren Seiten des Dreiecks (bis zu waagrechten Linie). Dann obere Seiten nach innen fal-ten (bis zur Diagonallinie) Als letztes kleine, aber wichtige Talfalte anbringen, von der Schnabelbasis zur Dreieckskante. Anschließend Schnabel nach unten falten und Seiten zusammendrücken.

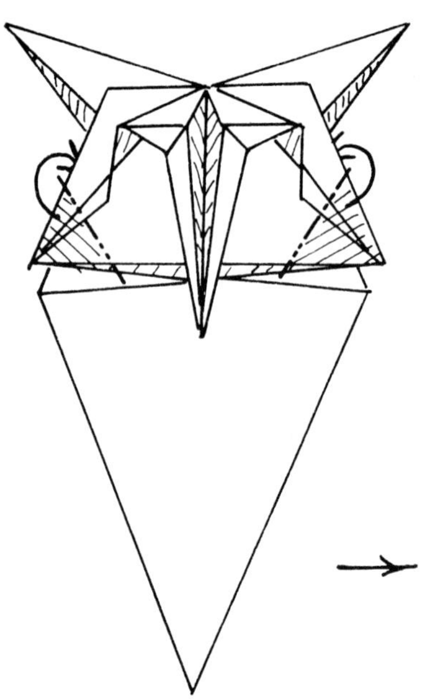

4. Die unteren Ecken des Gesichts nach hinten falten. Achten Sie darauf, daß die Ränder des Gesichts nach unten gefaltet sind.

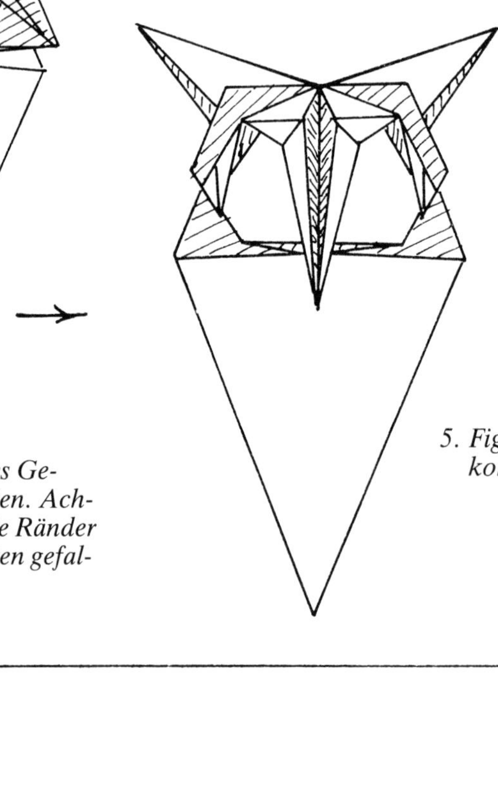

5. Figur umdrehen. Jetzt kommt der Fuß dran.

Der Eulenfuß wird auch bei menschlichen Figuren verwendet.

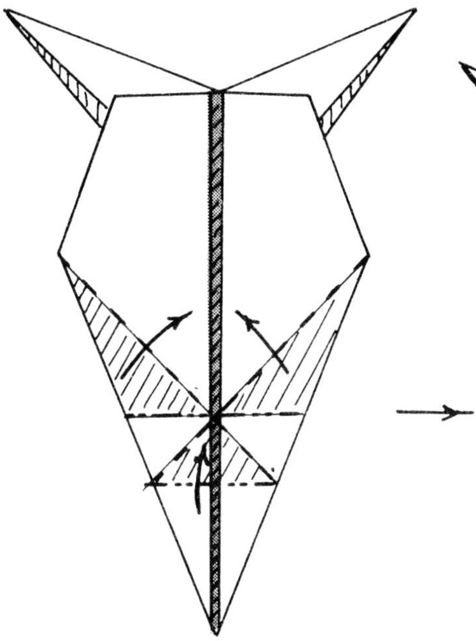

6. Durch Harmonikafaltungen entlang diagonaler Linien werden die Seiten eingefaltet. Der Fuß muß nach unten zeigen.

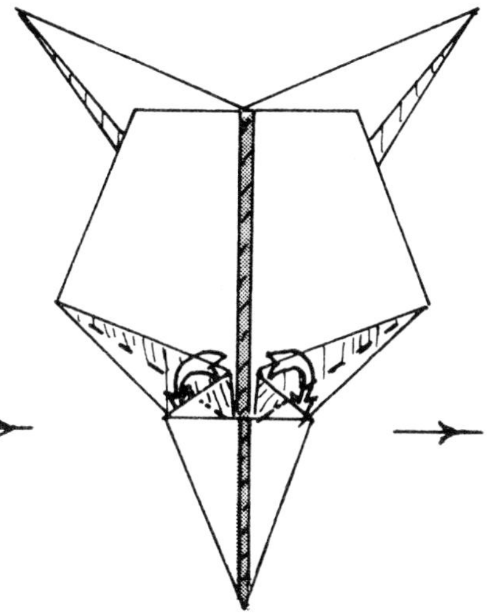

7. Zur Erhöhung der Festigkeit die eingefalteten Ecken auf sich selbst falten. An der Fußbasis bleibt dabei ein kleines Dreieck übrig.

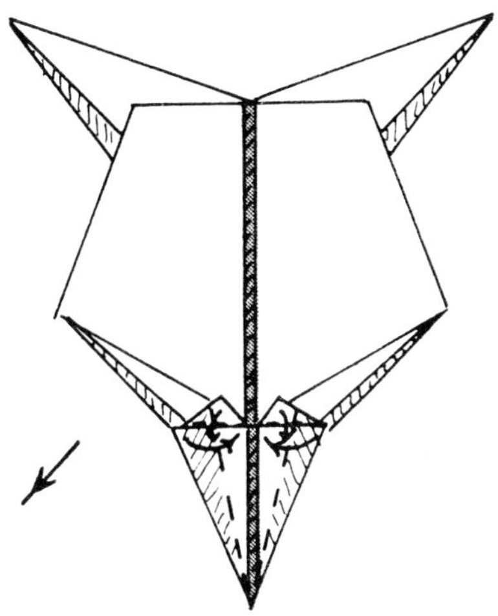

8. Die kleinen Dreiecke an der Fußbasis nach unten falten. Dann die Kanten nach innen falten, wodurch ein senkrechter Balken entsteht. Fuß nach vorne klappen und Körperseiten zu rechten Winkeln auseinanderziehen.

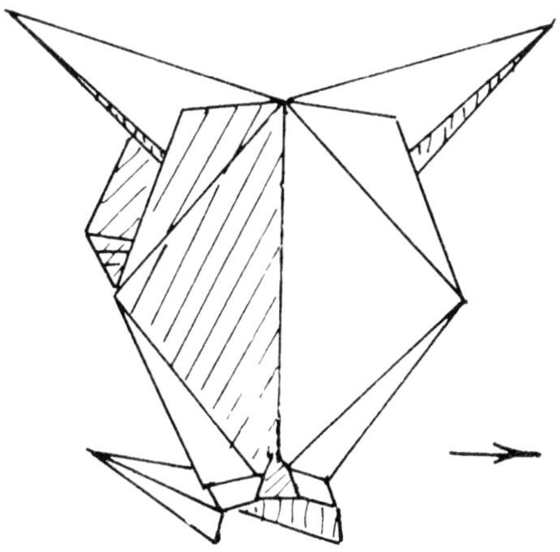

9. Rückenansicht der Eule. Die eingefalteten Kanten sind jetzt ausgebreitet. Das hintere Fußende durch eine Bergfaltung verstärken.

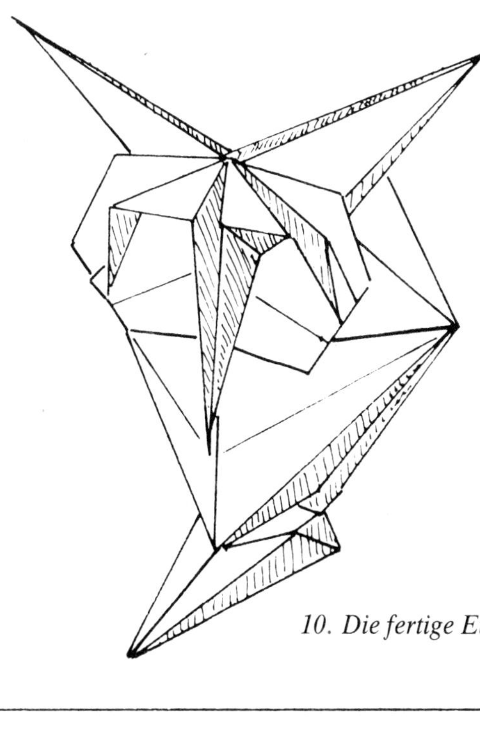

10. Die fertige Eule.

Das Kaninchen

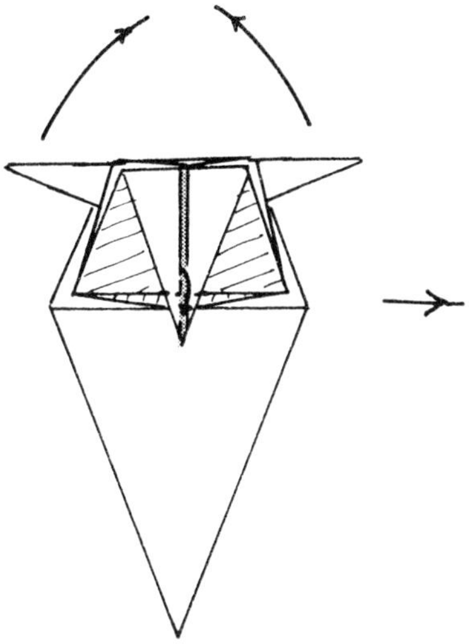

1. Ausgangspunkt ist die Eulenform. Die überstehende Spitze nach hinten einfalten. Dann die Seitenlappen hochziehen.

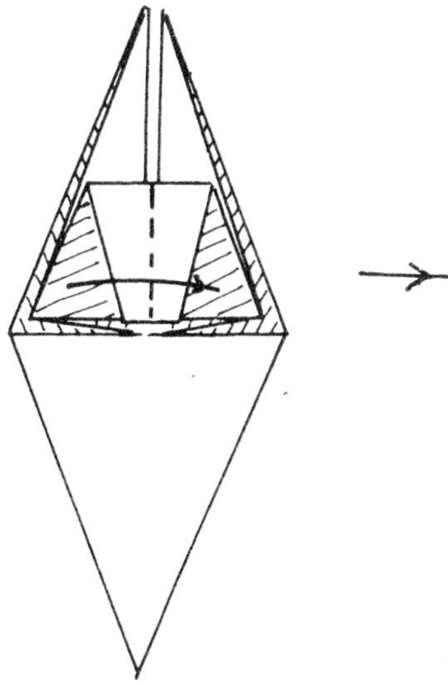

2. Oberteil nach rechts klappen.

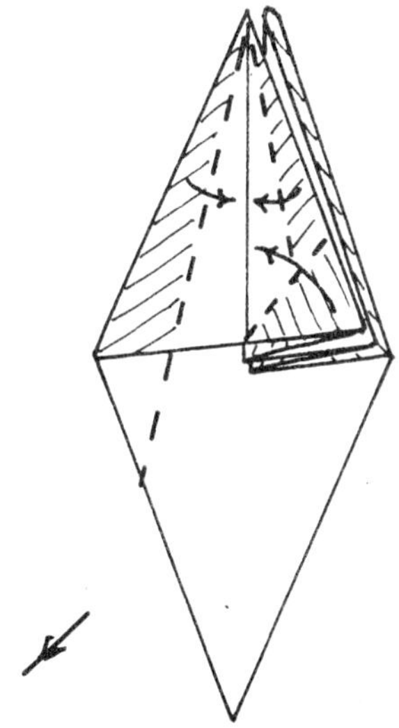

3. Rechte untere Ecke zur senkrechten Mittellinie falten. Dann die beiden oberen Seiten zur Mittellinie falten (zur Verschmälerung der Ohren).

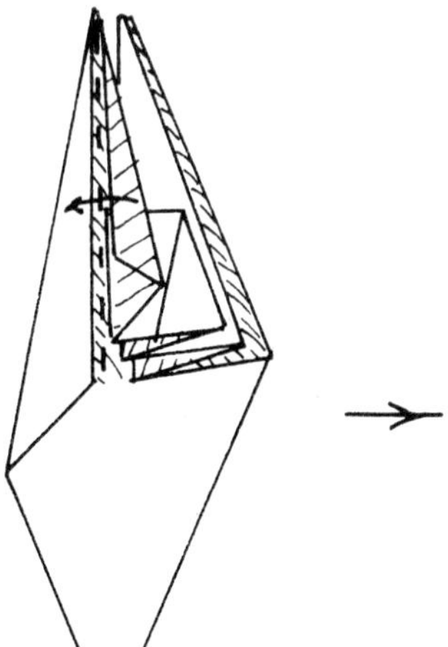

4. Oberteil zweimal nach links klappen und Schritt 3 für die Rückseite wiederholen. Weiter mit dem Mittelteil der Figur.

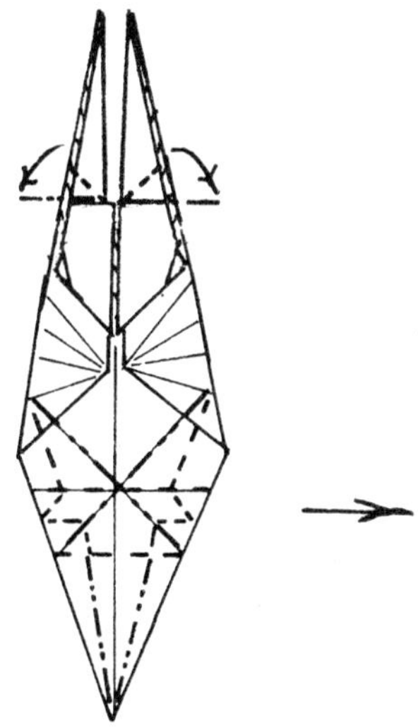

5. Feinarbeit: Ohren durch Knitterfaltung herausziehen. Bleistift in die Ecken des Gesichts stecken, damit die Knopfaugen mehr vorstehen. Vorderteil leicht öffnen. Der Fuß wird so geformt wie in Schritt 6 bis 8 der Eule erklärt.

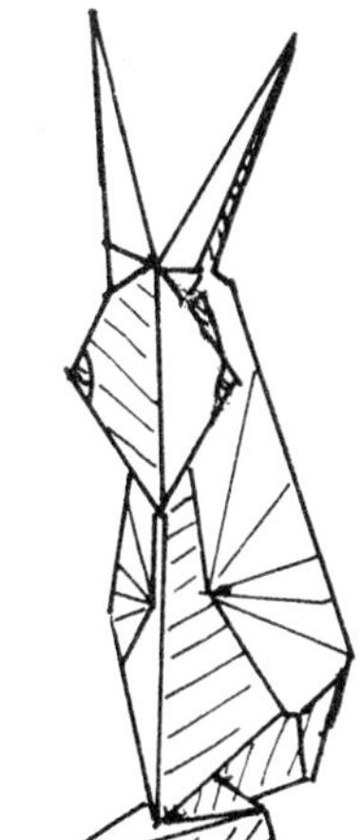

6. Das weiße Kaninchen.

Der Mönch

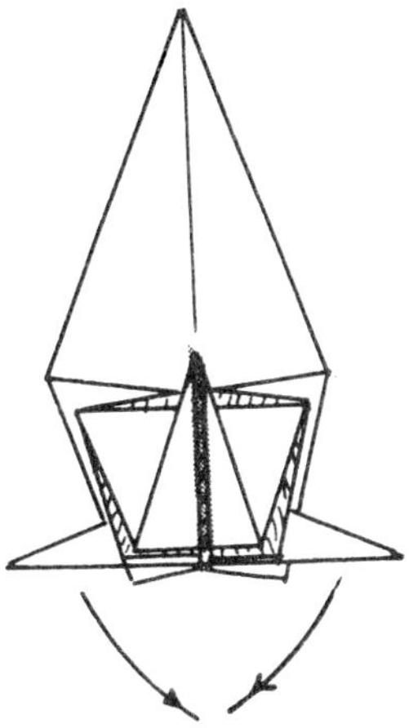

1. Ausgangspunkt ist die um 180 Grad gedrehte Eulenform. Die beiden Seitenlappen nach unten ziehen.

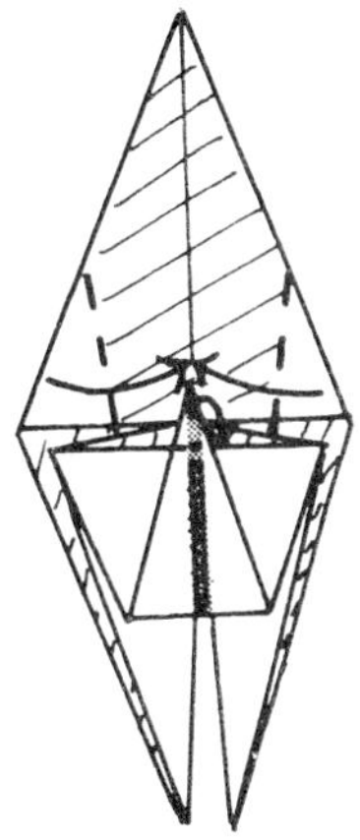

2. Die überstehende kleine Spitze nach innen klappen. Die Seiten der Figur nach innen falten (unterhalb des Vorderteils der Figur).

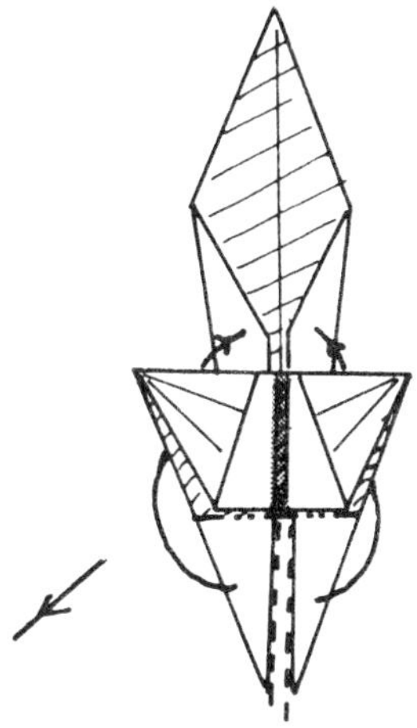

3. Die Unterlappen durch Rückwärts-innen-Faltung nach oben bringen. Sie bilden die Hände.

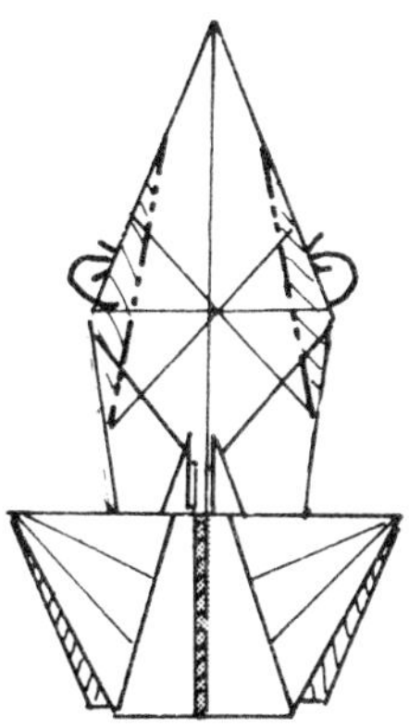

4. Die oberen Seiten nach hinten falten.

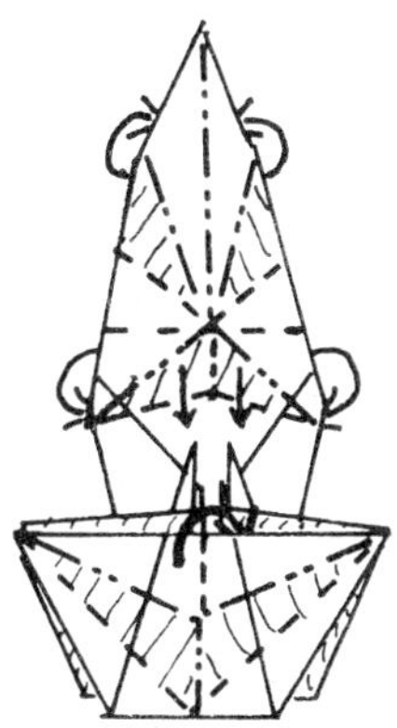

5. Der Kopf wird durch eine Harmonikafaltung geformt und dann zusammengedrückt. Die Schulter durch Harmonikafaltung nach unten falten und den Kopf in aufrechte Lage bringen. Die gekreuzten Beine durch Harmonikafaltung herstellen. Die Kleidung hinter den erhobenen Händen leicht lockern, um der Figur Tiefe zu verleihen.

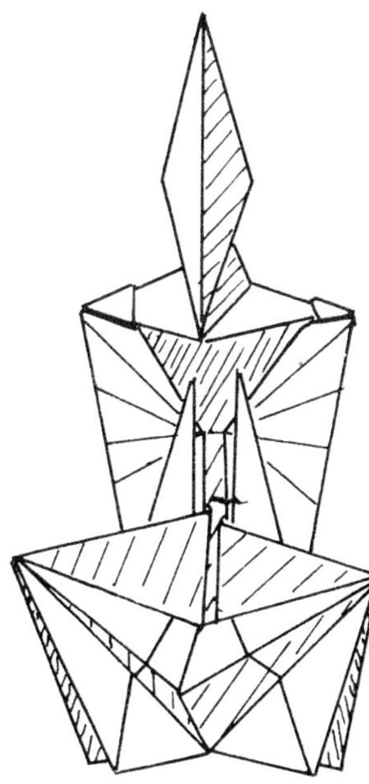

6. Der betende Mönch.

Die Schildkröte

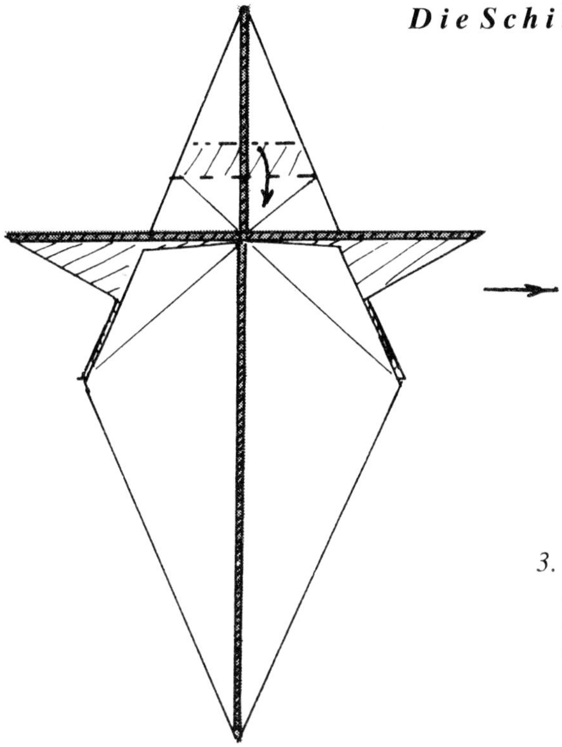

1. Ausgangspunkt ist die Eulenform. Mittelteil hochziehen. Figur umdrehen. Harmonikafaltung des Schwanzes, zuerst Talfalte am Ende der Diagonalfaltungen.

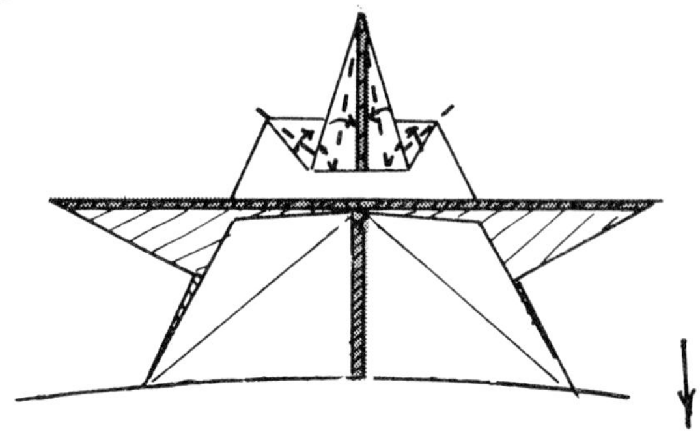

2. Gleichzeitige Faltungen: Die Seiten des Schwanzes nach innen falten und nachher waagrechte Talfalte anbringen.

3. Linken unteren Teil nach rechts klappen und Seitenteile nach oben bringen.

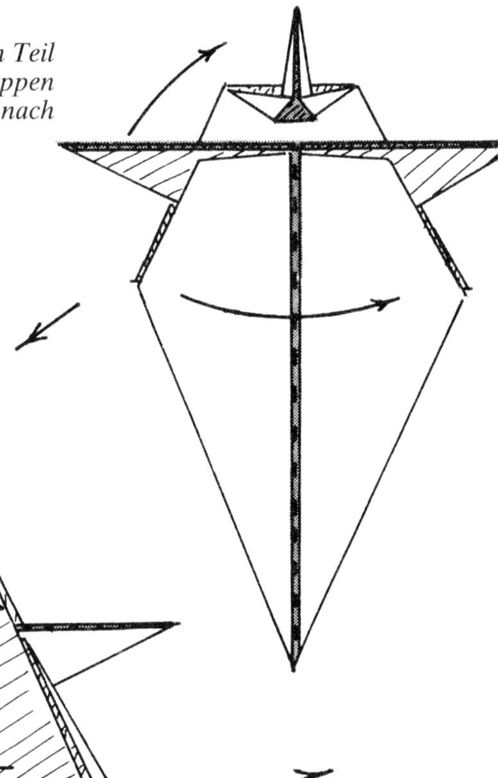

4. Spitze nach unten falten, in gleicher Höhe wie die Kante des Panzers.

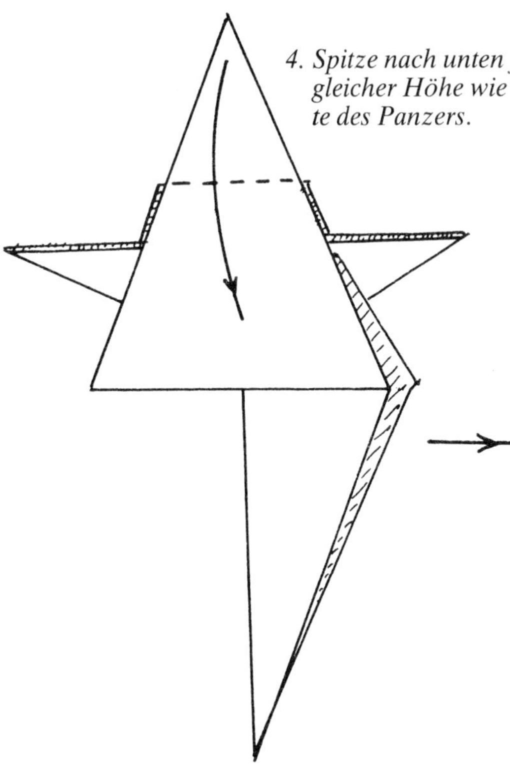

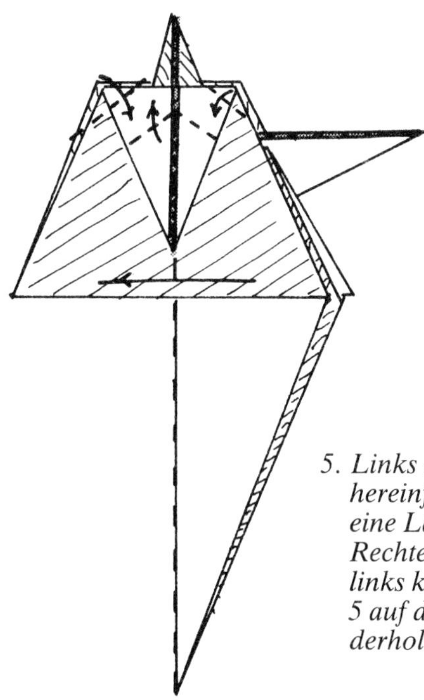

5. Links oben zwei Lagen hereinfalten. Rechts oben eine Lage hereinfalten. Rechten Teil wieder nach links klappen. Schritt 3 bis 5 auf der rechten Seite wiederholen.

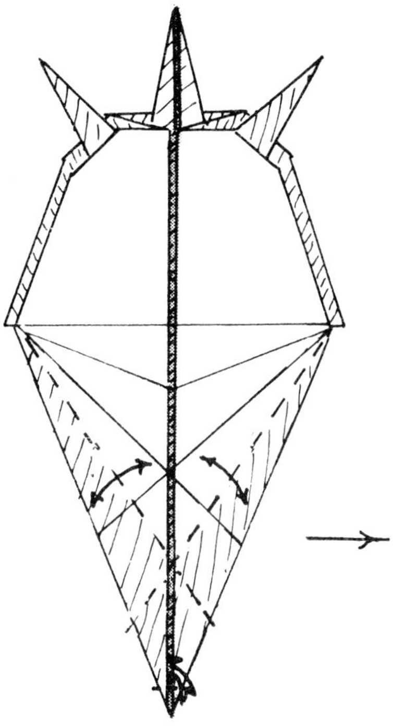

6. Die Seiten des Halsteils an die Diagonalen falten und Faltung wieder rückgängig machen. Die kleine Spitze unten nach innen stülpen. Figur umdrehen.

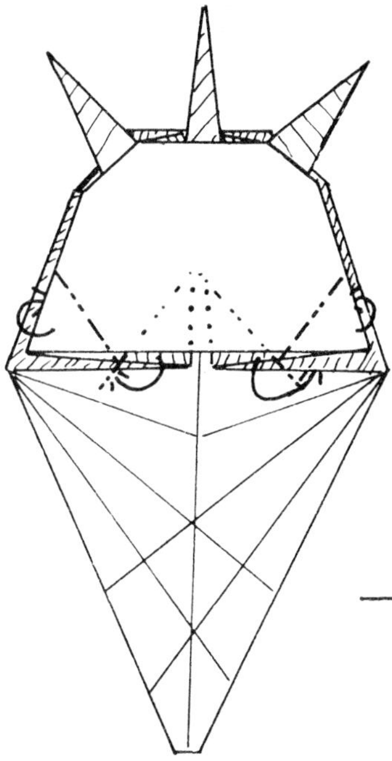

7. Die Ecken unterhalb des Panzers nach innen falten. Danach die Ecken des Panzers nach innen falten.

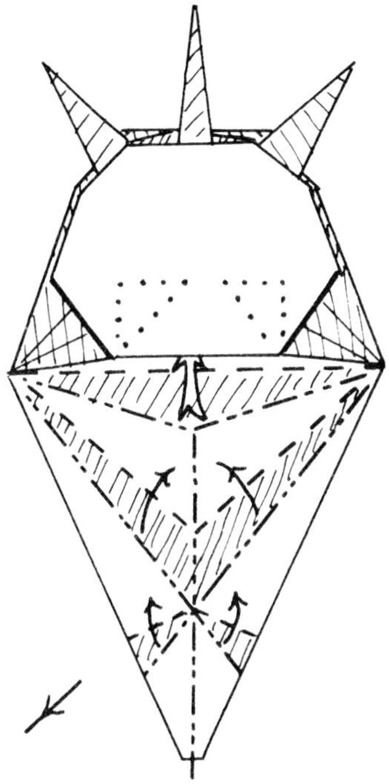

8. An der Spitze unten beginnend wird der Kopf und der Hals durch eine Harmonikafaltung geformt. Die Halsbasis unter den Panzer schieben.

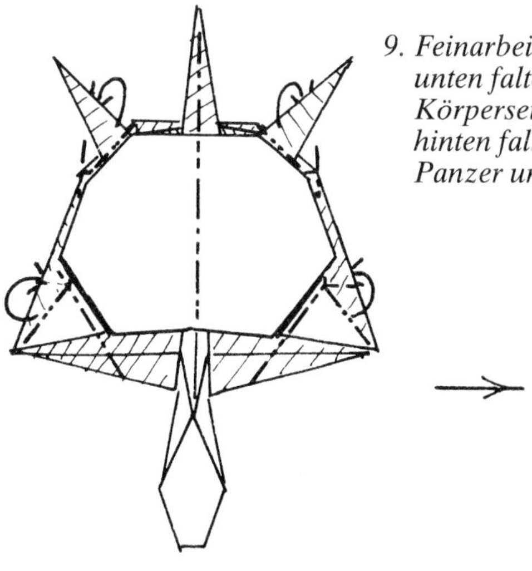

9. Feinarbeit: Hinterbeine nach unten falten, Vorderbeine und Körperseiten gleichzeitig nach hinten falten. Bergfaltung von Panzer und Schwanz.

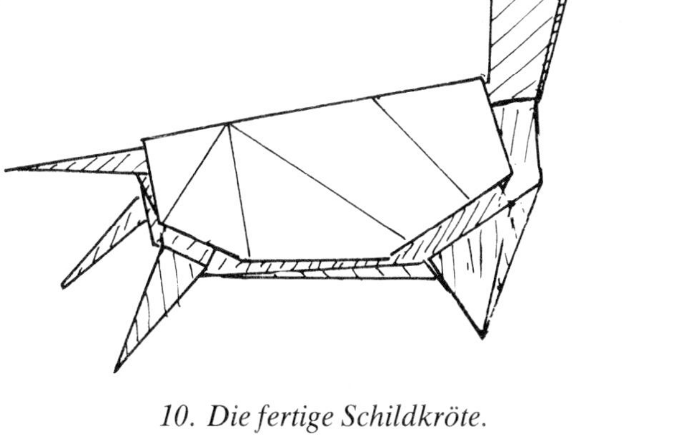

10. Die fertige Schildkröte.

9. KAPITEL

Die gestreckte Vogelform

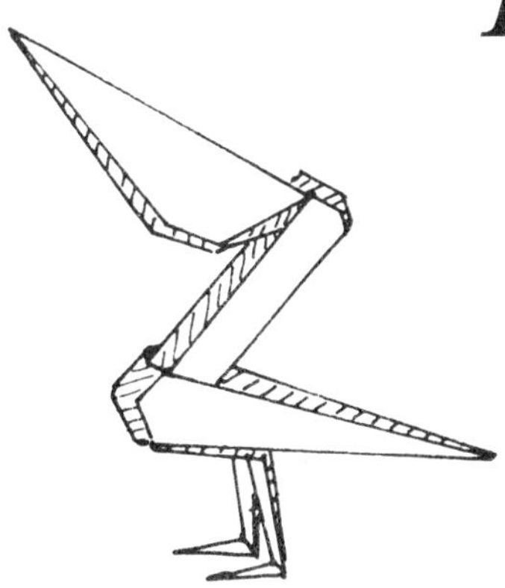

Bei der gestreckten Vogelform verschwindet ebenfalls der Mittelpunkt. Auch das Mittelquadrat verschwindet, dafür bleiben zwei lose Lappen auf jeder Seite, mit denen gut die langen Beine des stehenden Kranichs erzeugt werden können. Durch Verwendung von Aluminiumpapier und weitere Verschmälerungsoperationen können Hals und Beine noch länger erscheinen. Besonders der stehende Kranich enthüllt die Schönheit langer, gerader, schmaler Glieder.

Die Schönheit gerader Linien wird auch bei der Gottesanbeterin sichtbar. Hier ist es der Körper, der die schmalen und richtig gebogenen Linien enthält. Der Laufvogel entpuppt sich als Modifikation des stehenden Kranichs. Der Winkel zwischen den Beinen verleiht ihm etwas eiliges und komisches gleichzeitig. Der Pelikan ist eine Modifikation der Gottesanbeterin, wobei der übertriebene Schnabel seine Identifizierung erleichtert.

Die beiden langen Lappen werden nach außen gefaltet und formen so die Scheren des Hummers. Bei der Kreuzigung werden sie verschmälert und liefern dadurch die ausgestreckten Arme. Der schmale Hals wird durch Harmonikafaltung hergestellt. Der standhafte Zinnsoldat steht auf einem Bein, hat einen Karokopf und einen Eulenfuß. Die langen Lappen werden zu Armen geformt.

Die gestreckte Vogelform

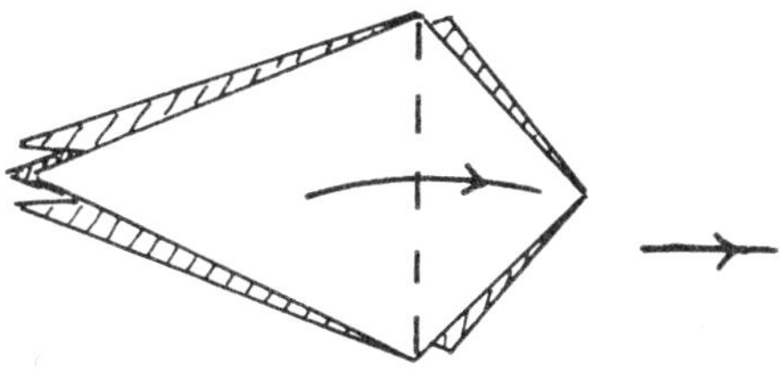

1. Zwei gegenüberliegende Teile einer Vogelform nach oben klappen (um 90 Grad).

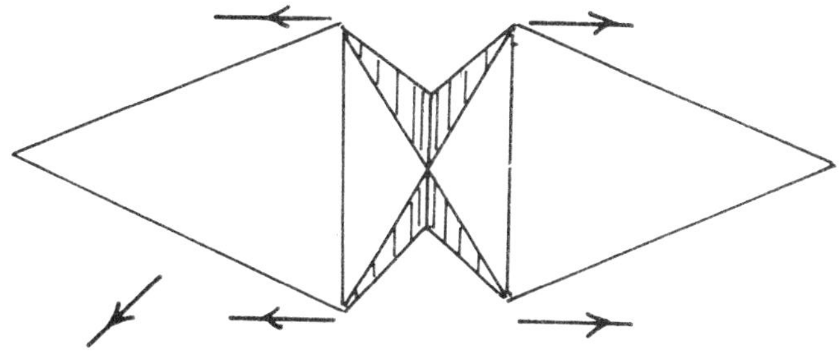

2. Teile soweit wie möglich auseinanderziehen. In der Mitte erscheint ein Quadrat. Bergfalten an den Seiten des Quadrats (oben und unten) anbringen.

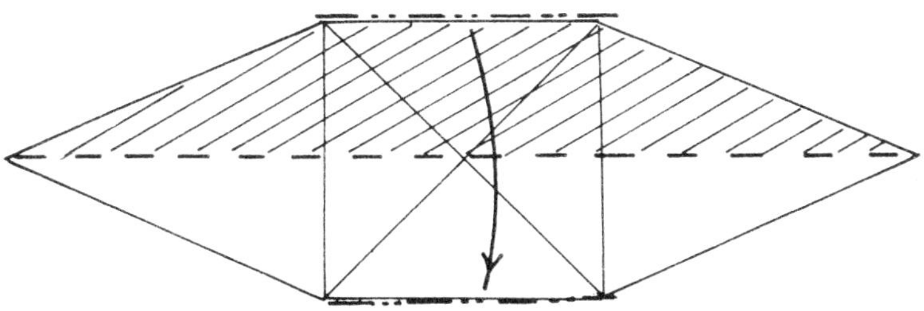

3. Figur der Länge nach zusammenklappen. Figur umdrehen und flach hinlegen. Die Mittelkante steht senkrecht zum Betrachter.

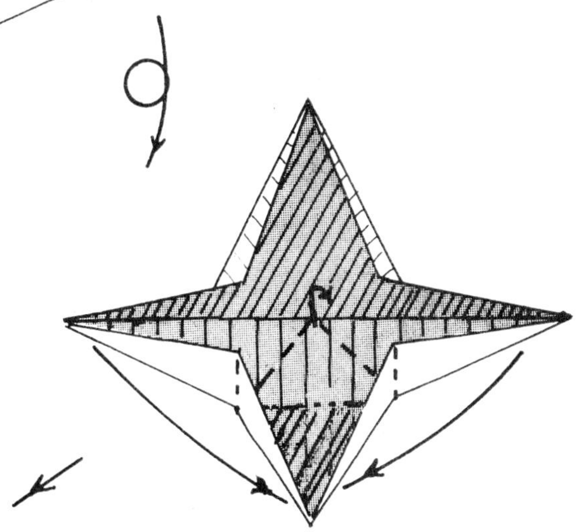

4. Den Mittelpunkt der erhabenen Kante nach oben drücken und gleichzeitig die beiden Spitzen der langen waagrechten Arme nach unten zusammendrücken, bis sie sich berühren.

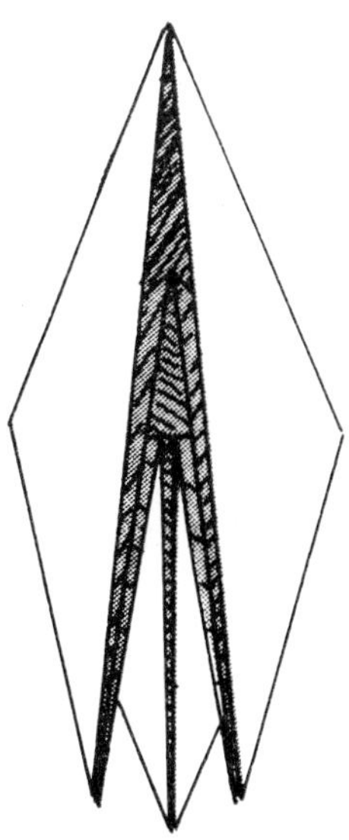

5. Die fertige gestreckte Vogelform.

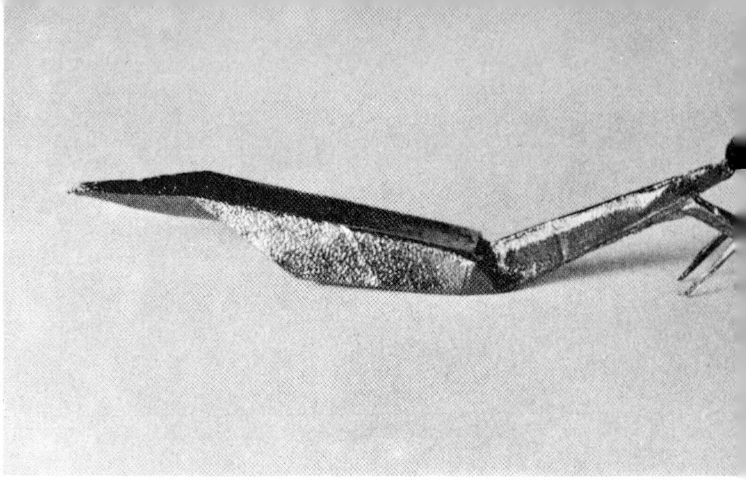

Die Gottesanbeterin

Der Hummer

Der stehende Kranich

Der standhafte Zinnsoldat

Der Hummer

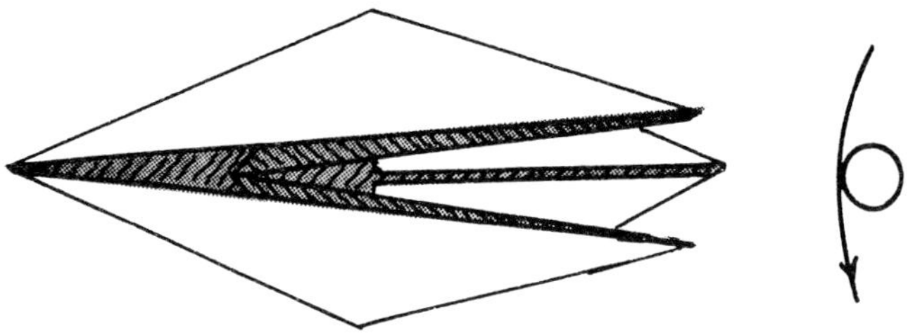

1. Ausgangspunkt ist die gestreckte Vogelform. Figur umdrehen.

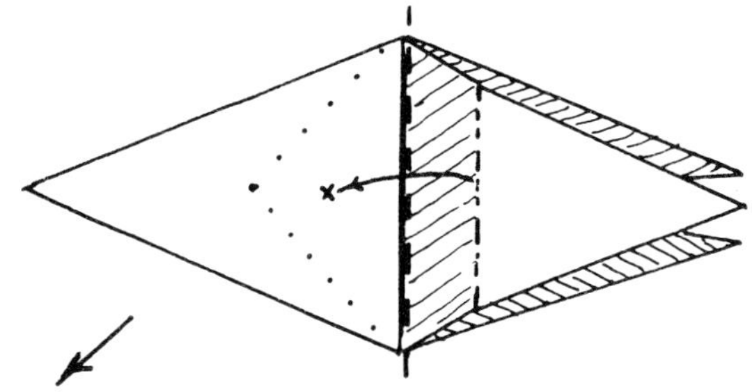

2. Rechten Lappen nach links falten und am Punkt x (zwischen verborgenem Zentrum und senkrechter Mittellinie) wieder nach rechts falten.

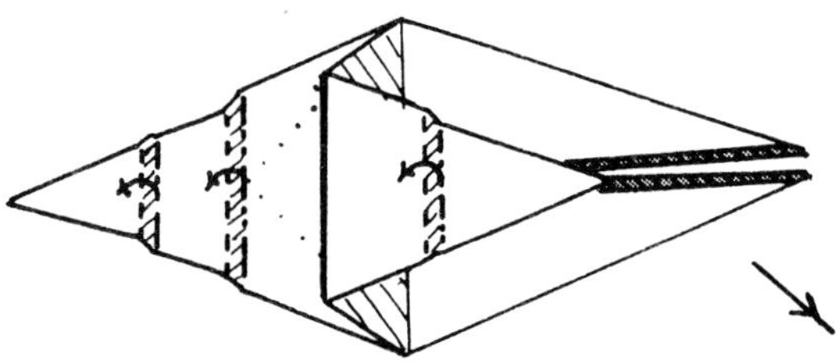

3. Harmonikafaltung des Kopf- und Körperteils (an zwei Stellen) zur Erzeugung gleich großer Segmente.

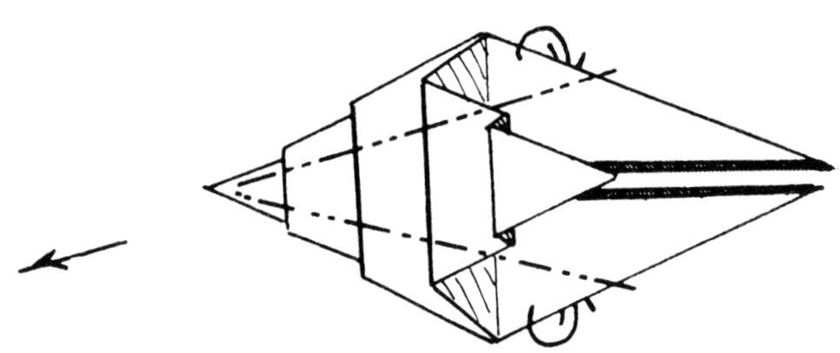

4. Körperseiten nach hinten falten.

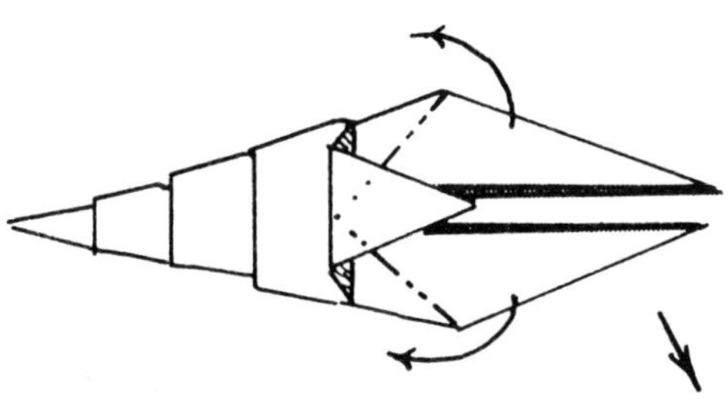

5. Scheren nach hinten wegfalten.

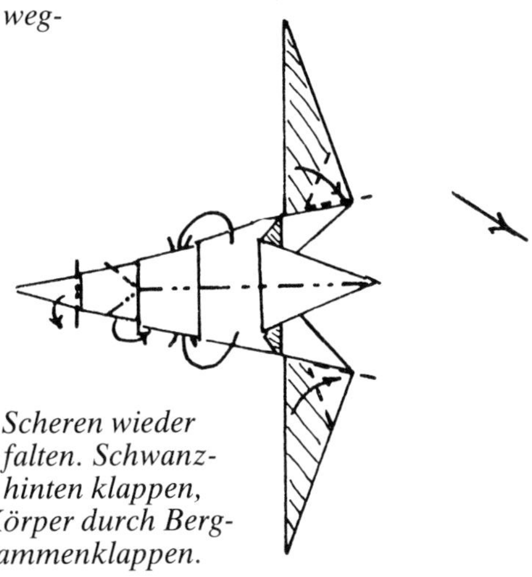

6. Feinarbeit: Scheren wieder nach vorne falten. Schwanzspitze nach hinten klappen, dann den Körper durch Bergfaltung zusammenklappen.

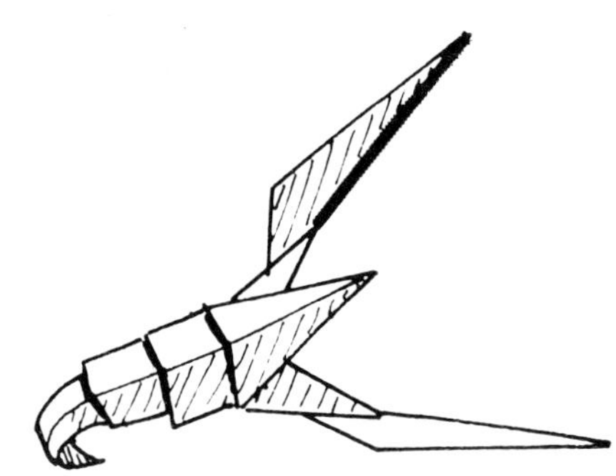

7. Der fertige Hummer oder Krebs.

Der standhafte Zinnsoldat

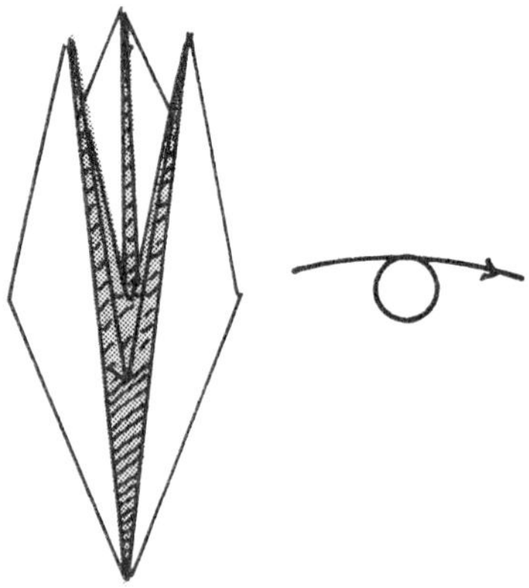

1. Gestreckte Vogelform umdrehen.

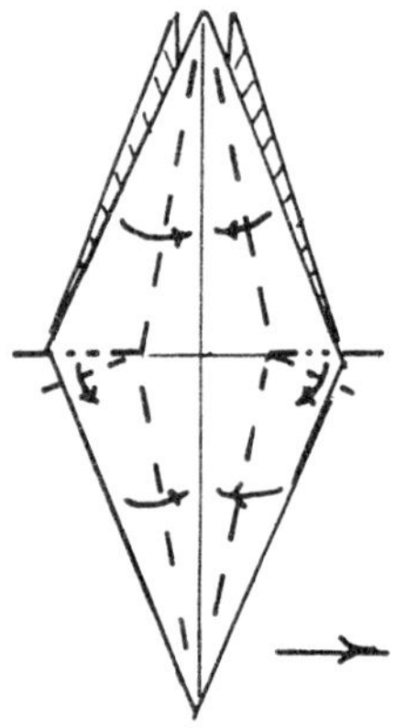

2. Die unteren Seiten nach innen falten. Die oberen Seiten nach innen falten. Harmonikafaltung der Überlappung, damit die Figur flach liegen kann. (Der Überlappungsteil wird nach unten gebracht.)

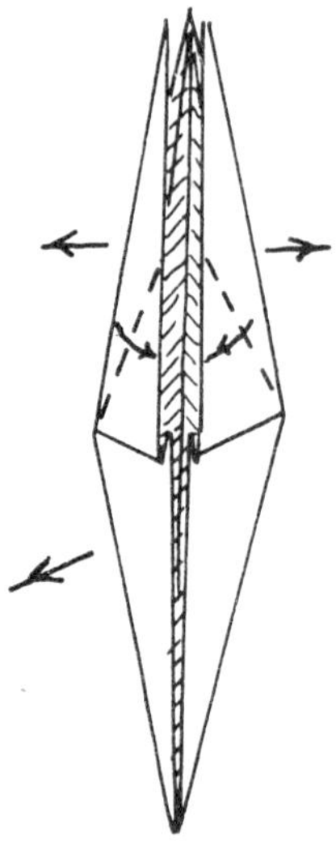

3. Einen Arm so weit herausziehen, daß die Hälfte des Arms vom Körper frei ist. Anschließend den Arm wieder zurückfalten. Mit dem zweiten Arm das gleiche machen.

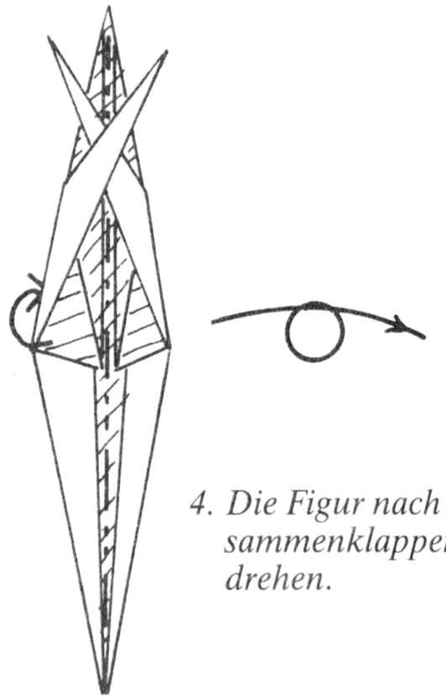

4. Die Figur nach hinten zusammenklappen und umdrehen.

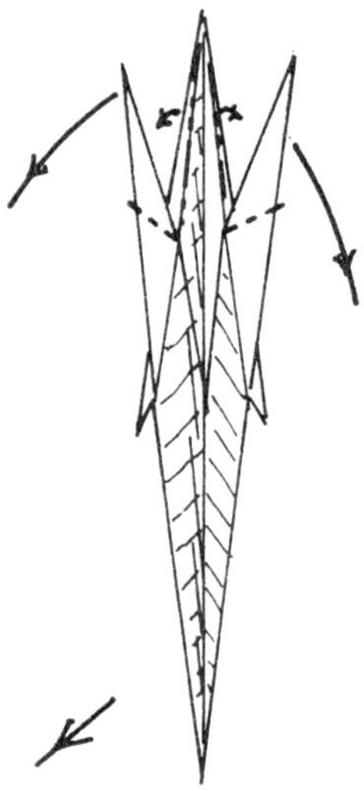

5. Den rechten Arm in waagrechte Position falten, den linken Arm ganz nach unten falten. Kopfteil auf der Rückseite öffnen. (Eine Lage bleibt auf einer Seite, zwei Lagen auf der anderen.)

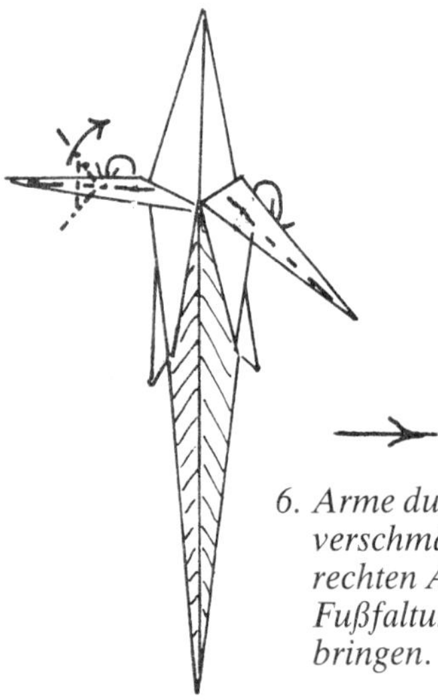

6. Arme durch Bergfaltungen verschmälern. Dann den rechten Arm durch eine Fußfaltung nach oben bringen.

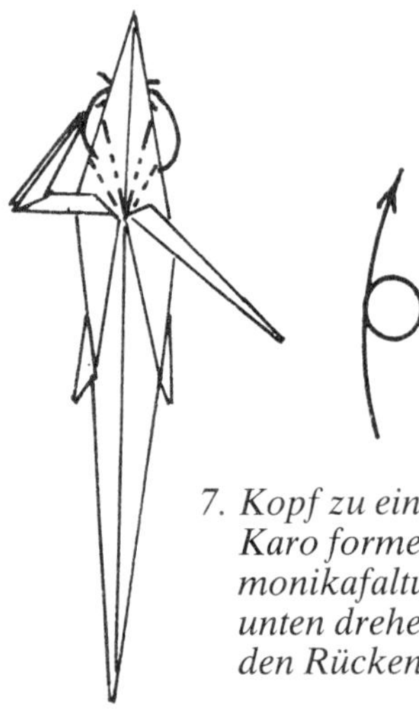

7. Kopf zu einem schmalen Karo formen (durch Harmonikafaltung). Kopf nach unten drehen und Figur auf den Rücken drehen.

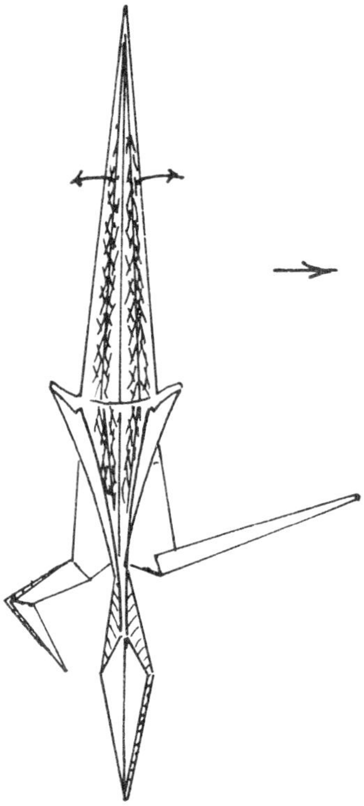

8. *Den Körperteil öffnen.*

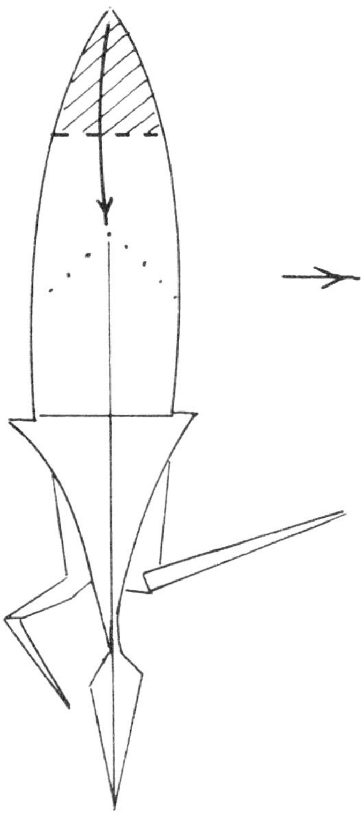

9. *Fußende zum (unsichtbaren) Zentrum hochfalten.*

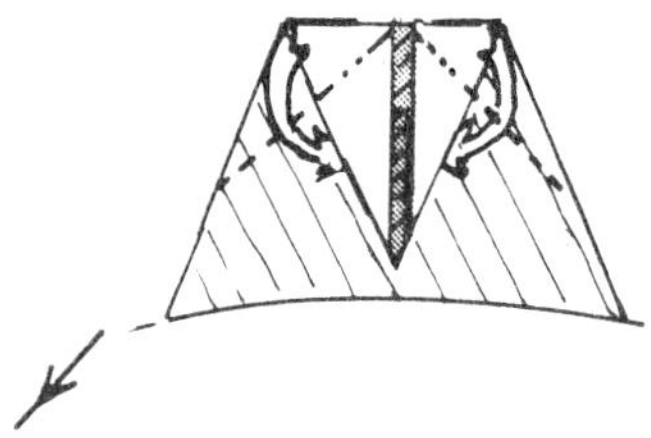

10. *Ecken nach innen stülpen.*

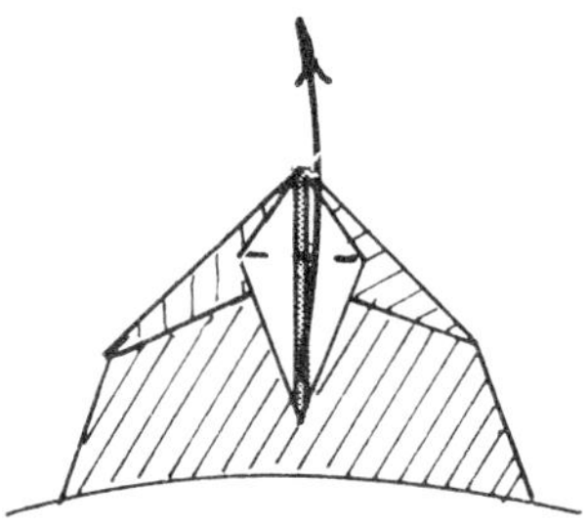

11. *Fuß nach oben falten.*

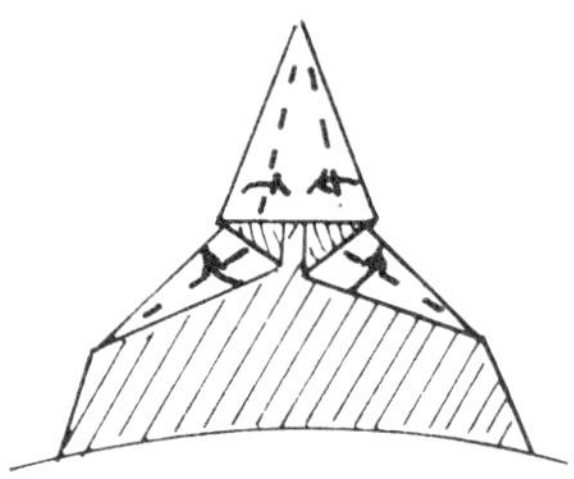

12. *Eingefaltete Ecken wieder zurückfalten (zur Verstärkung der Festigkeit). Die Kanten des Fußes nach innen falten. Wieder öffnen, so daß ein U-förmiges Gebilde entsteht.*

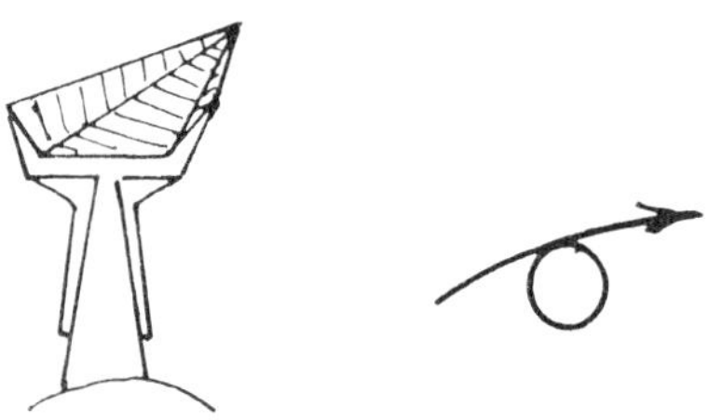

13. *So sieht der Fuß aus.*

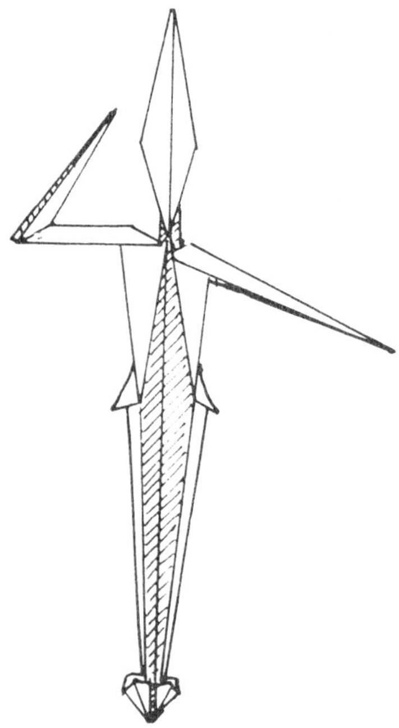

14. *Der standhafte Zinnsoldat.*

Der stehende Kranich

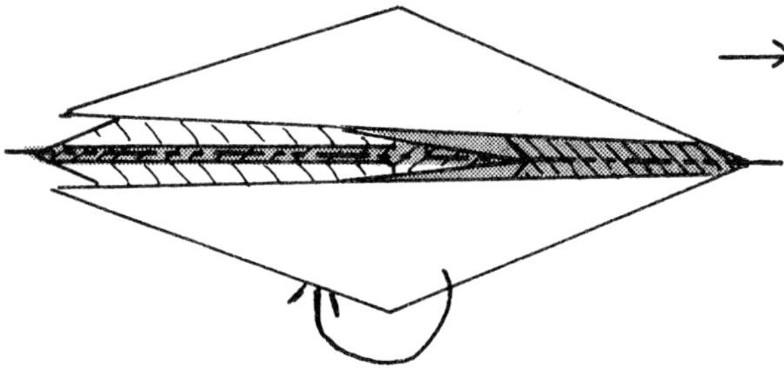

1. Ausgangspunkt ist die gestreckte Vogelform. Figur nach hinten umklappen.

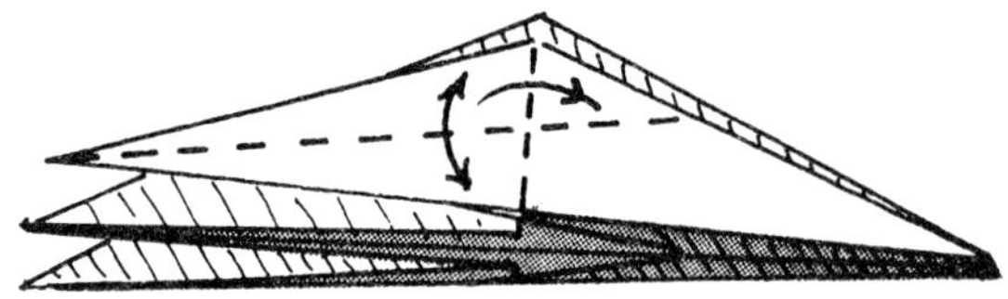

2. Die untere Kante nach oben falten und wieder zurückfalten. Das lose Ende nach rechts klappen (es wird später zu einem Bein).

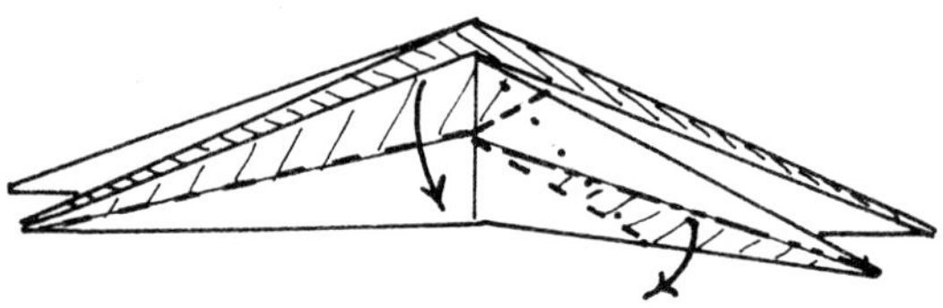

3. Bergfaltung des Beines. Anschließend Talfalte anbringen, die auf das unsichtbare Zentrum trifft (punktierte Linie). Anschließend die linke Seite (Halsseite) nach unten falten.

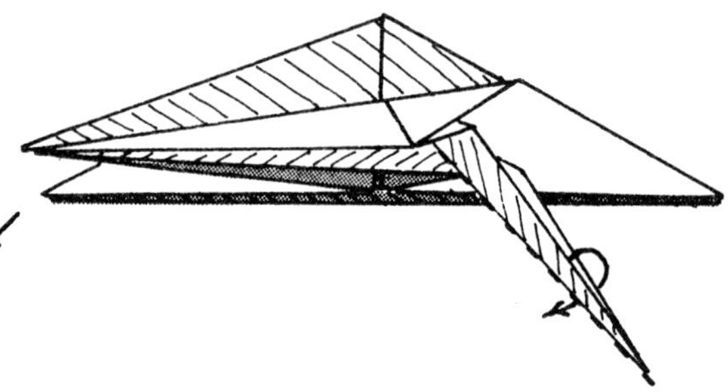

4. Die Unterseite des Beines öffnen. Die Talfalte muß sich bis zur Basis des Beines erstrecken.

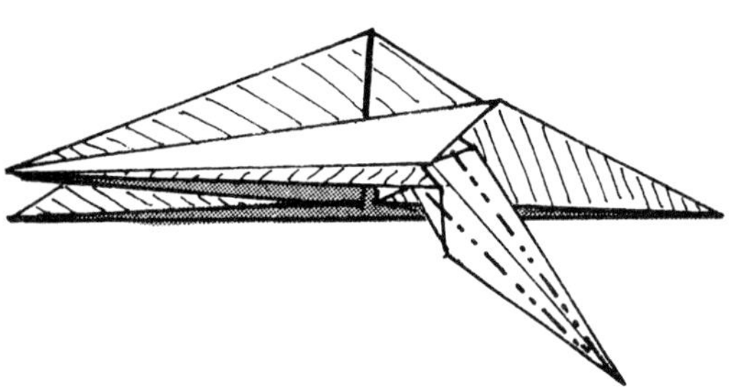

5. Verschmälern des Beines durch Bergfaltungen. Vorfaltungen mit dem Fingernagel helfen dabei.

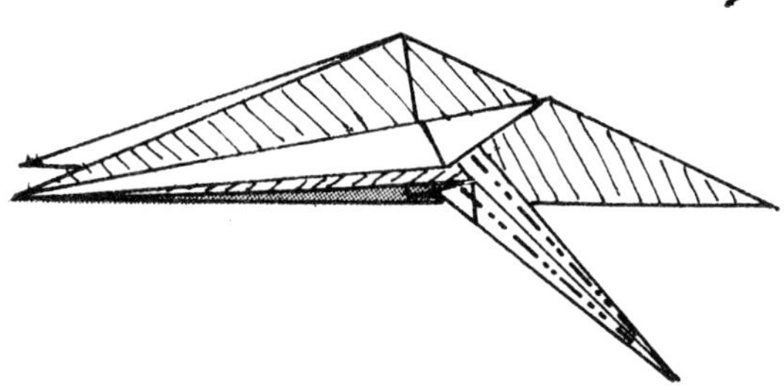

6. Bein noch einmal verschmälern. Die Beinteile durch Zusammenklappen zusammenbringen. Der Falz liegt dabei dem Hals gegenüber. Schritt 2 bis 6 auf der Rückseite zur Formung des zweiten Beines wiederholen.

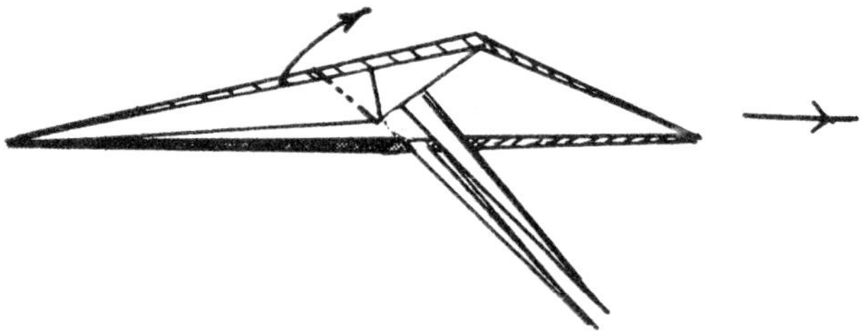

7. *Den Hals durch Rückwärts-innen-Faltung nach oben bringen. Der senkrechte Falz am Rücken dient dabei als Richtlinie.*

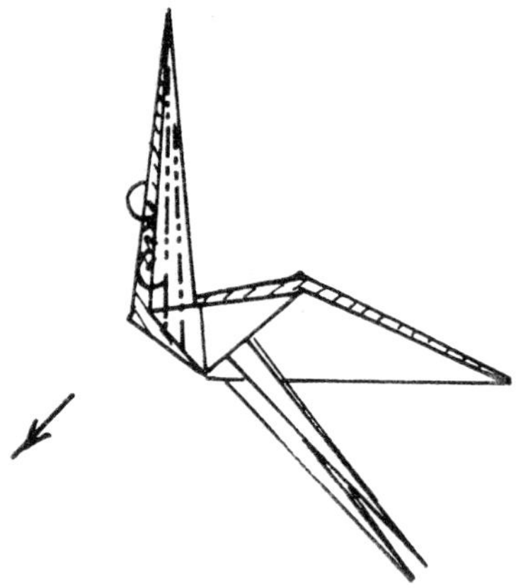

8. *Verschmälern des Halses durch Dritteln (mittels Bergfalten).*

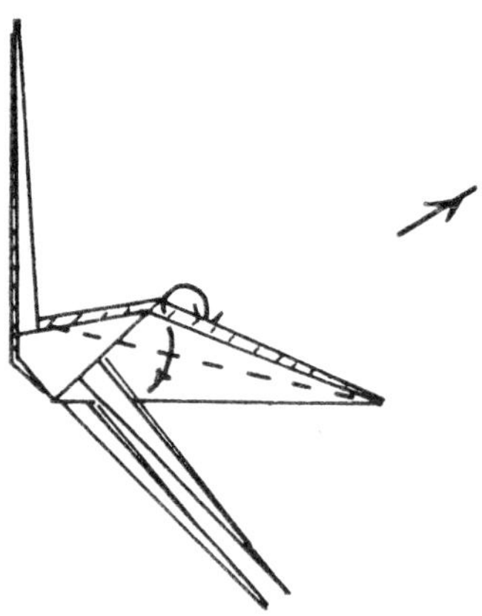

9. *Verschmälern des Körpers durch Talfalten.*

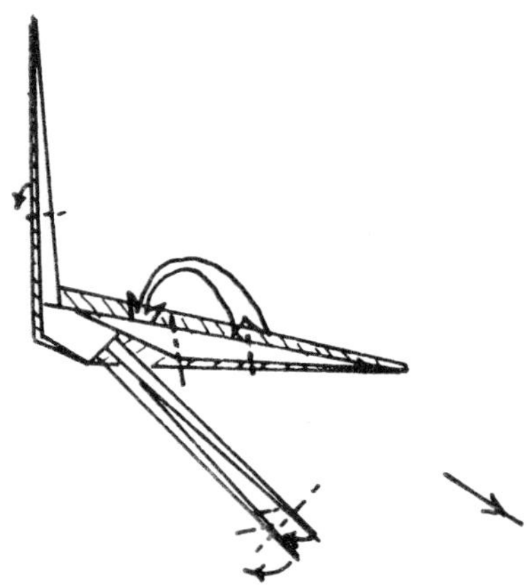

10. *Feinarbeit: Verkürzen des Körpers. Der Schwanz entsteht durch eine Harmonikafaltung. Zwei Drittel des Halses werden durch eine Knitterfaltung parallel zu den Beinen gebracht. Fußspitzen herausbiegen und fest zusammendrücken.*

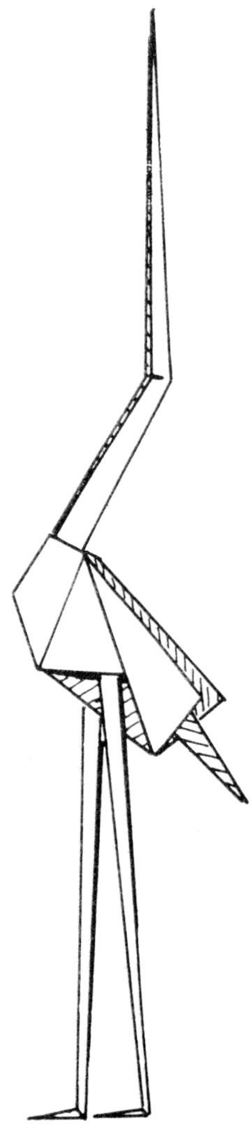

11. *Der stehende Kranich.*

Die Gottesanbeterin

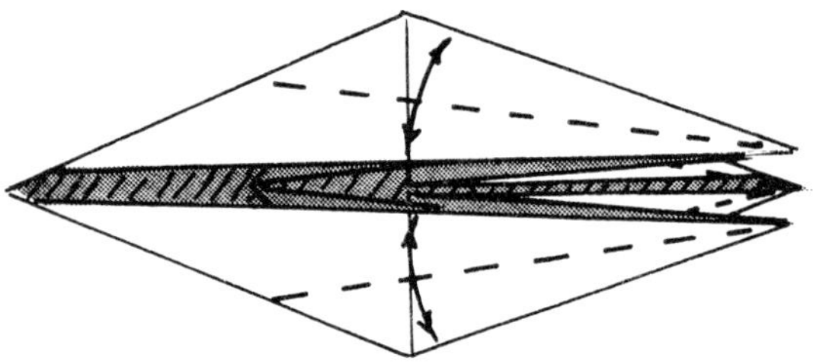

1. Ausgangspunkt ist die gestreckte Vogelform. Die Seiten zur Mitte falten und wieder zurückfalten.

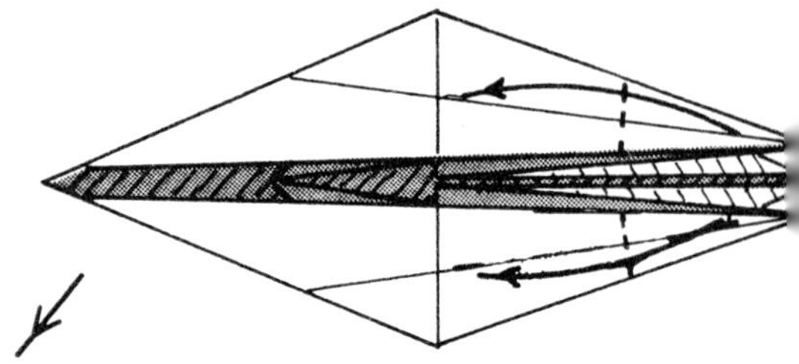

2. Die beiden Spitzen nach links klappen.

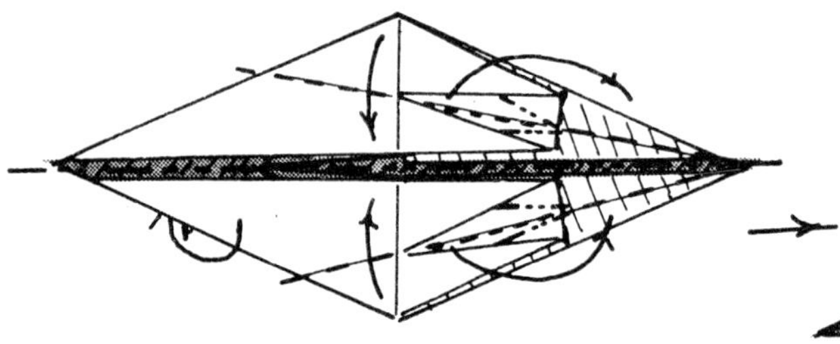

3. Die ganze Figur der Länge nach nach hinten klappen (Bergfaltung). Die Außenkanten nach innen falten. Die Vorderbeine weit herausziehen.

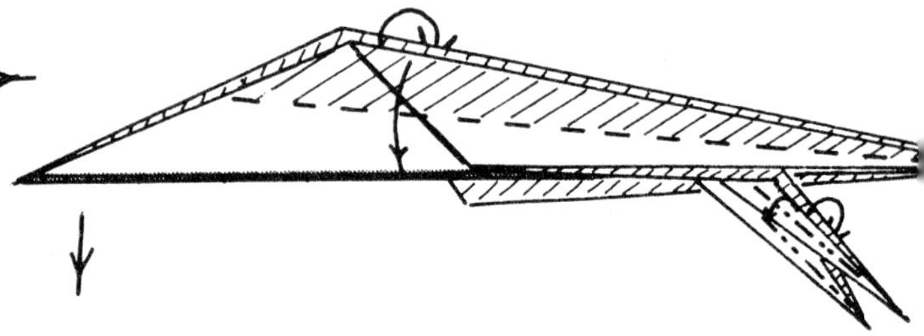

4. Beine durch Bergfalten verschmälern. Körper durch Einfalten der oberen Teile verschmälern.

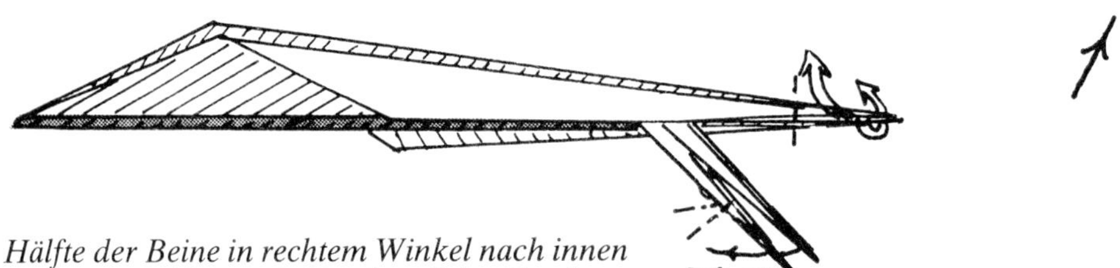

5. Die Hälfte der Beine in rechtem Winkel nach innen falten (durch Fußfaltung). Vorderteil des Kopfes öffnen.

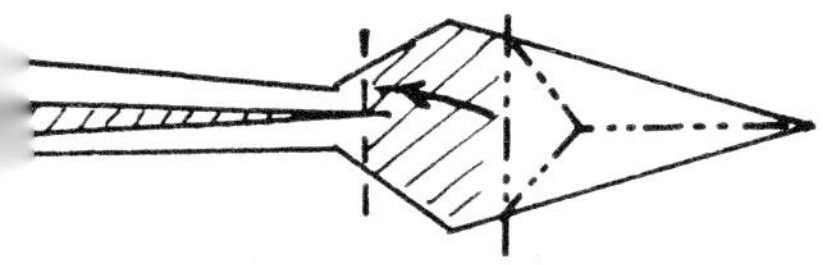

6. Feinarbeit am Kopf: Kopfteil hochheben. Spitze zusammendrücken, so daß ein Punkt entsteht. Dann niederdrücken und die Augen formen. Kopf unter 45 Grad zum Betrachter neigen.

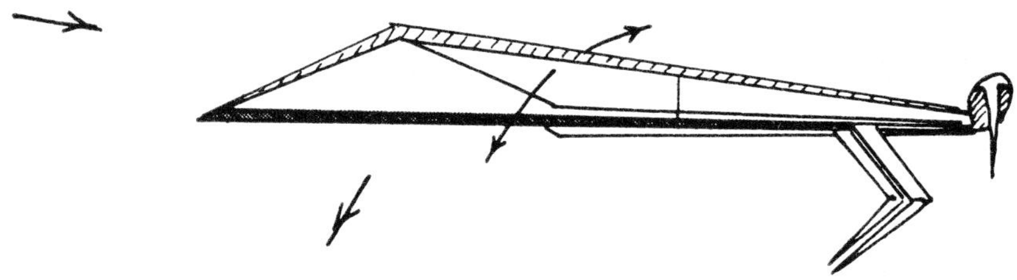

7. Den Rücken öffnen.

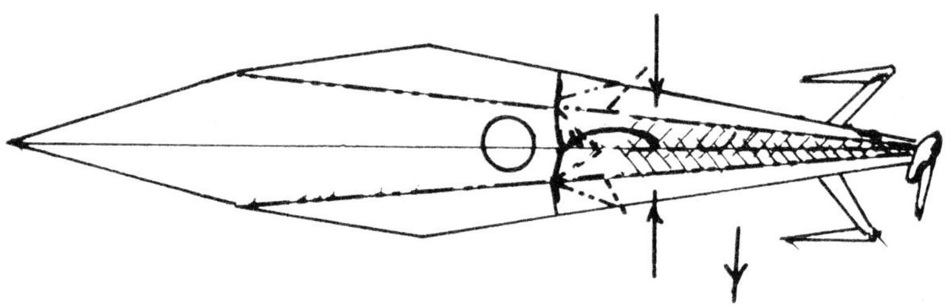

8. Den Körper an der kreisförmig markierten Stelle zwischen Daumen und Zeigefinger festhalten. Den Kopfteil zusammendrücken, gleichzeitig mit dem Daumen an der Wellenlinie nach unten drücken. Dabei muß man eine gewisse Kraft aufwenden.

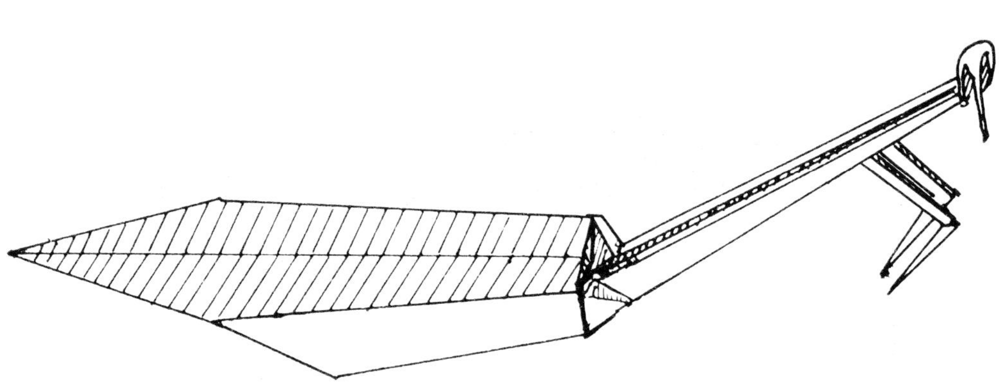

9. Die elegante Gottesanbeterin.

Der Laufvogel

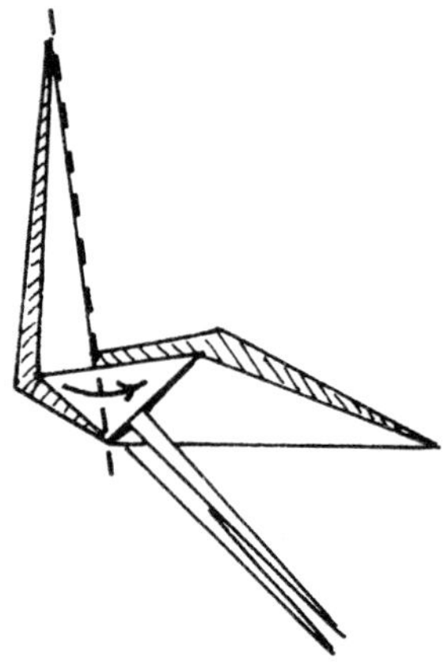

1. Ausgangspunkt ist Bild 8 des stehenden Kranichs (Seite 113). Halspartie öffnen.

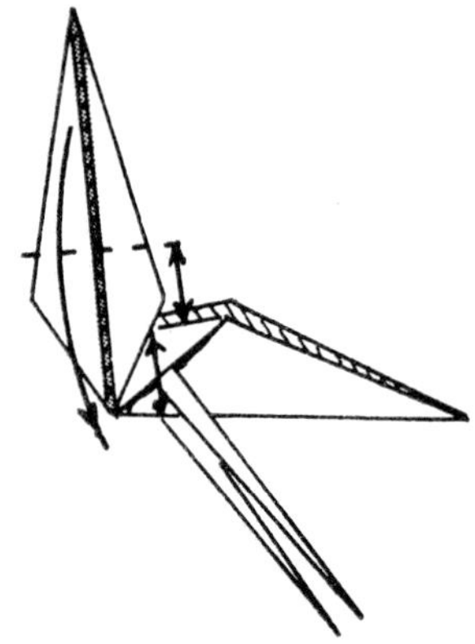

2. Hals nach unten klappen. Die Klapplinie liegt zwei Körperdicken von der Basis entfernt.

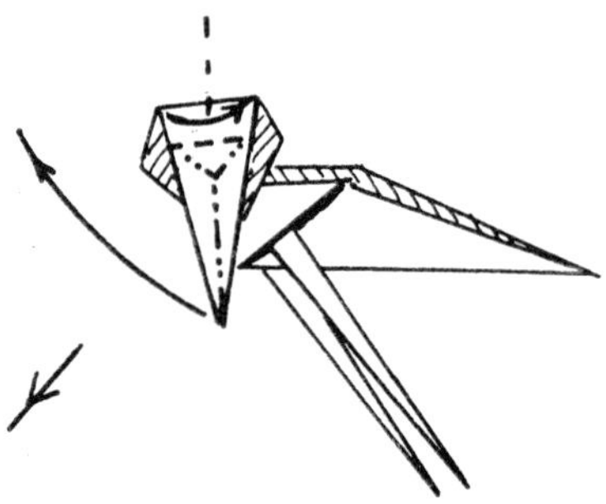

3. Den Schnabel durch Hasenohrenfaltung formen. Schnabel hochheben und Kopf zusammendrücken.

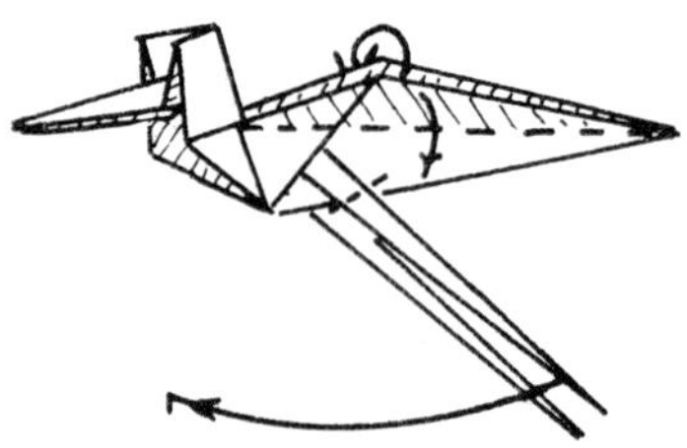

4. Ein Bein durch Fußfaltung nach vorne bringen. Flügel nach unten falten.

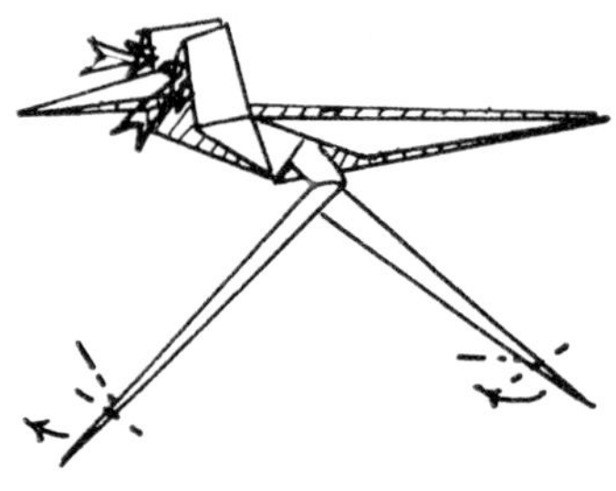

5. Augen öffnen. Füße einfalten. Bei entsprechender Balance kann der Laufvogel stehenbleiben.

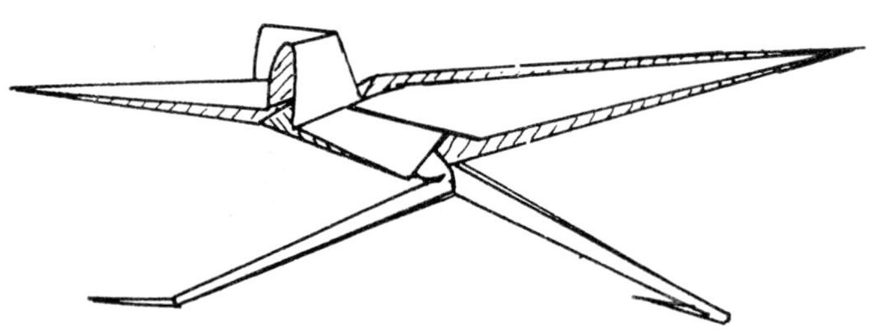

6. Der fertige Läufer.

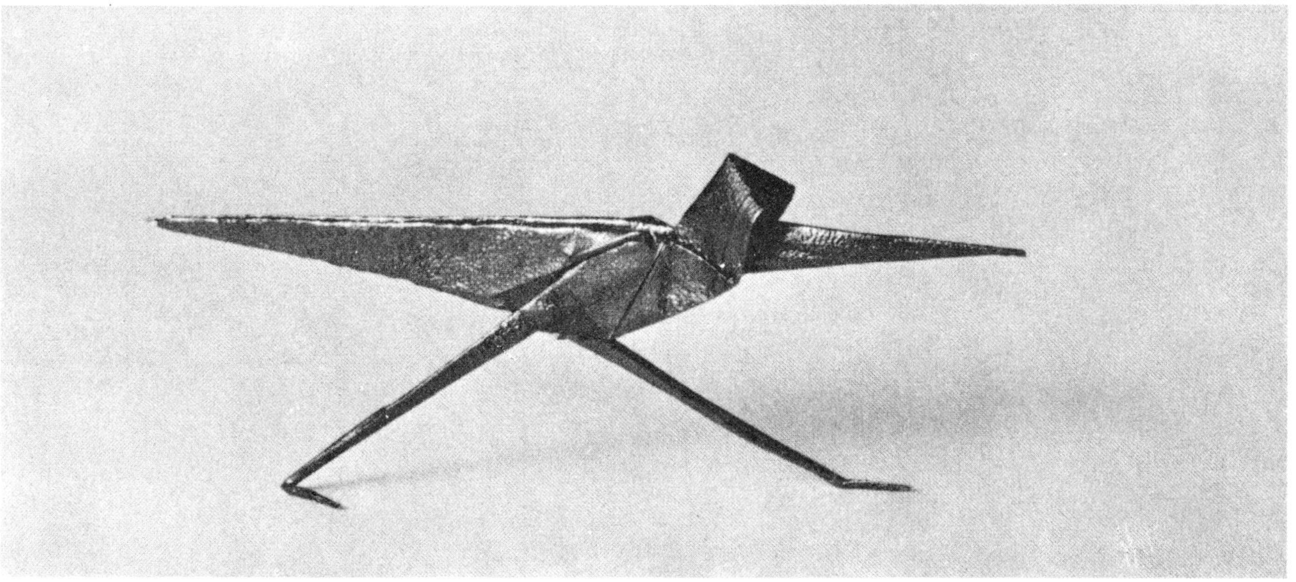

Der Laufvogel

Der Pelikan

Kreuzigung

Der Pelikan

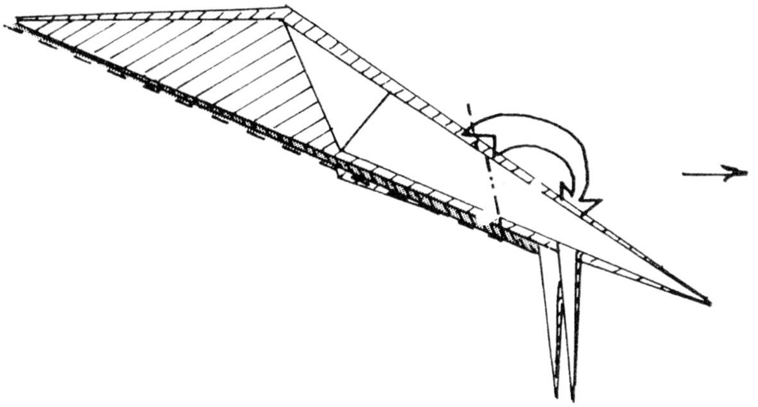

1. Ausgangspunkt ist Bild 4 der Gottesanbeterin (S. 114). Den Körper durch eine Rückwärts-innen-Faltung nach rechts biegen.

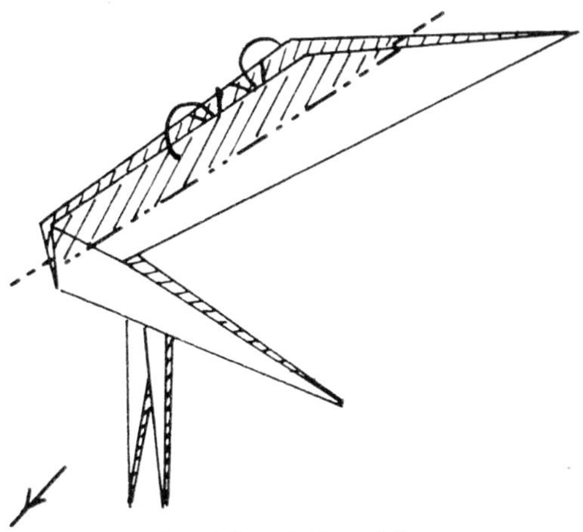

2. Halsteil durch Bergfaltungen verschmälern.

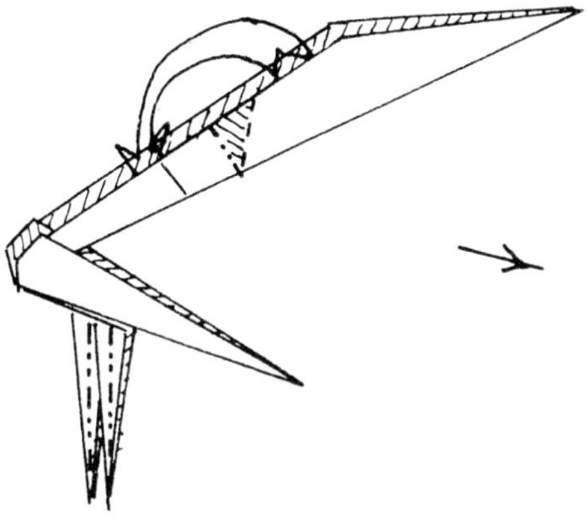

3. Den Schnabel durch Knitterfaltung in den Halsteil bringen. Verschmälern der Beine durch Bergfalten.

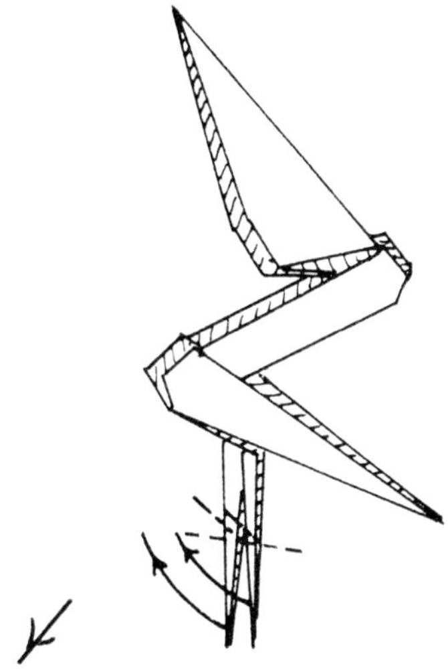

4. Füße durch Fußfaltung halbieren.

5. Der fertige Pelikan.

Kreuzigung

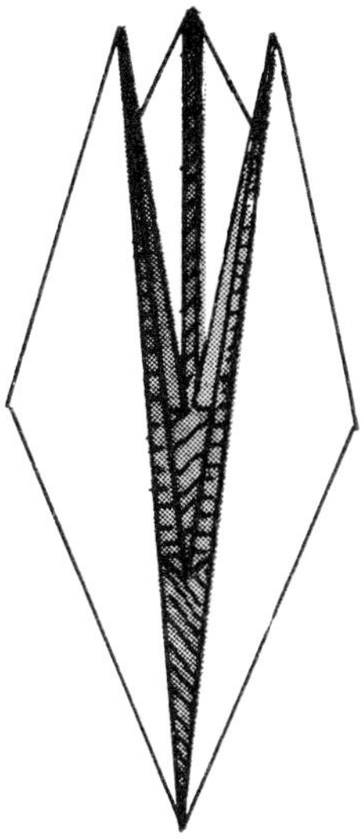

1. Gestreckte Vogelform umdrehen.

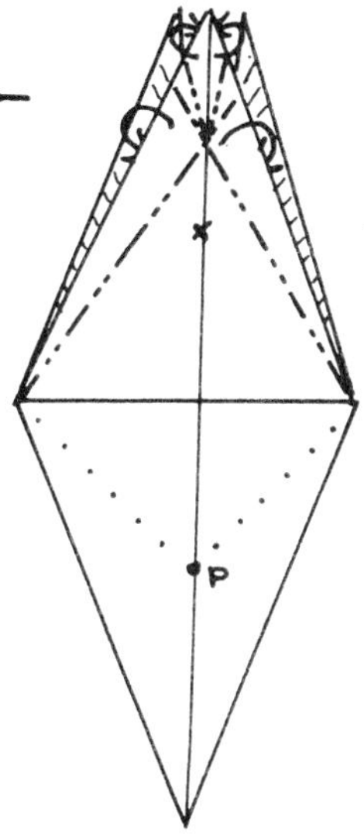

2. Der Punkt x ist ein Spiegelpunkt zum versteckten Zentrum P. Die Seiten zum Punkt x nach hinten falten. Die Umrisse des Kopfes werden durch Bergfalten zur senkrechten Mittellinie geformt.

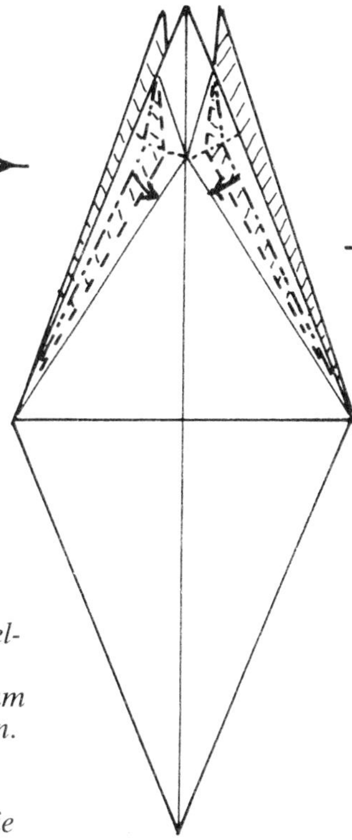

3. Hals und Schultern durch Harmonikafaltungen sorgfältig dritteln. Dadurch entsteht ein schmaler Hals.

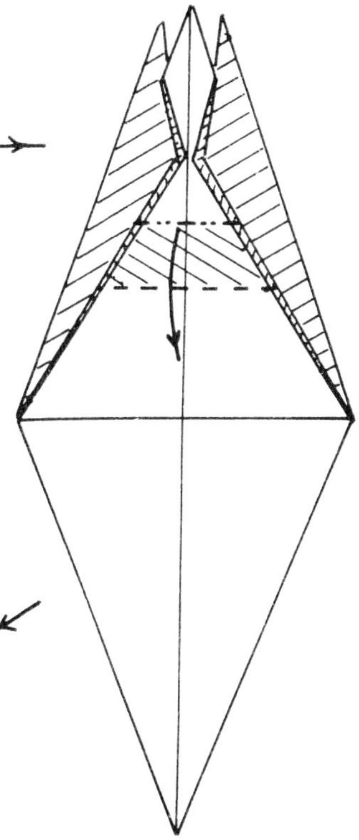

4. Hals zur waagrechten Mittellinie falten. Dann wieder zurückfalten zur Spitze der Talfalte.

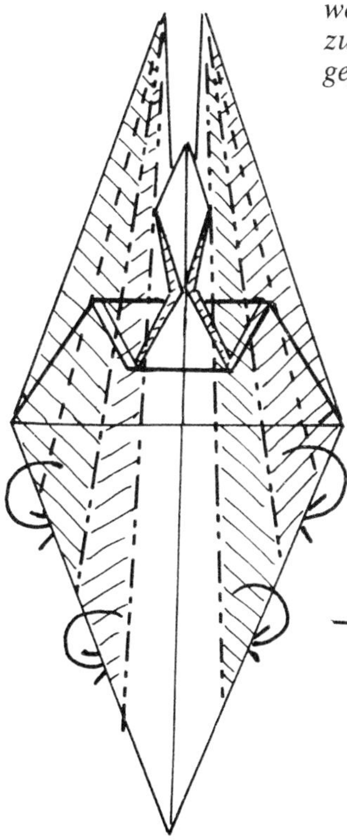

5. Arme und Schultern durch Bergfaltungen verschmälern. Noch einmal verschmälern.

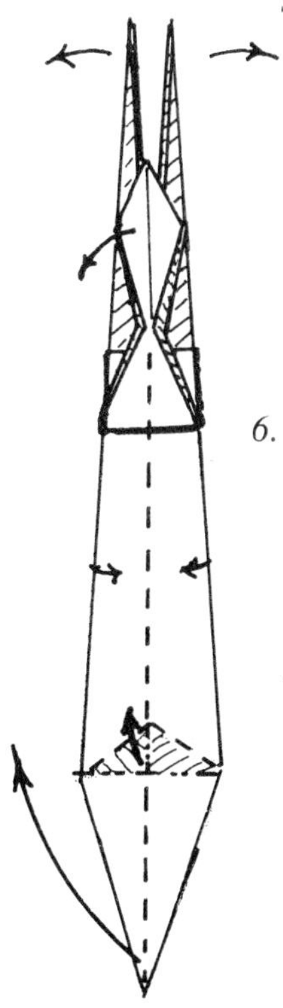

6. Figurenbasis durch Harmonikafaltung herstellen. Figur dabei nach innen falten. Hals zur Seite neigen. Arme herausziehen.

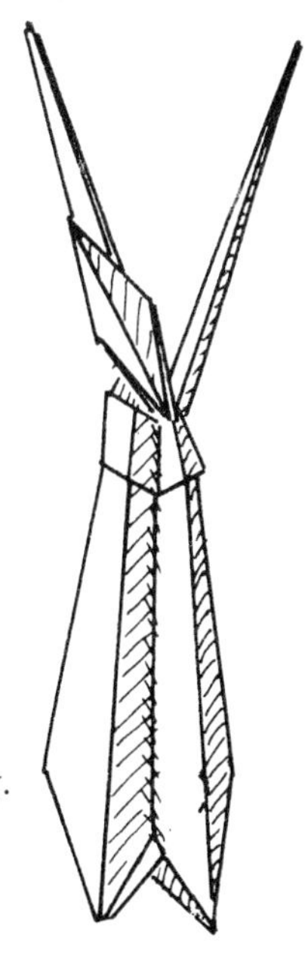

7. Die Kreuzigung.

10. KAPITEL

Die Froschform

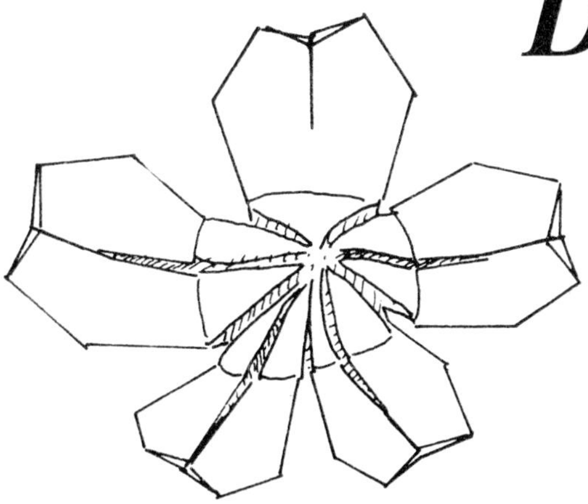

Die Froschform wird zu Unrecht vernachlässigt. Sie hat fünf Ecken (im Gegensatz zu den vier Ecken der Vogelform), wenn auch die eine Ecke aus einer Vielzahl von Papierlagen besteht. Nur bei dünnem Papier kann man diese fünfte Ecke richtig ausnutzen. Das kleine Dreieck kann man auch unter dem »Körper« verstecken, wodurch die vier »Beine« freier werden.

Die Libelle entstand, nachdem ich die Libelle im *Kan no mado* gesehen hatte, bei der die Flügel durch Schnitte erzeugt wurden. Die für die Libelle nötigen fünf Ecken können aber auch der Froschform entnommen werden. Dabei müssen Flügel und Körper beim Verschmälern gleichzeitig gefaltet werden.

Der dicke Stamm wird zu einem Blütenblatt bei der Kirschblüte. Wenn man das nicht weiß, ist das Ergebnis irritierend. Die Froschform ist auch ein hervorragendes Ausgangsmaterial für menschliche Figuren und für den Affen. Der Affe kann mit seinem gestreckten Arm auch an einen Ast gehängt werden. Es können sogar mehrere Affen an den Armen aneinandergehängt werden. Skifahrer und Ballettänzer repräsentieren zwei mögliche Stellungen für menschliche Figuren. Einmal gelang mir ein Tänzer, der auf einem Bein stand. Dem Zinnsoldaten hätte das sicher gefallen. Aber die Stellung war etwas unsicher. Selbst zwei Beine sind manchmal zu wenig, und es erfordert viel Geschicklichkeit, die Figur richtig auszubalancieren.

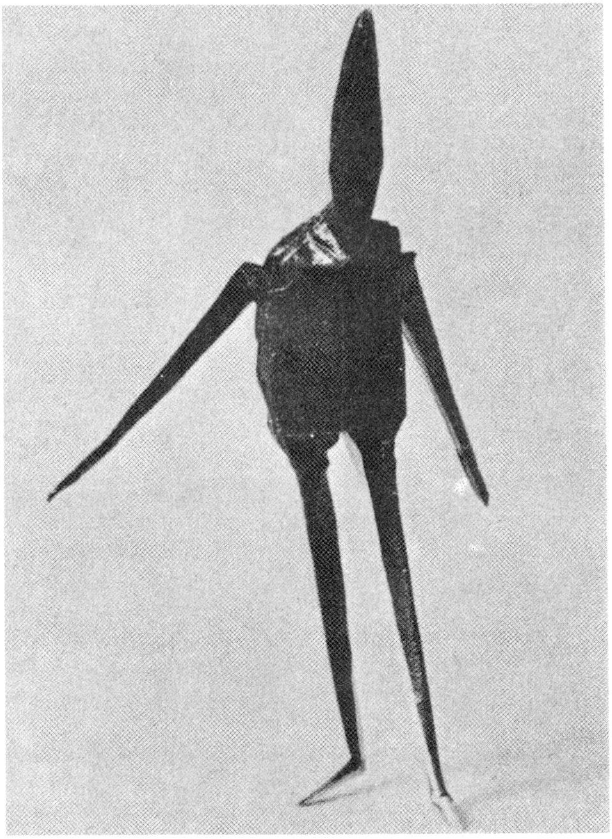

Der Ballettänzer

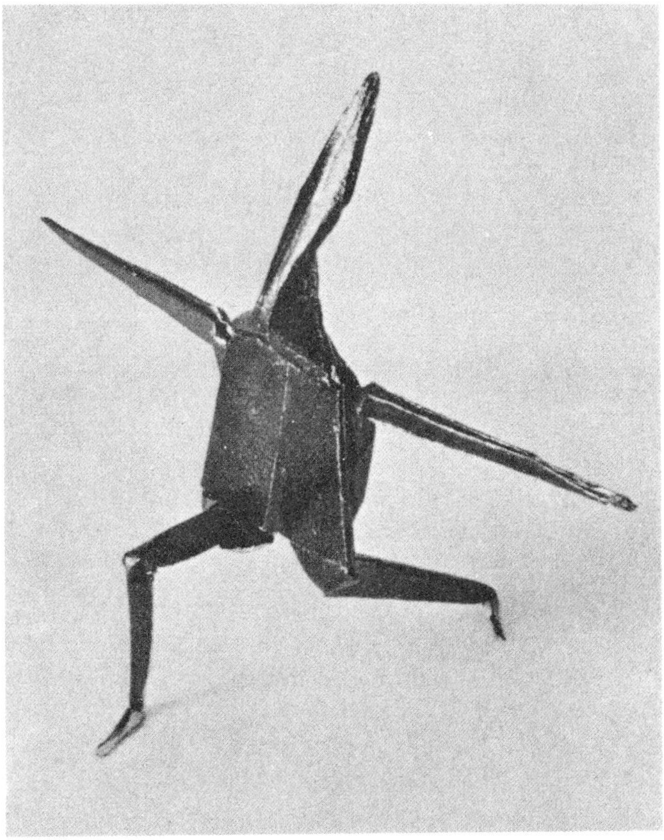

Der Skifahrer

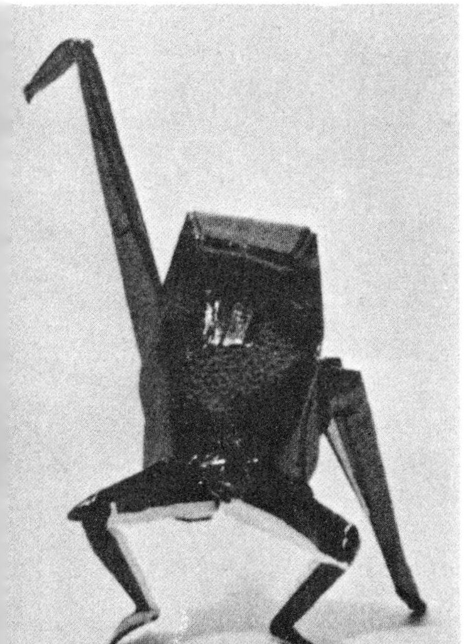

Der Affe

Die Kirschblüte

Die Libelle

Die Froschform

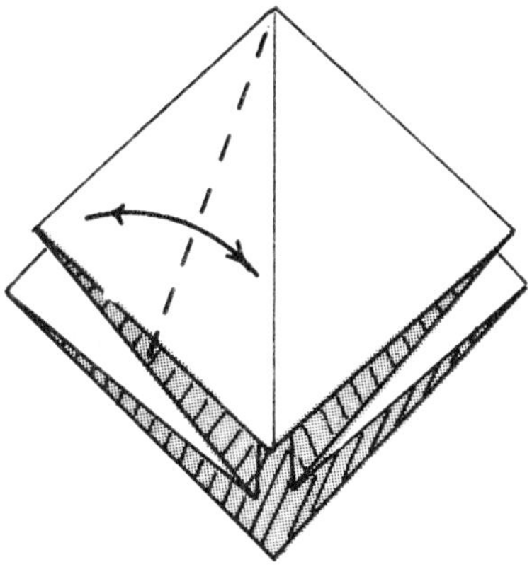

1. Ausgangspunkt ist die Vorform zur Vogelform. Eine Seite zur Mitte falten und wieder zurückfalten.

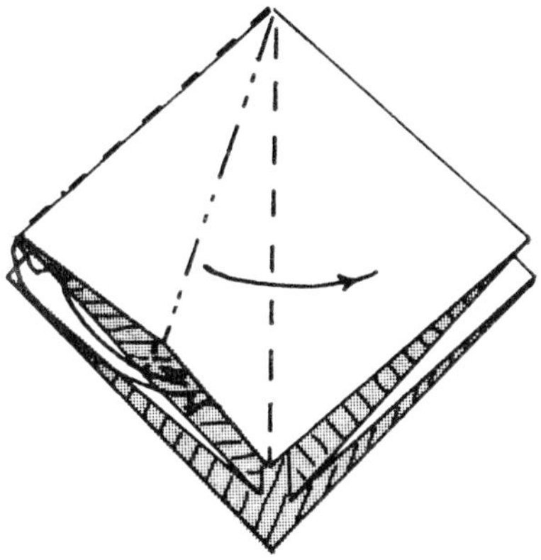

2. Die linke äußere Kante auf die senkrechte Mittellinie drücken. Die Vorfalte wird dabei zu einer Bergfalte.

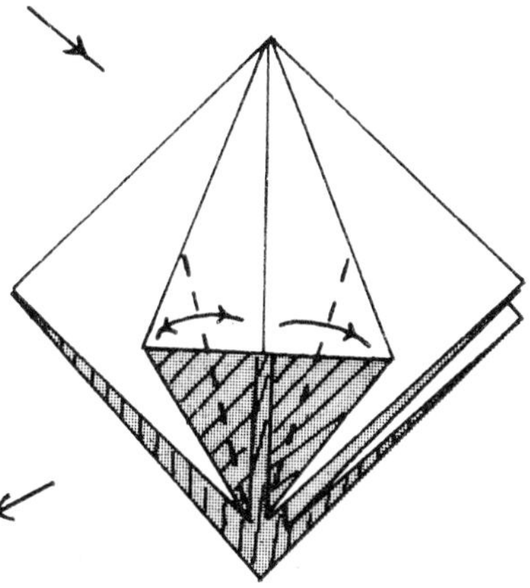

3. Seiten von unten her zur Mitte falten und wieder zurückfalten.

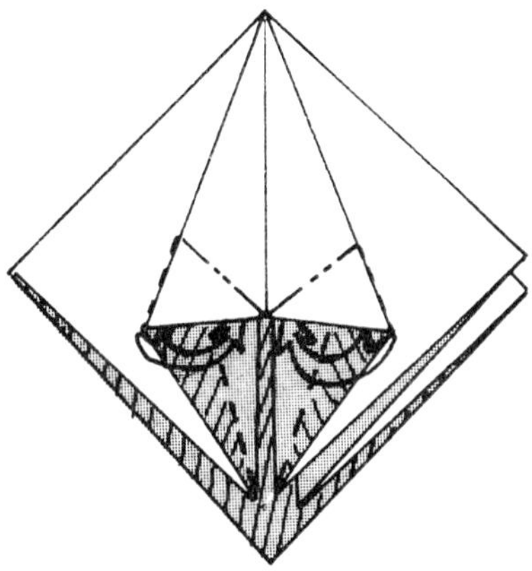

4. Blattfaltung: Die Ecken nach innen und oben stülpen. Dadurch entsteht ein kleiner Lappen am unteren Ende.

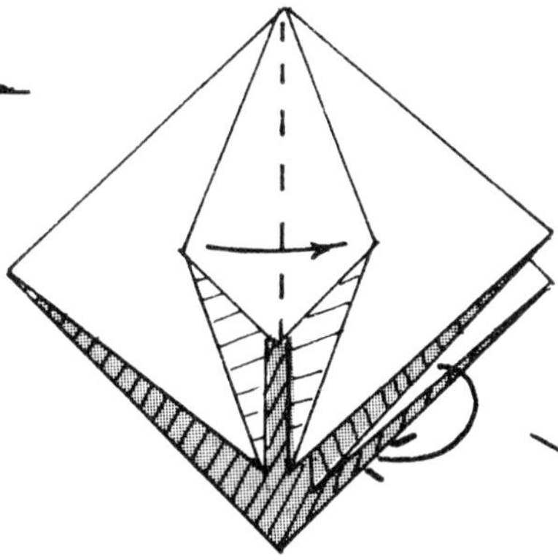

5. Figur »umblättern«, d. h. von links nach rechts klappen. Schritt 1 bis 4 für die anderen drei Seiten wiederholen.

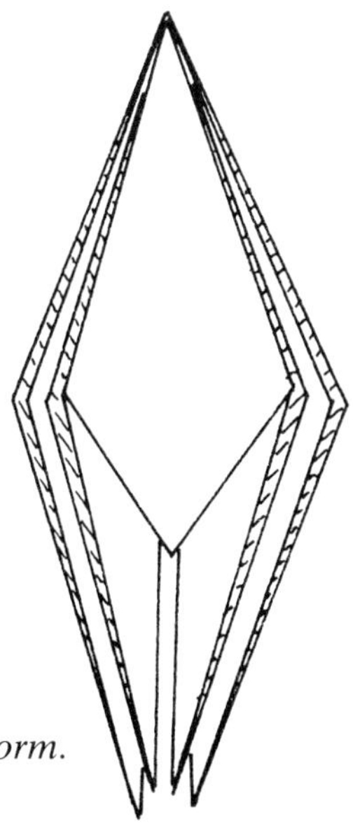

6. Die fertige Froschform.

Die Libelle

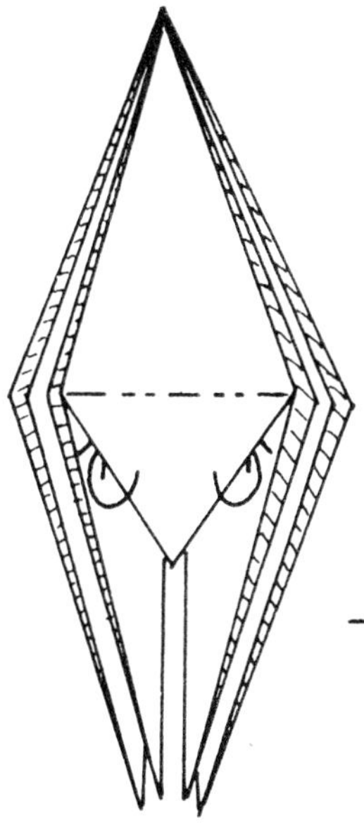

1. Den kleinen Lappen der Froschform nach hinten klappen. Dazu muß die Figur nach rechts und links geöffnet werden (Beine auseinanderziehen).

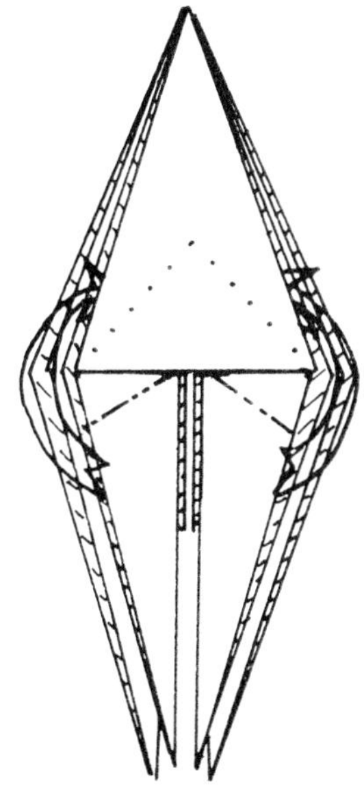

2. Die großen Flügel durch Rückwärts-innen-Faltung formen.

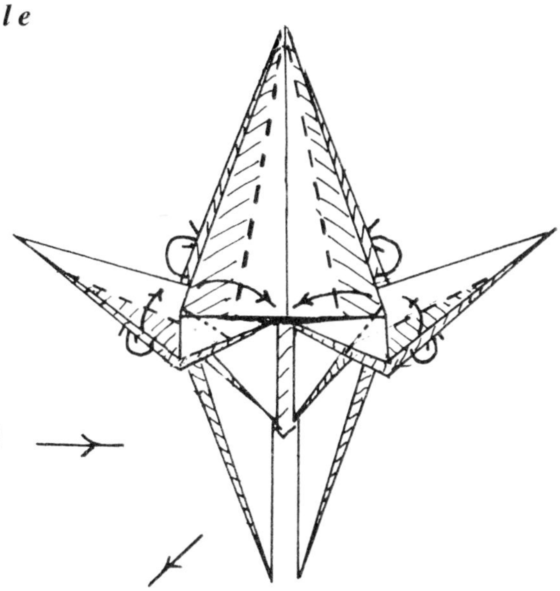

3. Körper und Flügel zur gleichen Zeit verschmälern, mit den Flügeln beginnend. Desgleichen auf der Rückseite der Flügel.

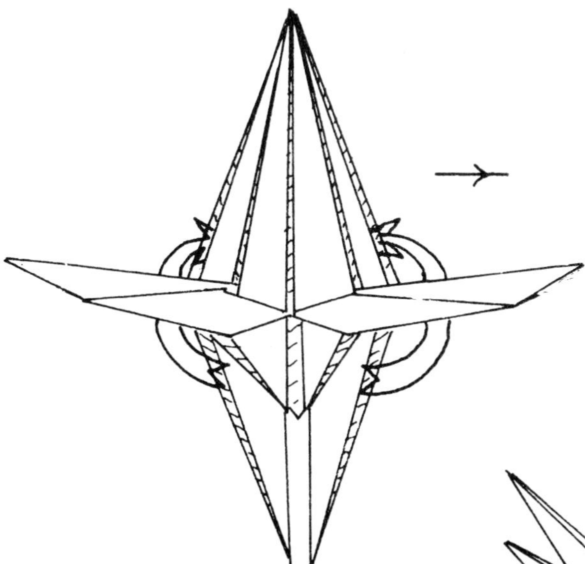

4. Schritt 2 und 3 wiederholen, um ein zweites Flügelpaar zu formen. Das zweite Paar liegt näher dem Schwanz.

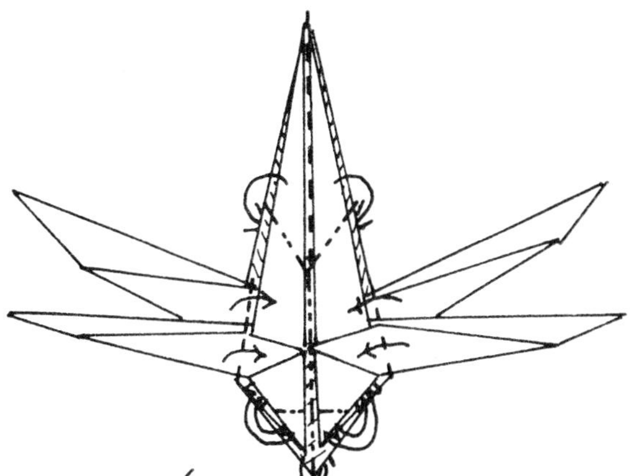

5. Feinarbeit: Formung des Schwanzes durch eine Rückwärts-innen-Faltung, während gleichzeitig der Körper durch eine Bergfaltung zusammengedrückt wird. Flügel nach oben drücken. Je einen Punkt des linken und des rechten kleinen Lappens einfalten, um die Augen zu formen (Eingefaltetes wieder öffnen). Maul durch Rückwärts-innen-Faltung des unteren kleinen Lappens formen.

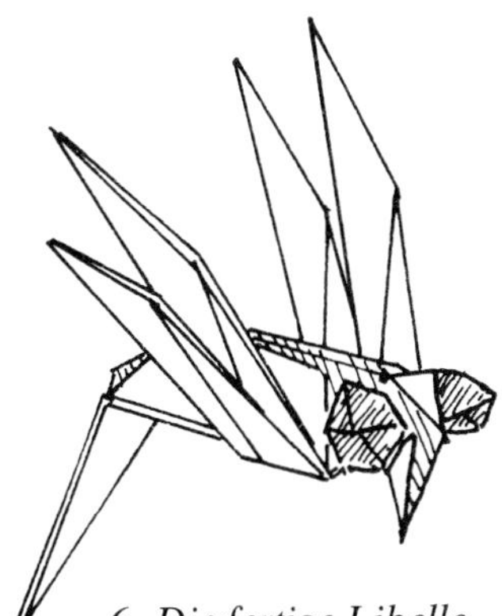

6. Die fertige Libelle.

Die Menschenform

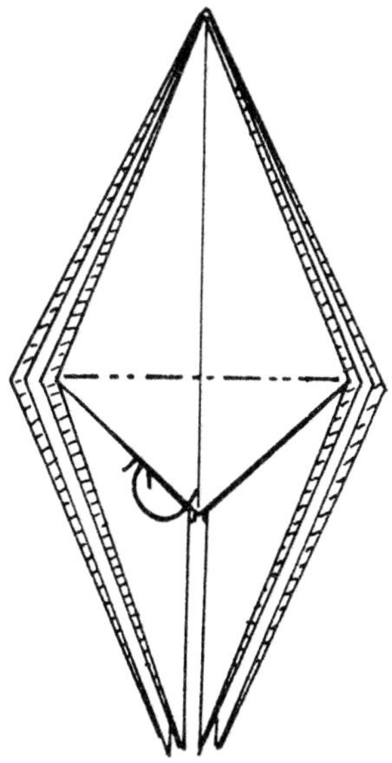

1. *Die vier kleinen Dreiecke der Froschform nach innen klappen, wie auf S. 123 beschrieben.*

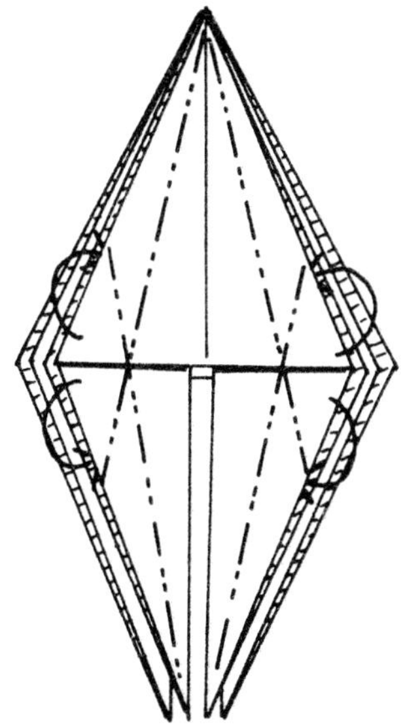

2. *Durch Bergfaltungen die Figur verschmälern. Auf der Rückseite wiederholen, desgleichen auf den versteckten Seiten.*

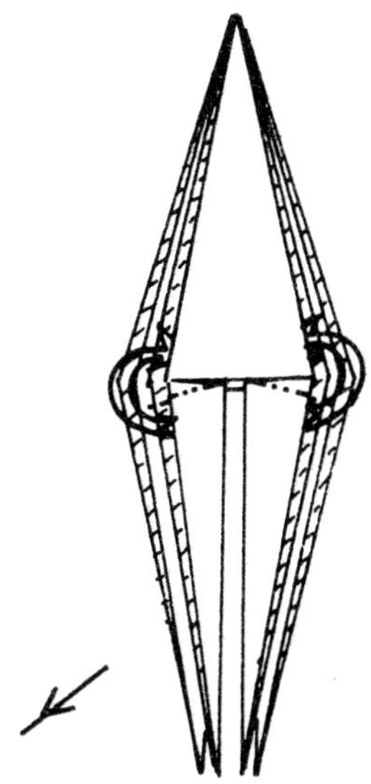

3. *Die Arme durch Rückwärts-innen-Faltung nach oben bringen.*

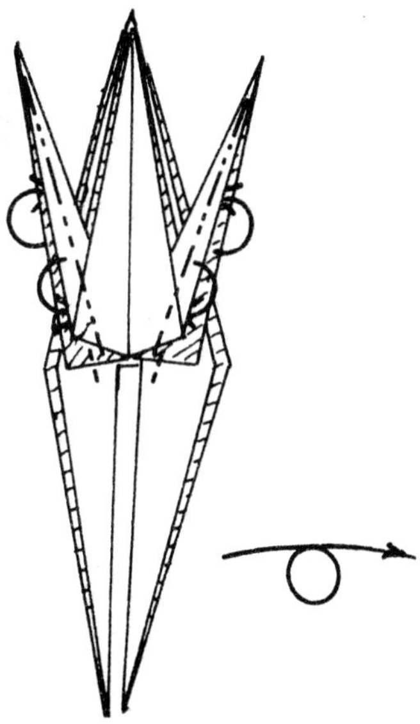

4. *Arme durch Bergfaltungen verschmälern. Figur umdrehen.*

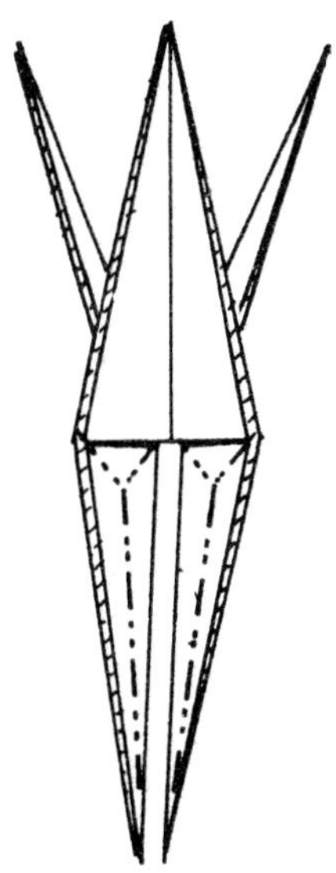

5. *Die Seiten der Beine durch Hasenohrfaltung zusammendrücken.*

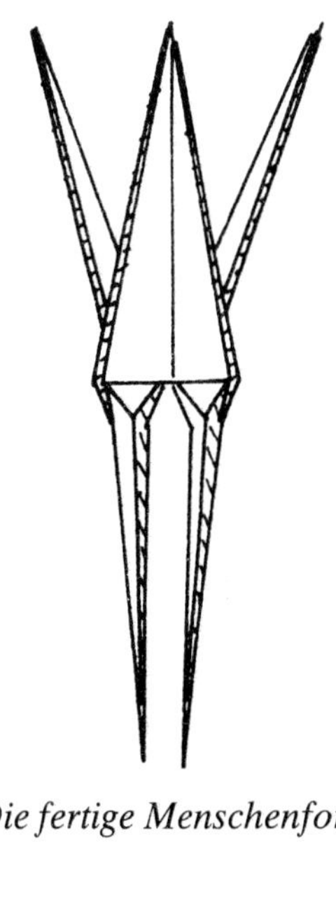

6. *Die fertige Menschenform.*

Menschliche Gestalten

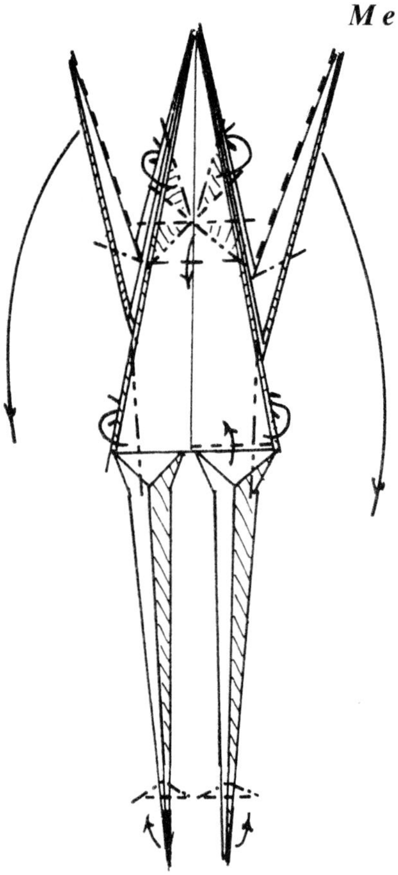

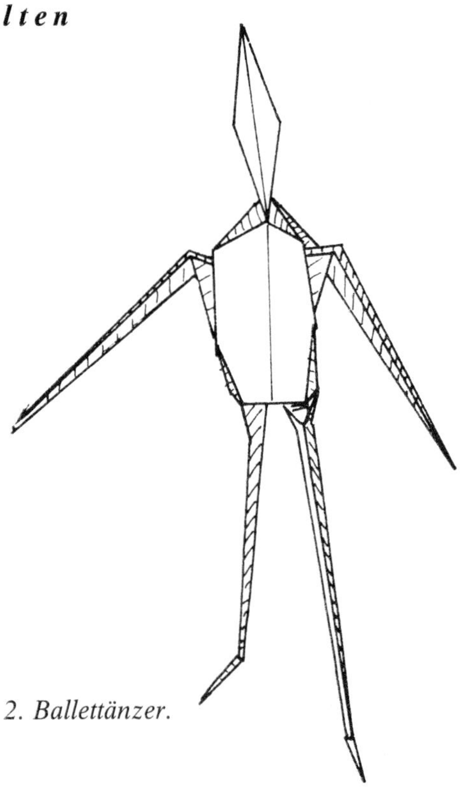

2. Ballettänzer.

1. Aus der Menschenform werden durch Harmonikafaltungen Kopf und Schultern geformt, die Arme durch Rückwärts-innen-Faltung. Hüften nach hinten falten. Füße nach vorne biegen.

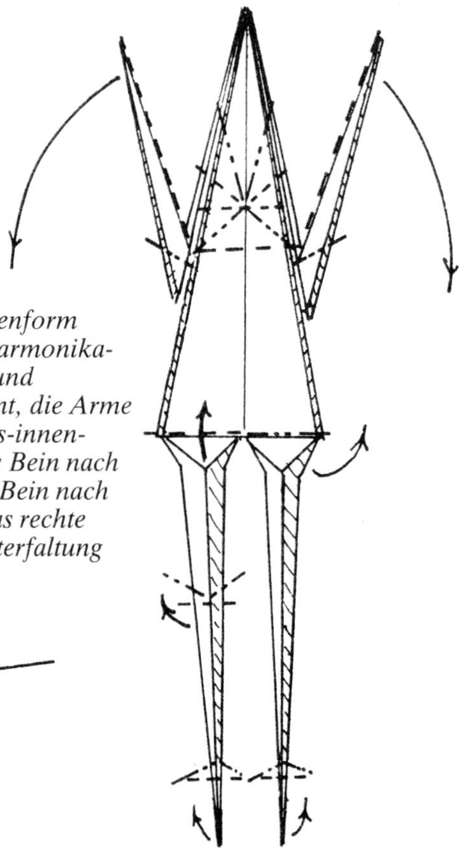

3. Aus der Menschenform werden durch Harmonikafaltungen Kopf und Schultern geformt, die Arme durch Rückwärts-innen-Faltung. Rechtes Bein nach oben und linkes Bein nach hinten falten. Das rechte Knie durch Knitterfaltung formen.

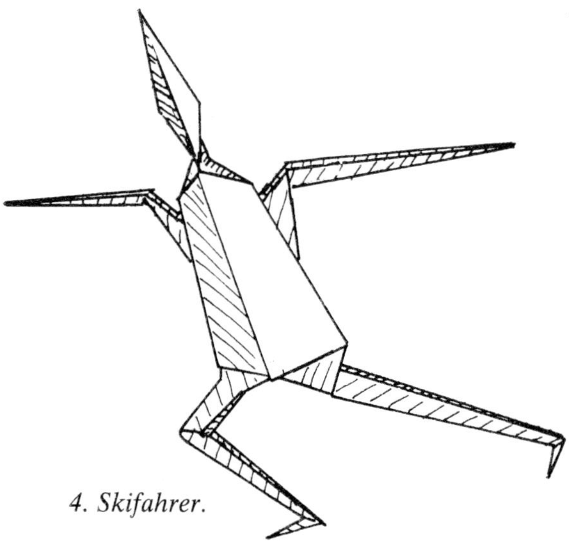

4. Skifahrer.

Der Affe

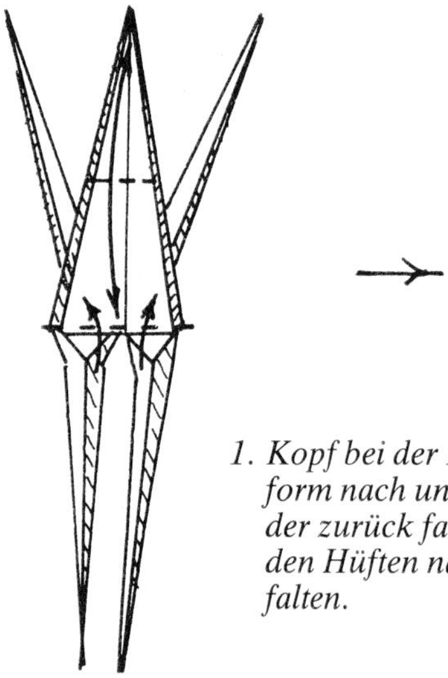

1. Kopf bei der Menschenform nach unten und wieder zurück falten. Beine an den Hüften nach oben falten.

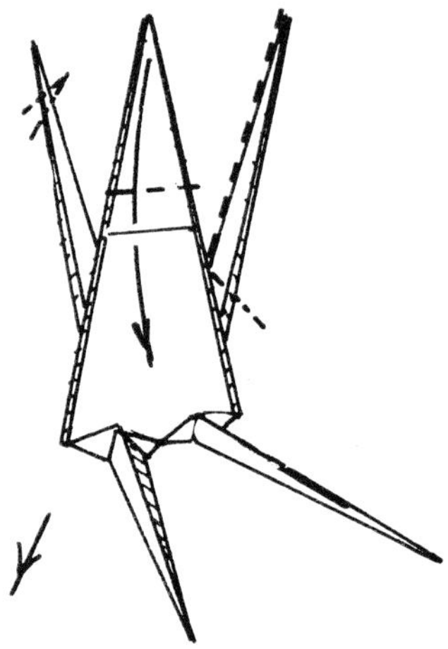

2. Kopf oberhalb der vorläufigen Falte nach unten falten. Den rechten Arm durch Knitterfaltung formen, den linken Arm durch Rückwärts-innen-Faltung.

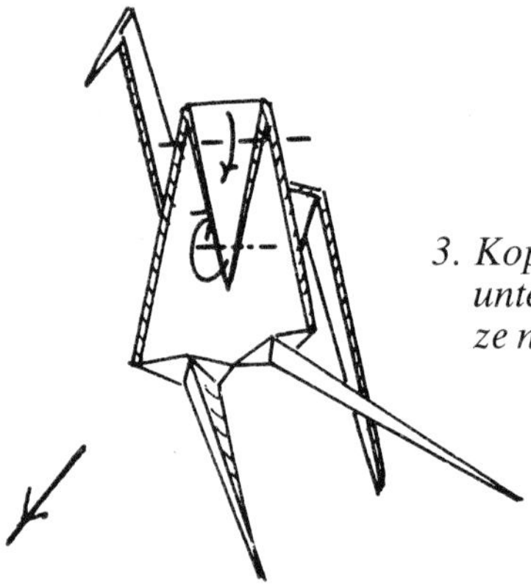

3. Kopf entlang Vorfalte herunterfalten. Schnauzenspitze nach innen klappen.

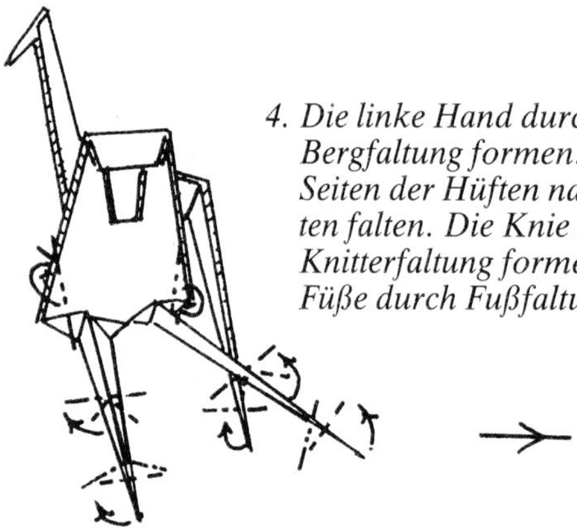

4. Die linke Hand durch Bergfaltung formen. Die Seiten der Hüften nach hinten falten. Die Knie durch Knitterfaltung formen, die Füße durch Fußfaltung.

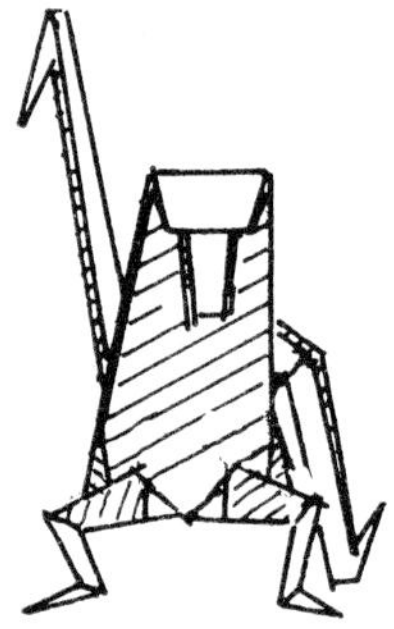

5. Der fertige Affe.

Die Kirschblüte

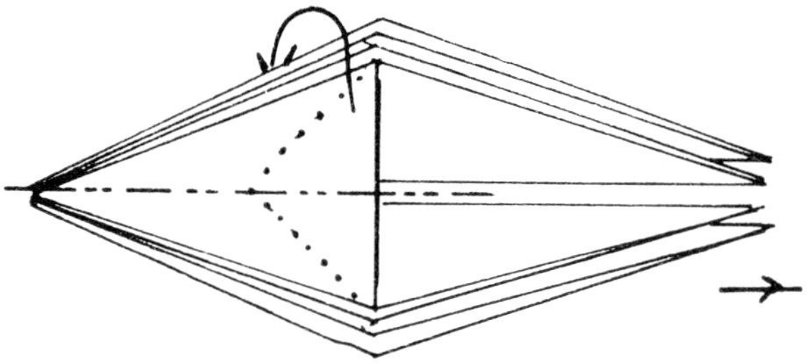

1. Ausgangspunkt ist die Froschform mit eingestülpten kleinen Dreiecken. Die Figur nach hinten zusammenklappen.

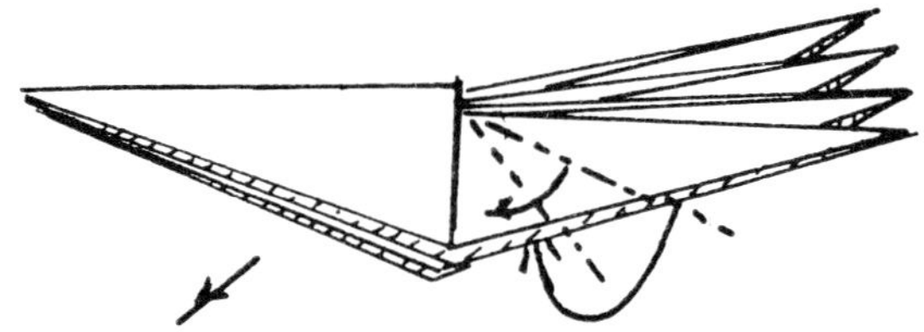

2. Figur wieder leicht öffnen und die erste der vier Spitzen durch Harmonikafaltung so formen wie den Menschenkopf (S. 85).

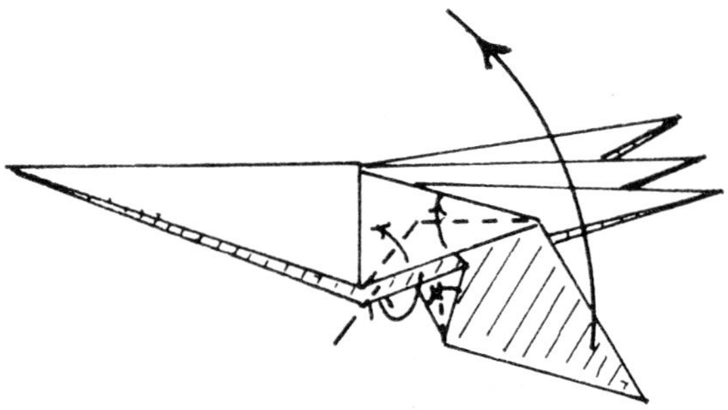

3. Die inneren Kanten des Karos an die äußeren Kanten falten. Blütenblatt nach links drücken.

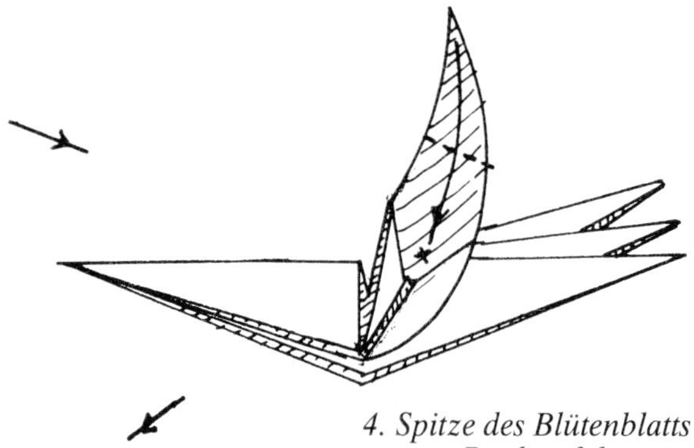

4. Spitze des Blütenblatts zum Punkt x falten.

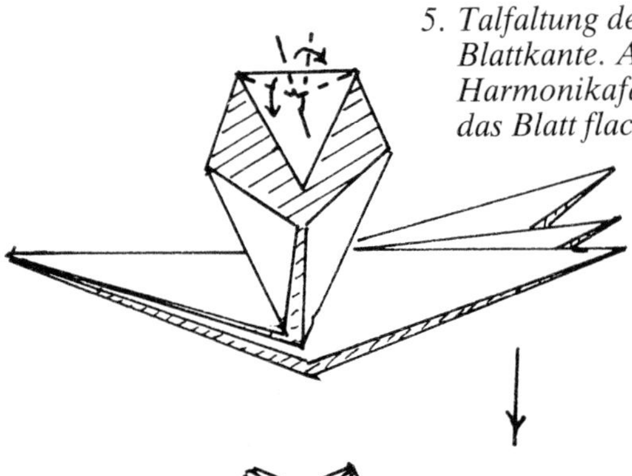

5. Talfaltung der oberen Blattkante. Anschließend Harmonikafaltung, damit das Blatt flach wird.

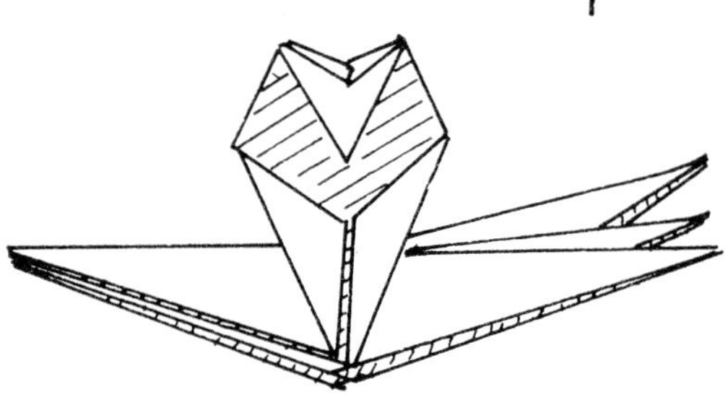

6. Schritt 2 bis 5 für die verbleibenden vier Blätter (inklusive Stamm) wiederholen. Die Blätter gleichmäßig verteilen.

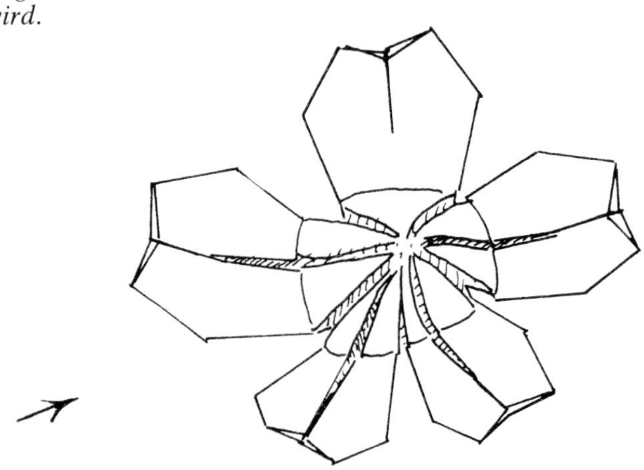

7. Die fertige Kirschblüte.

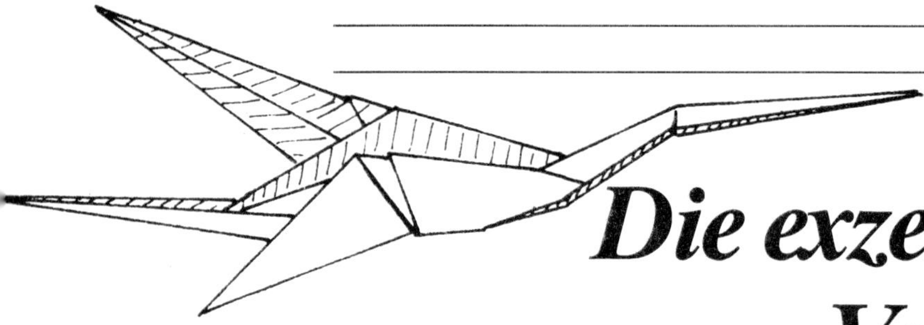

11. KAPITEL

Die exzentrische Vogelform

Die Verschiebung des Mittelpunkts ist vermutlich meine wichtigste Erfindung beim Papierfalten. Die Teile der Figur erhalten dadurch unterschiedliche Größe. Die Abweichung vom Mittelpunkt ist beeinflußbar und damit auch der Größenunterschied. Den fliegenden Kranich könnte man auch aus der gewöhnlichen Vogelform herstellen, aber dann hätten Beine und Flügel die gleiche Länge und der Hals wäre zu kurz. Durch die exzentrische Lage des Mittelpunkts erhält man angenehmere Proportionen. Der fliegende Kranich eignet sich übrigens hervorragend für Mobiles. Der versetzte Mittelpunkt wirkt sich auch auf die Beine meiner (hier nicht aufgeführten) Insekten günstig aus.

Die Maske entstand, nachdem ich Akira Yoshizawas Maske gesehen hatte (sie entstand aus der Vogelform). Die versetzte Lage von Augen, Nase und Mund gleichen den Mittelrahmen aus und bieten eine brauchbare Grundlage. Es wurden offensichtliche Anstrengungen unternommen, den gewünschten Effekt zu erreichen anstatt darauf zu vertrauen, daß die Figur sich von alleine formt. Bei der Nase mußte die Wölbungstendenz des Papiers durch eine Harmonikafaltung auf der Rückseite kompensiert werden. Auch für den Mund mußte vom Gesicht etwas abgezogen werden, was dann entlang den Seiten nach hinten gefaltet wurde. Augen, Wangenknochen und Mund werfen übrigens Schatten, was der Maske ihre Lebendigkeit verleiht. Durch Variierung der Versetzung kann die Maske modifiziert werden.

Der exzentrische achtzackige Stern wird ebenso gefaltet wie der normale; Ausgangspunkt ist natürlich die exzentrische Vogelform. Das Ergebnis ist nicht sonderlich attraktiv, aber es entstehen Zacken von unterschiedlicher Länge, was beim Dackel ausgenützt wird. Der Dackel ähnelt in seiner Grundform der Maus.

Die exzentrische Vogelform

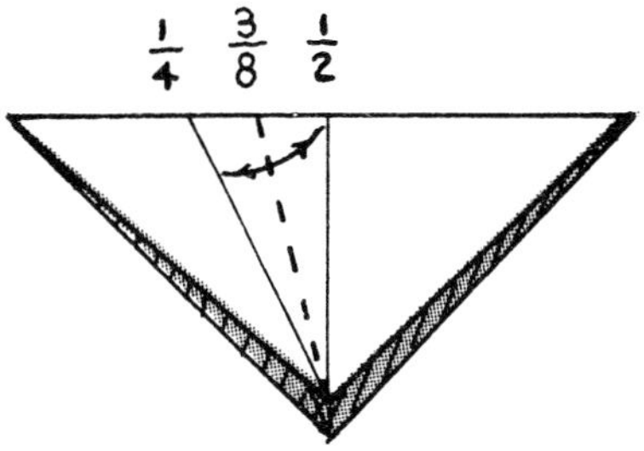

1. Wir beginnen mit einem diagonalgefalteten Quadrat mit der farbigen Seite außen. Durch Faltung findet man den Mittelpunkt (½), durch nochmalige Faltung den Viertelpunkt (¼). Durch Aufeinanderlegen dieser beiden Punkte erhält man das Zentrum der exzentrischen Vogelform (⅜).

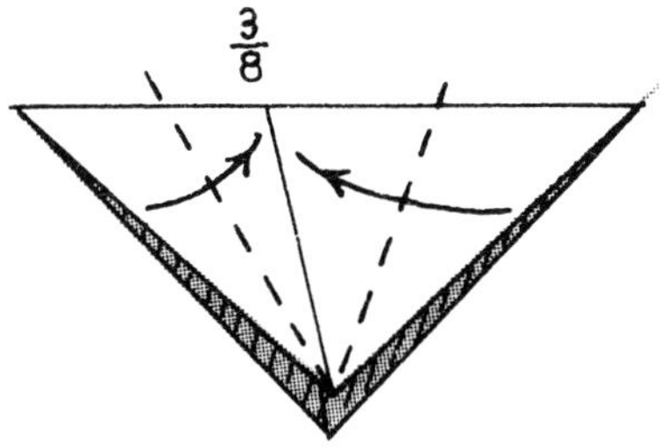

2. Die beiden Seiten zum verschobenen Zentrum falten.

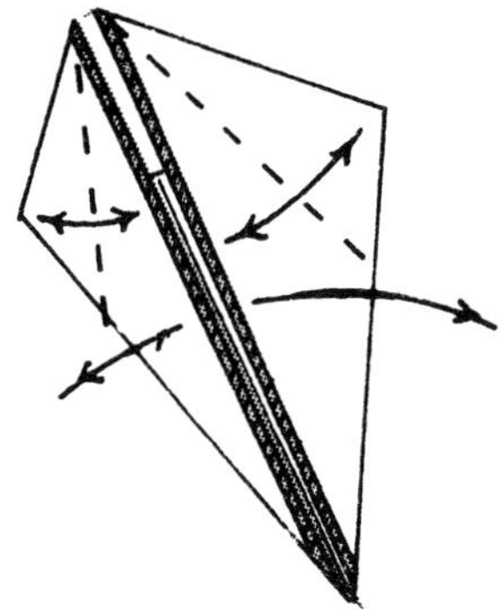

3. Die beiden oberen Seiten zur Mitte falten. Anschließend die ganze Figur wieder entfalten, bis zur Diagonalform.

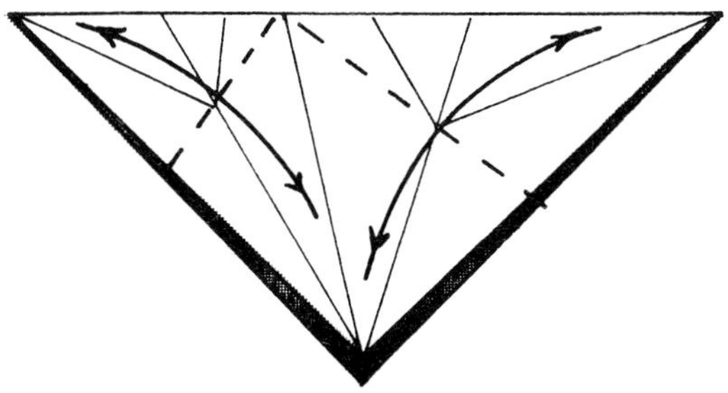

4. Die oberen Seiten zur verschobenen Mittellinie falten und wieder entfalten. Durch diese Vorfaltungen werden alle Winkel halbiert.

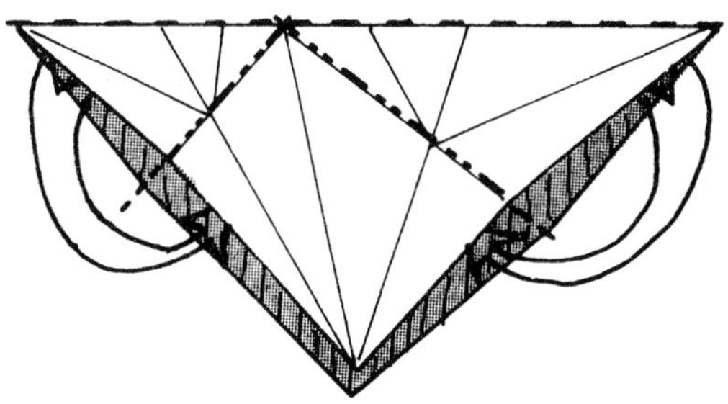

5. Die beiden oberen Spitzen nach innen stülpen (durch Rückwärts-innen-Faltungen).

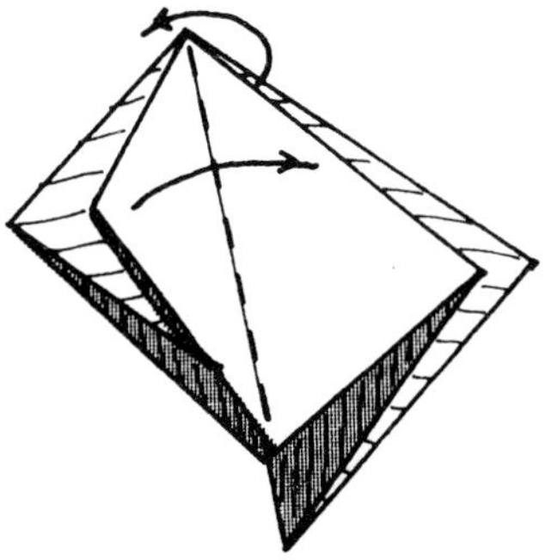

6. Den linken Vorderteil nach rechts, den rechten Hinterteil nach links klappen.

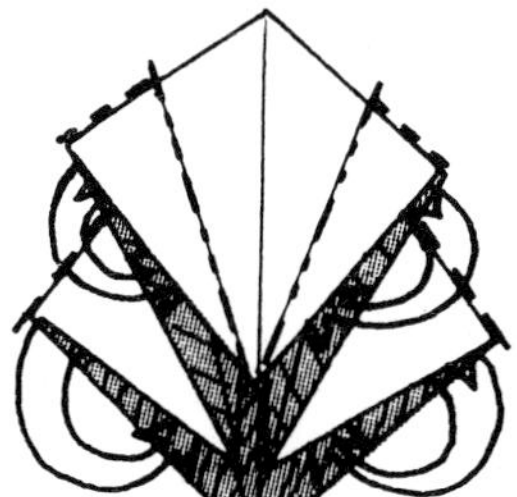

7. Die vier Ecken entlang existierender Falten nach innen stülpen.

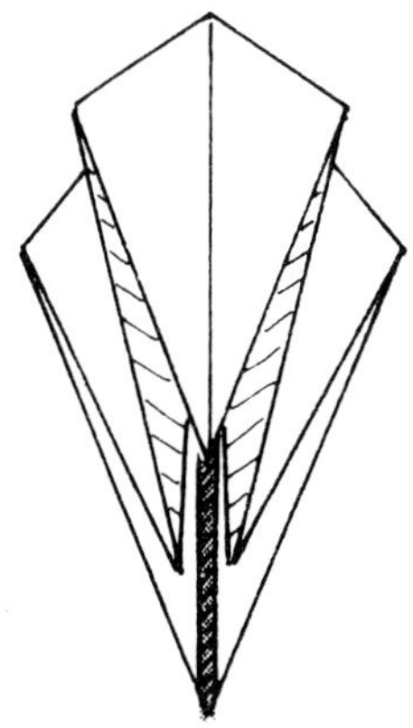

8. Die fertige exzentrische (versetzte) Vogelform.

Die ägyptische Katze zeigt, wie nützlich die versetzten Spitzen sein können. Sie entsteht aus der versetzten Vogelform mit der versteckten Spitze. Das Mittenquadrat wird zu einer X-Form geöffnet, wie beim Fuchs. Hätte man die Katze aus der gewöhnlichen Vogelform gefaltet, wäre sie kürzer und weniger attraktiv.

Ich machte einmal eine Eule aus einer Form mit verschobenem Mittelpunkt. Die Eule war unsymmetrisch: Kopf und Schnabel ragten in eine Richtung. Das ganze sah aus wie eine betrunkene Eule oder wie eine Figur von Picasso. Unsymmetrische Figuren sollten noch mehr erforscht werden.

Der versetzte achtstrahlige Stern

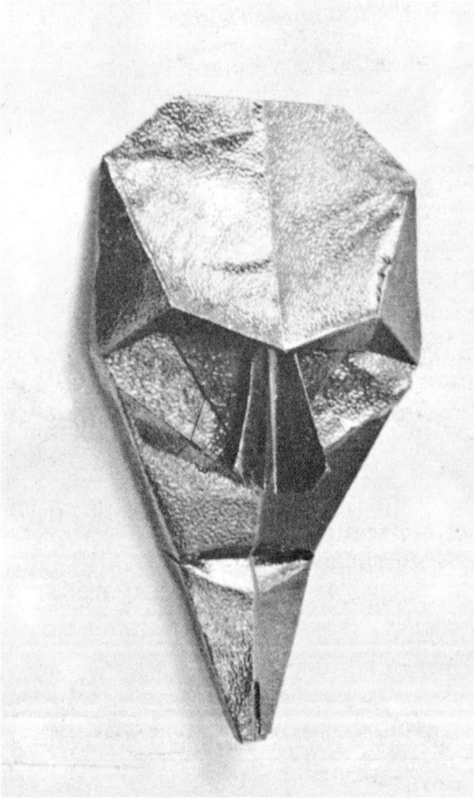

Die Maske

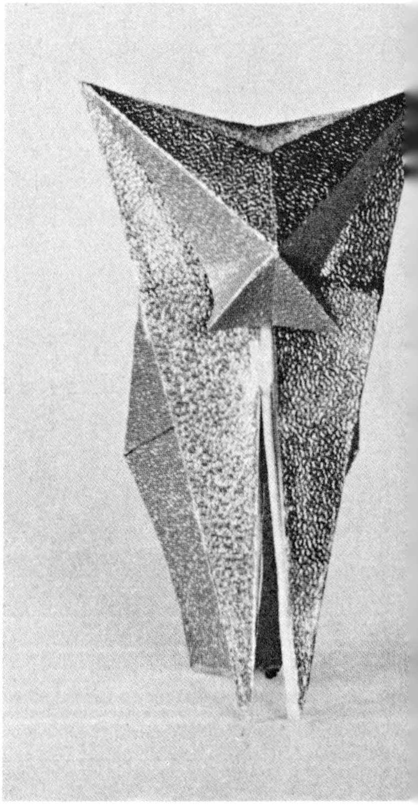

Die ägyptische Katze

Der fliegende Kranich

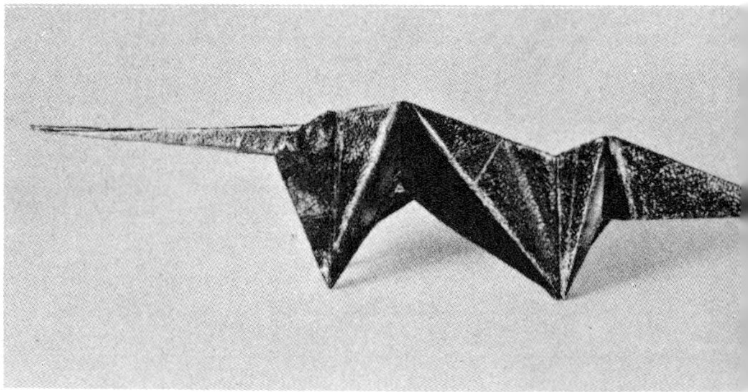

Der Dackel

Der fliegende Kranich

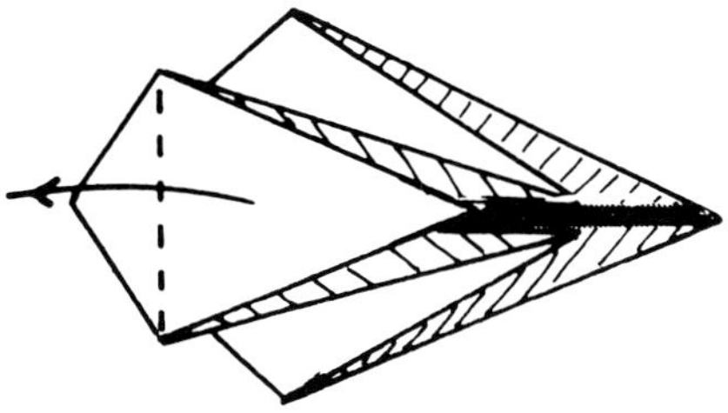

1. Den Oberteil der exzentrischen Vogelform umklappen.

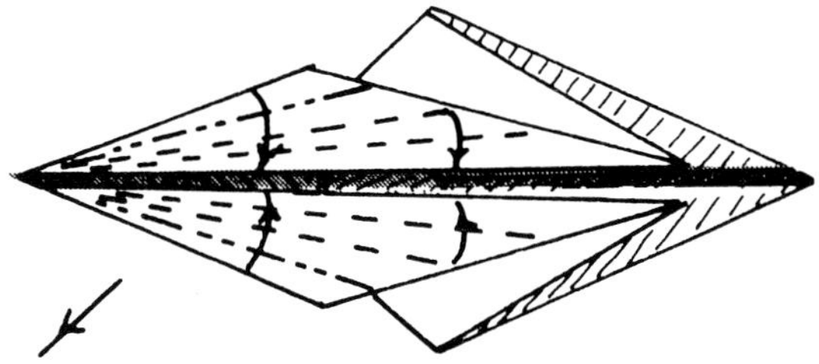

2. Schwanz durch zweimaliges Einfalten zur Mittellinie verschmälern.

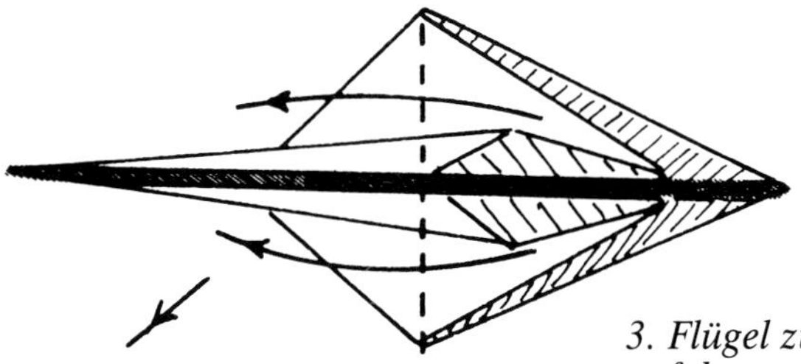

3. Flügel zum Schwanzende falten.

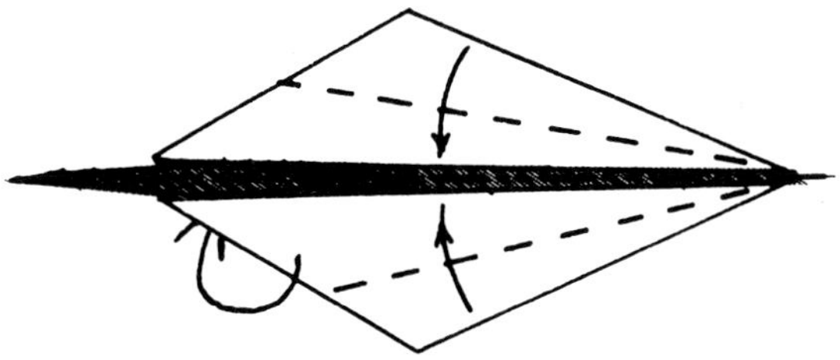

4. Verschmälern des Halses durch Einfalten der Seiten. Die ganze Figur nach hinten zusammenklappen.

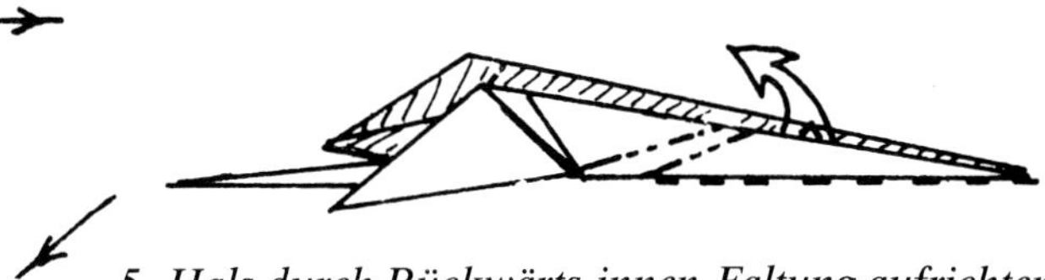

5. Hals durch Rückwärts-innen-Faltung aufrichten.

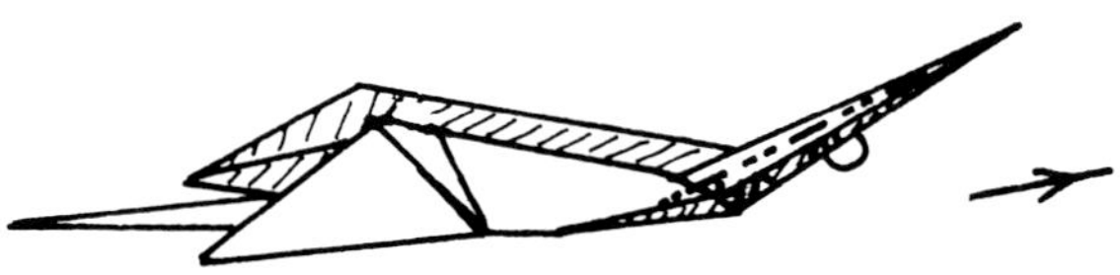

6. Hals durch Bergfalten verschmälern.

7. Den Hals durch Knitterfaltung parallel zum Hals falten. Die Flügel entfalten.

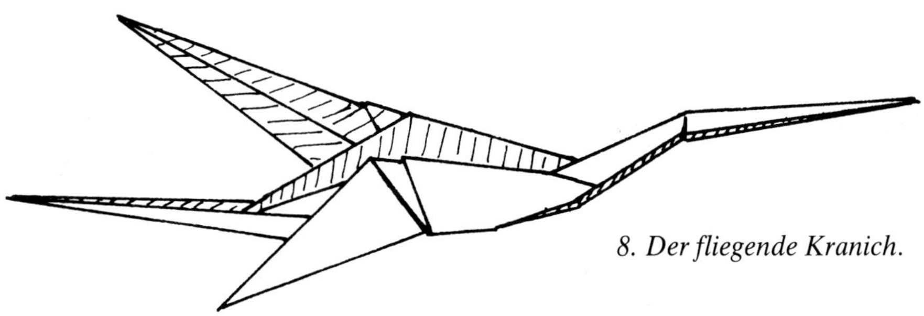

8. Der fliegende Kranich.

Die Maske

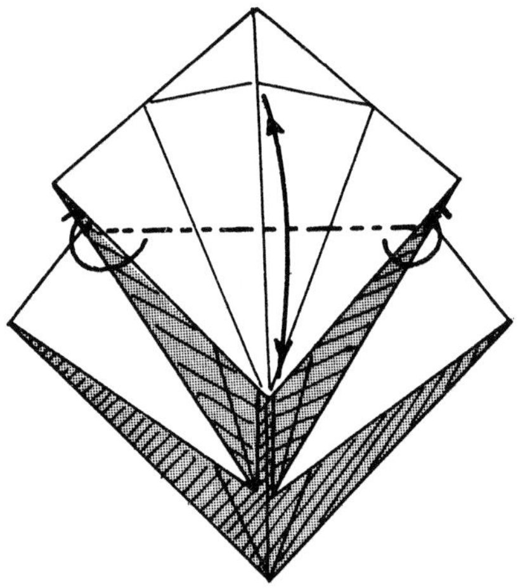

1. Ausgangspunkt ist Bild 7 der exzentrischen Vogelform. Den Vorderlappen nach innen falten zum Kreuzungspunkt nahe der Spitze.

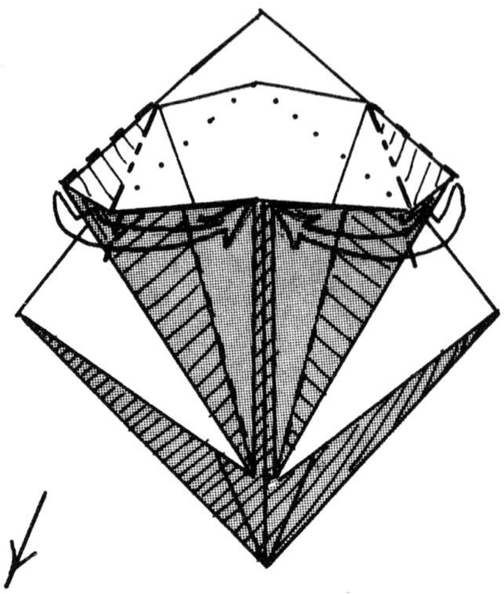

2. Die oberen Kanten nach innen stülpen; das waagrechte Stück sollte exakt waagrecht sein.

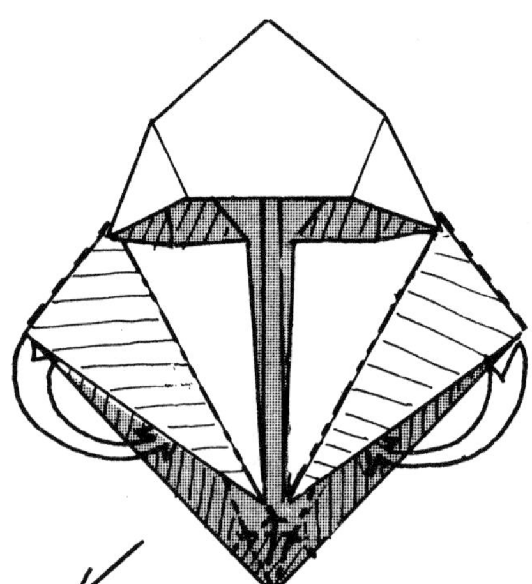

3. Die unterste Spitze nach innen falten. Die beiden Außenlappen nach innen stülpen.

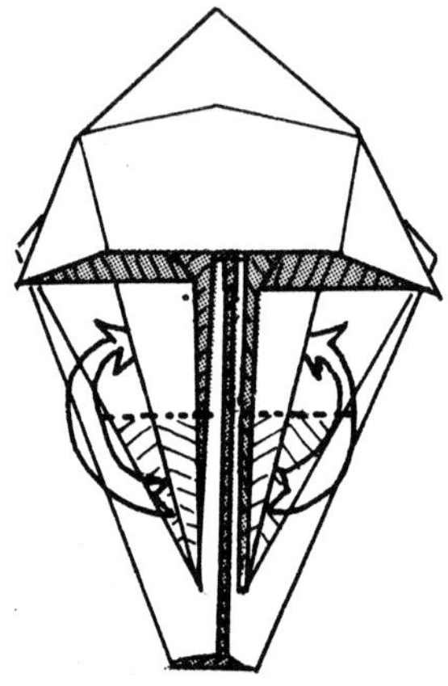

4. Die beiden unteren Spitzen nach oben falten und dann einstülpen.

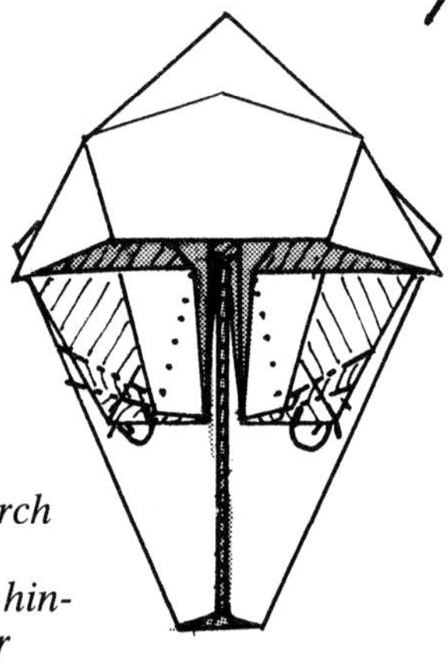

5. Die Wangenpartie durch Bergfaltung formen. Dann die Kante nach hinten falten, sie wird zur Wangenlinie.

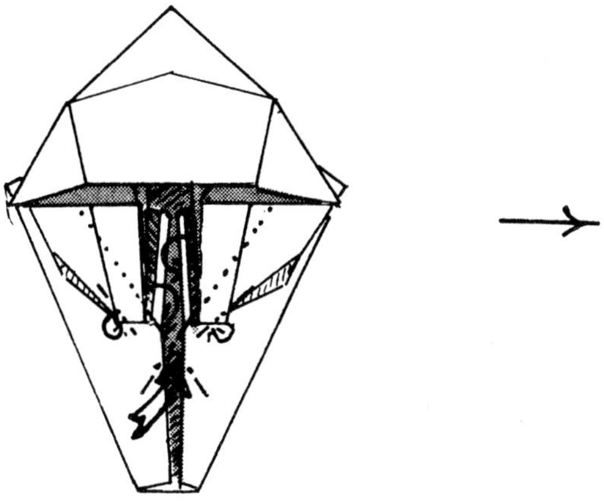

6. Figur von der Mitte her öffnen. Bergfaltung für zwei Bögen unter der Nase entlang der punktierten Linie zur Befestigung der Nase am darunterliegenden Papier. Die Ecken der Nase nach hinten falten.

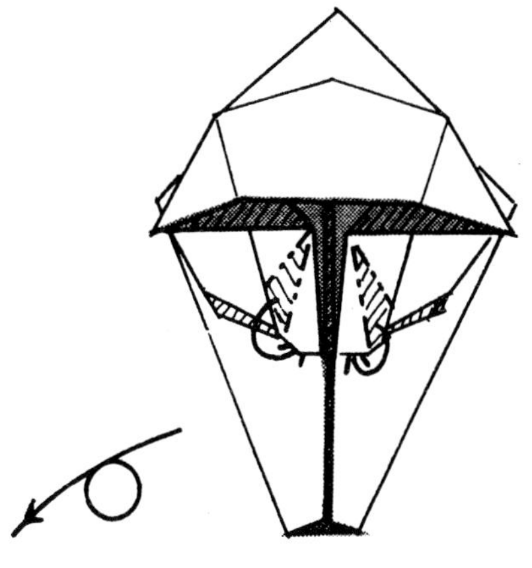

7. Die schraffierten Stücke unter die Nase falten und festhalten, weil die Figur sich wölbt. Figur umdrehen.

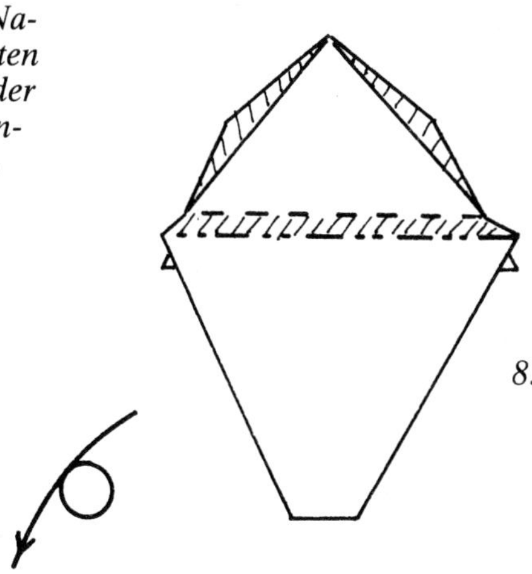

8. Nase weiterhin festhalten. Harmonikafaltung der Rückseite, damit die Tendenz zur Wölbung geringer wird und die Figur flach zum Liegen kommt. Figur wieder umdrehen auf die Vorderseite.

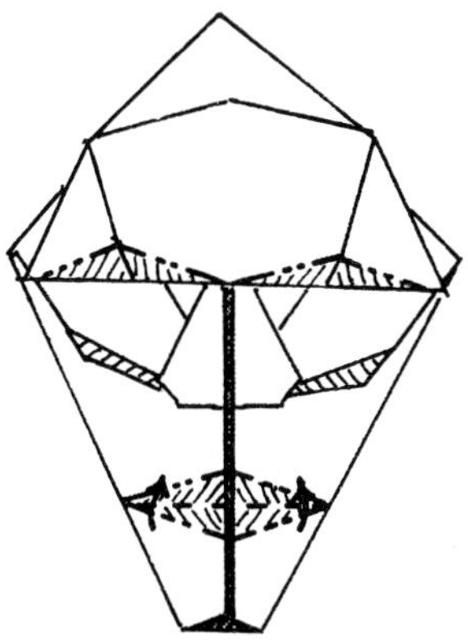

9. Bergfalten für die Augen. Harmonikafaltung (Berg/Tal/Berg) für den Mund. Untere Bergfalte des Mundes auf die obere Bergfalte falten.

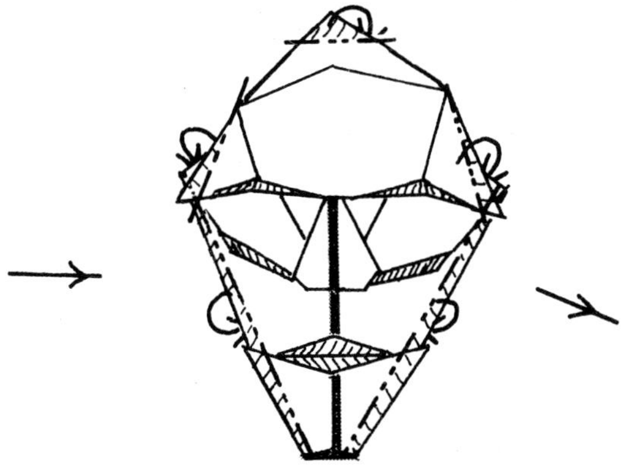

10. Kanten der Mundpartie nach hinten falten, um dem Mund Festigkeit zu verleihen. Faltung auf die ganze Kante ausdehnen. Seiten und Spitze des Kopfes nach hinten falten.

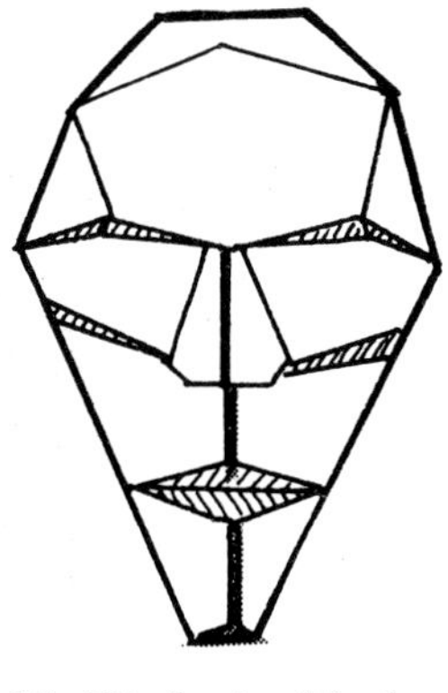

11. Die fertige Maske.

Der schiefe achtzackige Stern

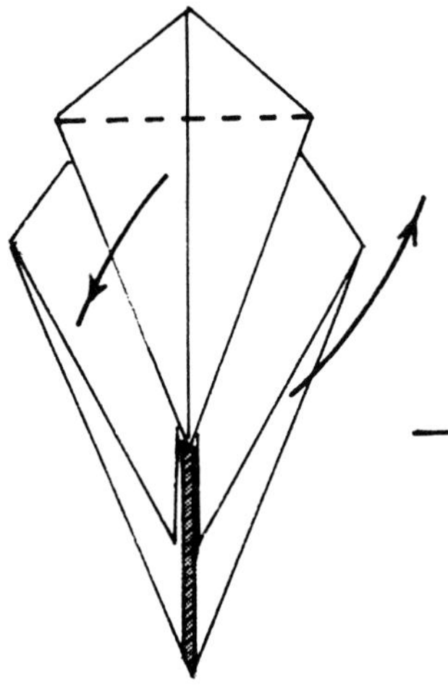

1. Ausgangspunkt ist die exzentrische Vogelform. Ober- und Unterteil soweit wie möglich auseinanderziehen.

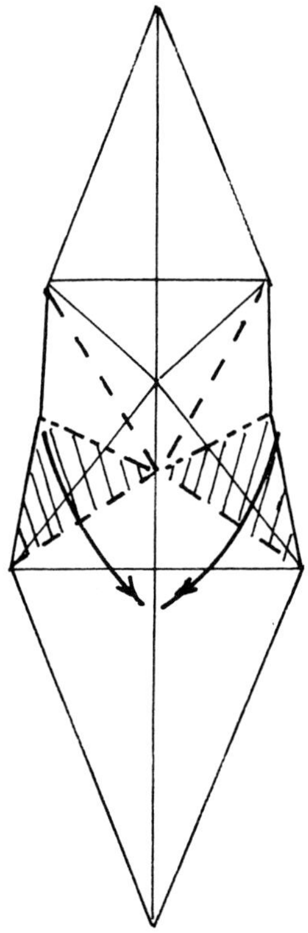

2. Versenken des Mittelpunkts: Seiten zur Mitte drücken und Bergfalte (sie formt sich von selbst) entlang der senkrechten Mittellinie nach unten drükken. Ober- und Unterteil zurückklappen.

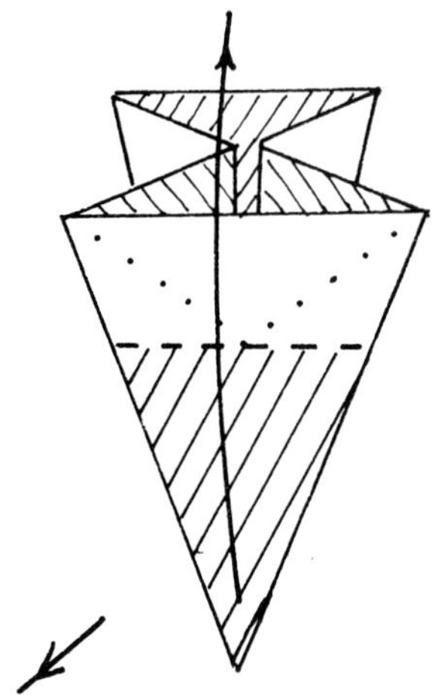

3. In der vorliegenden ver- senkten exzentrischen V- gelform den Unterteil a der Höhe des versenkte Punktes nach oben klappen.

4. Ecken einfalten.

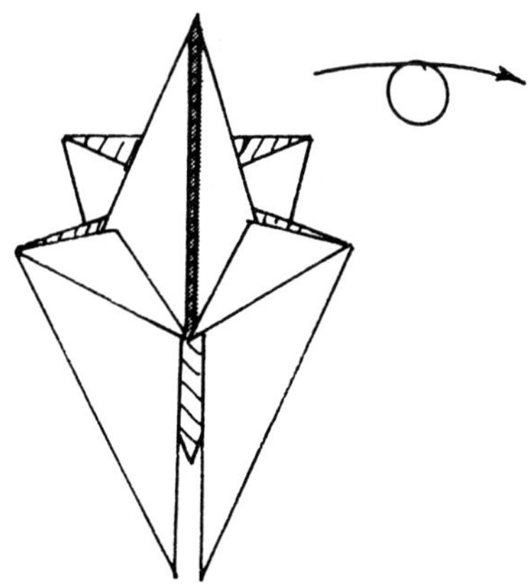

5. Figur umdrehen.

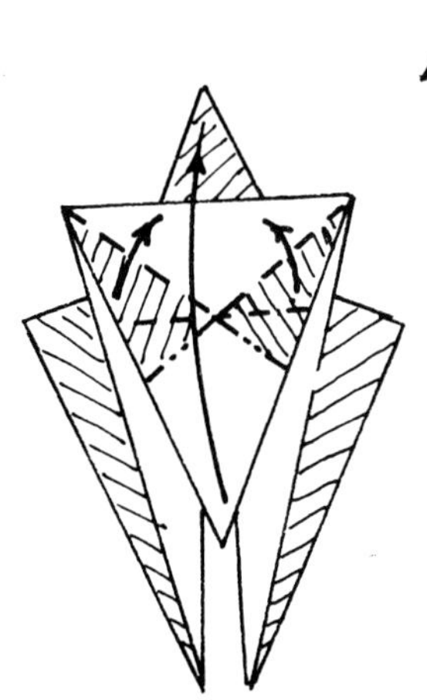

6. Den kleinen Lappen nach oben in Höhe des größeren Dreiecks falten. Danach Ecken einfalten.

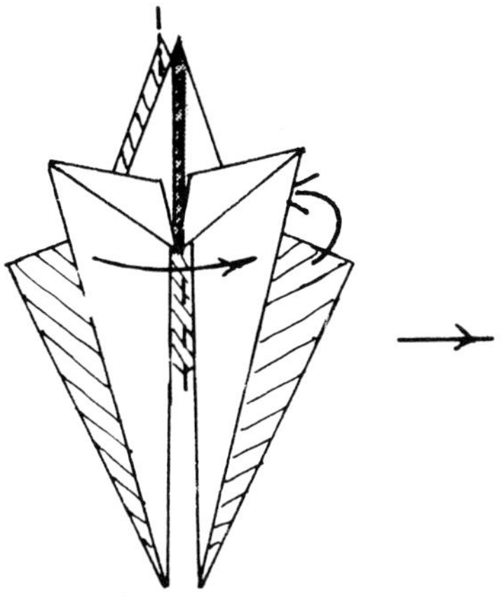

7. Linkes Vorderteil nach rechts und rechtes Hinterteil nach links klappen.

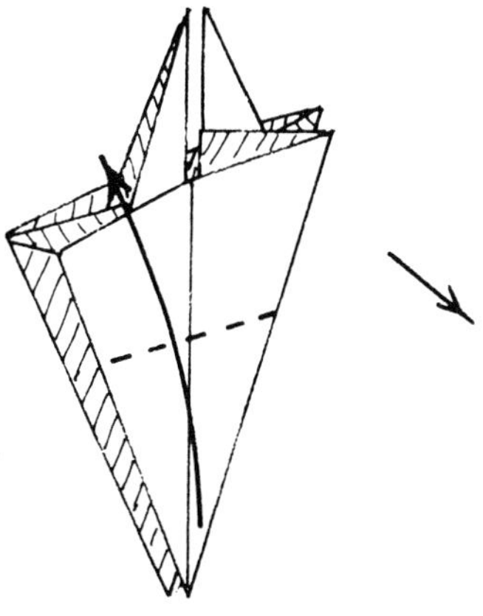

8. Den unteren Lappen nach oben klappen, soweit es geht. Er sollte dabei senkrecht zur oberen Kante zu liegen kommen (also nicht nach der senkrechten Linie richten!).

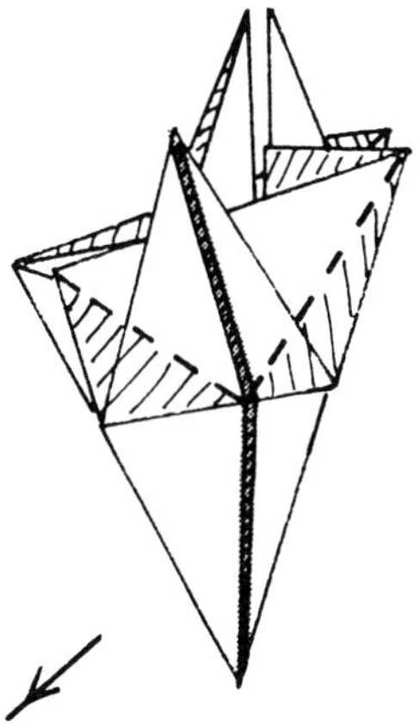

9. Ecken einfalten. Schritt 8 und 9 auf der Rückseite wiederholen.

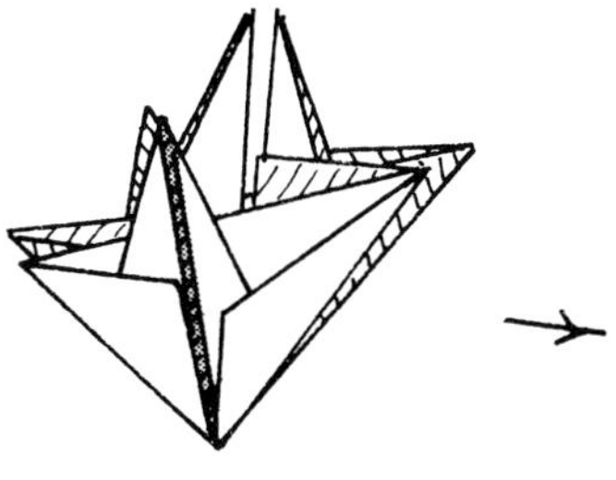

10. Durch Ausflachen der Figur wird das mittlere »Quadrat« sichtbar. Die vier Seiten zu diagonalen Linien nach innen falten. Falten aneinanderdrücken und Figur wieder öffnen.

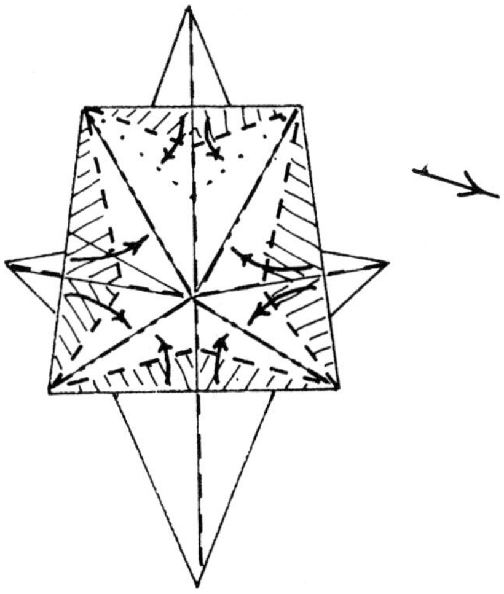

11. Die Seiten des mittleren »Quadrats« zu den nächstgelegenen Diagonalen einfalten. Danach Figur zu einem Stern zusammenpressen, wobei man die vorliegenden Harmonikafalten verwendet.

12. Der fertige schiefe achtzackige Stern.

Die ägyptische Katze

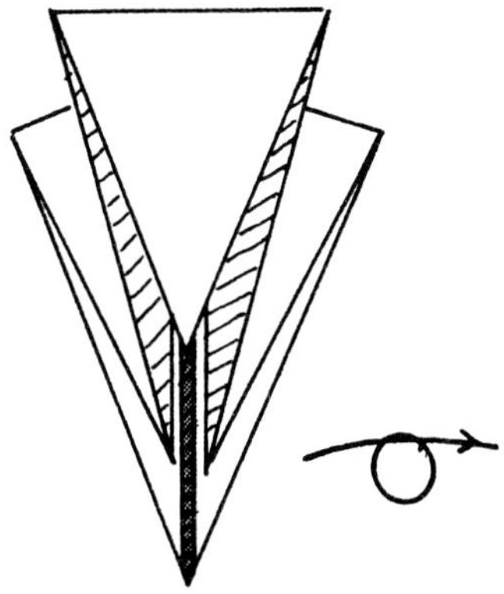

1. Die versenkte exzentrische Vogelform umdrehen.

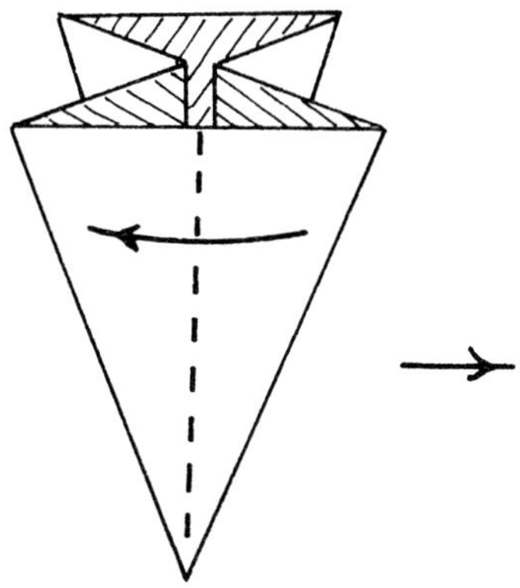

2. Rechte Seite nach links klappen.

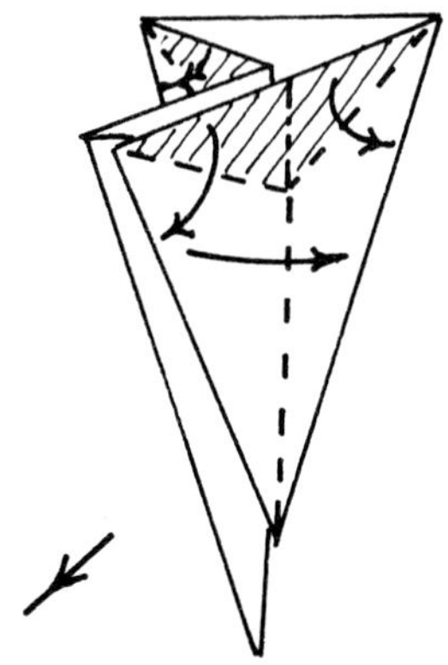

3. Obere Kante nach unten fa ten und dabei das Dreieck wieder zusammenklappen Auf der Rückseite desgleichen.

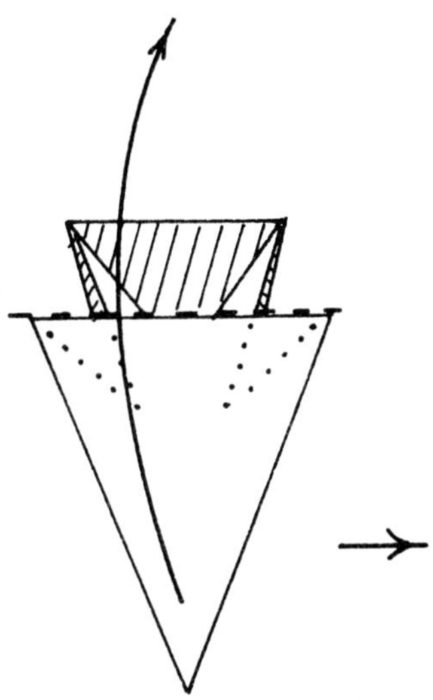

4. Den unteren Lappen nach oben klappen.

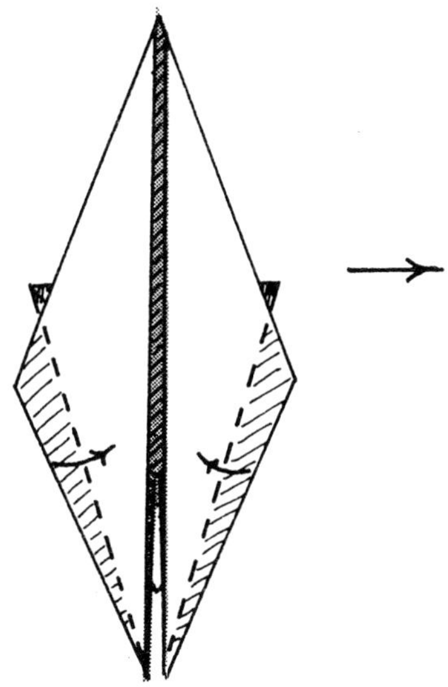

5. Die Seiten der Beine nach innen falten, so daß sie mit dem rückwärtigen Teil gleich abschließen.

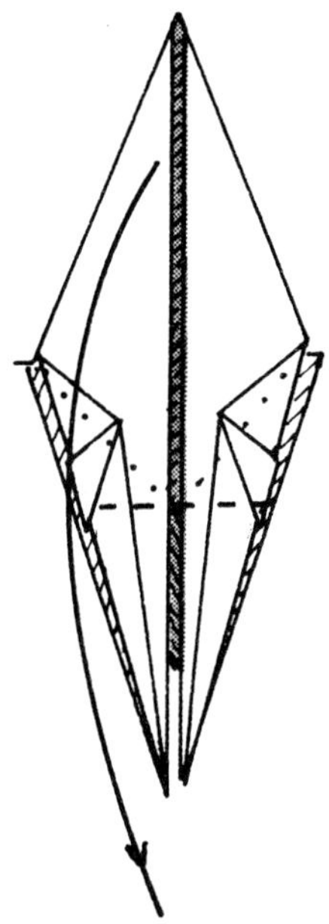

6. Den oberen Lappen soweit wie möglich herunterklappen.

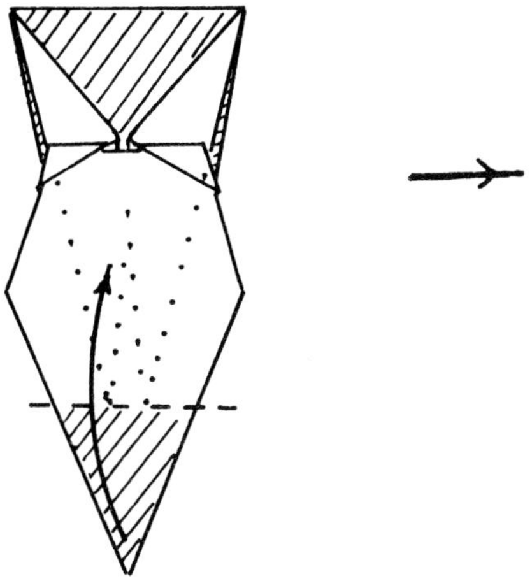

7. Den Schwanz in Höhe der Beinspitzen nach oben klappen.

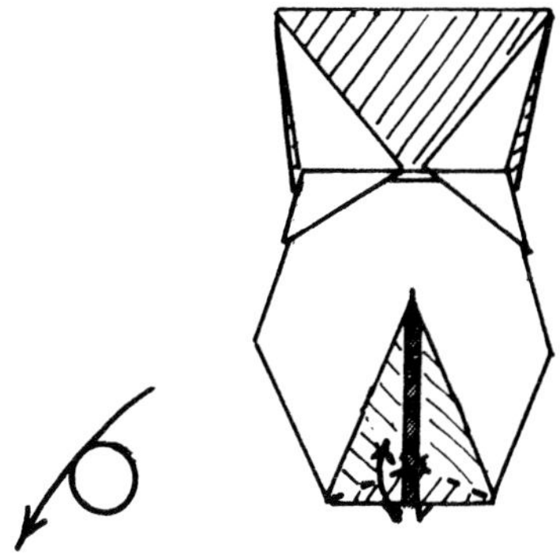

8. Eine kleine Aussparung an der Schwanzbasis nach oben falten. Den Schwanz zusammendrücken und vom Körper teilweise wegziehen. Die Körperseiten im rechten Winkel zueinander falten.

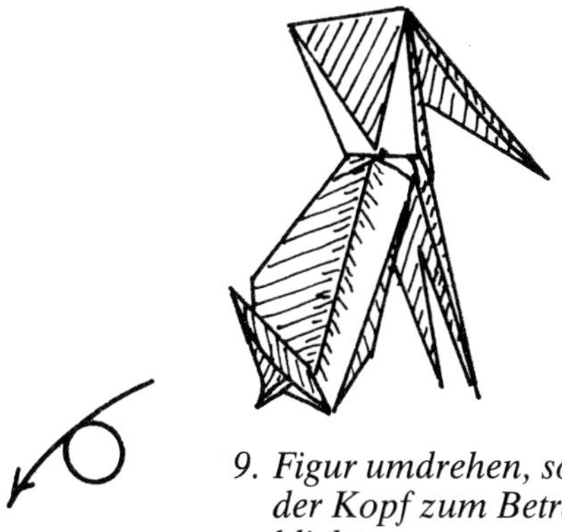

9. Figur umdrehen, so daß der Kopf zum Betrachter blickt.

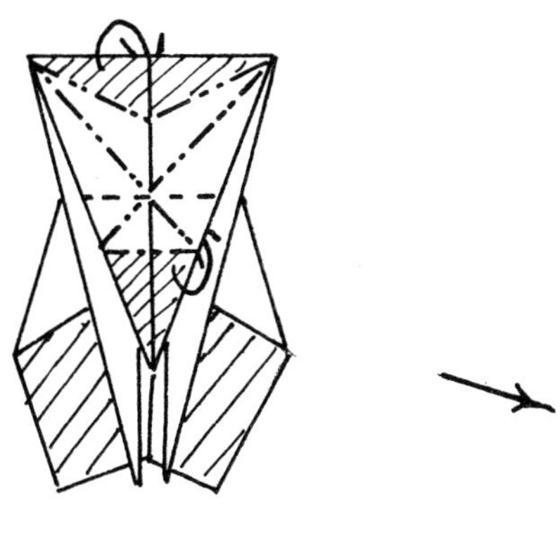

10. Kopf vorfalten, wie im Bild gezeigt. Untere Kopfspitze nach hinten falten. Bergfaltung der Kopfbasis oben zur Formung der Ohren. Durch eine Harmonikafaltung wird das Katzengesicht gebildet.

11. Die ägyptische Katze.

Der Dackel

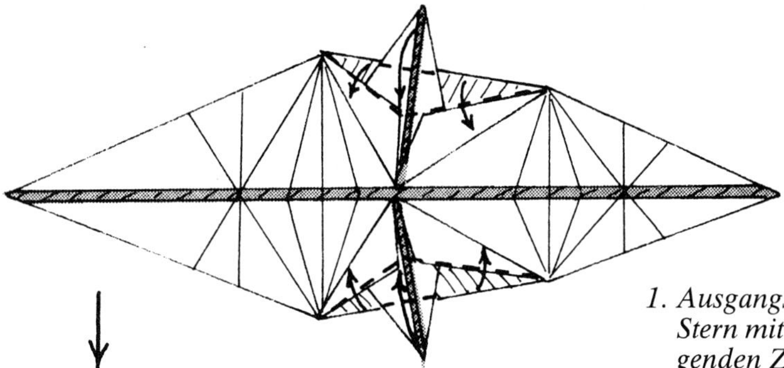

1. Ausgangspunkt ist ein schiefer achtzackiger Stern mit auseinandergezogenen gegenüberliegenden Zacken. Die überstehenden Spitzen nach innen falten. Die Seiten entlang den gefalteten Kanten nach innen falten.

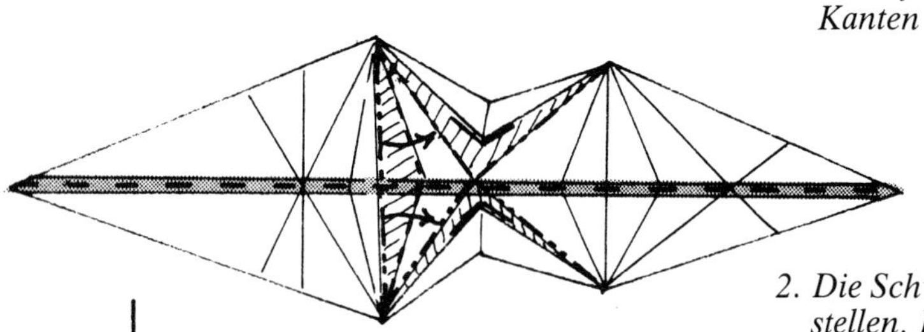

2. Die Schwanzbasis durch Harmonikafaltung herstellen. Die ganze Figur nach hinten zusammenklappen und gleichzeitig die Figur der Länge nach zusammenschieben (durch diagonale Bergfalten).

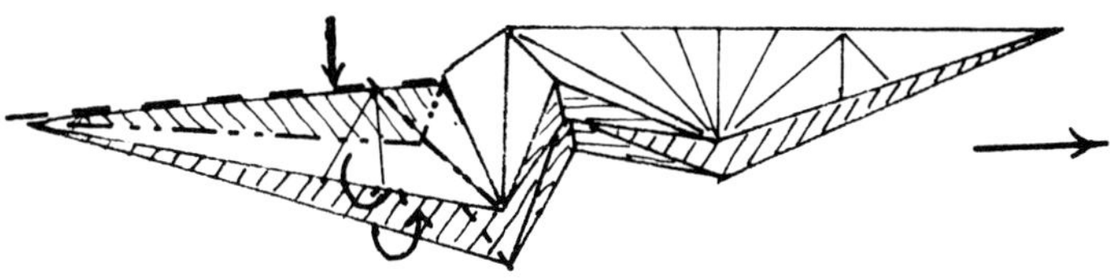

3. Verschmälern des Schwanzes durch Bergfaltung der Länge nach und kurze Talfaltungen an der Wurzel, wo sich zwei kleine Dreiecke formen. Schwanz unter den Körper schieben.

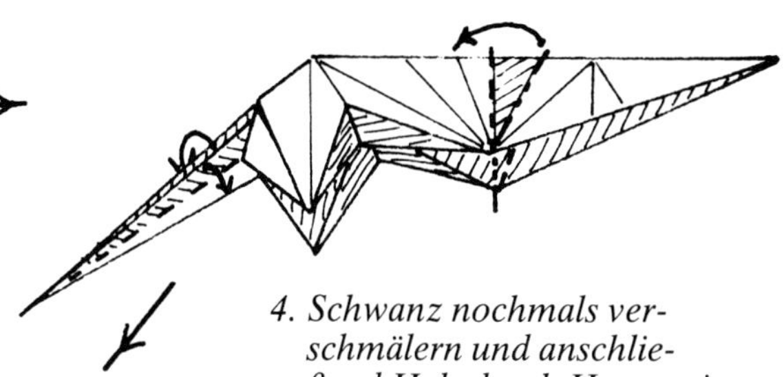

4. Schwanz nochmals verschmälern und anschließend Hals durch Harmonikafaltung herstellen.

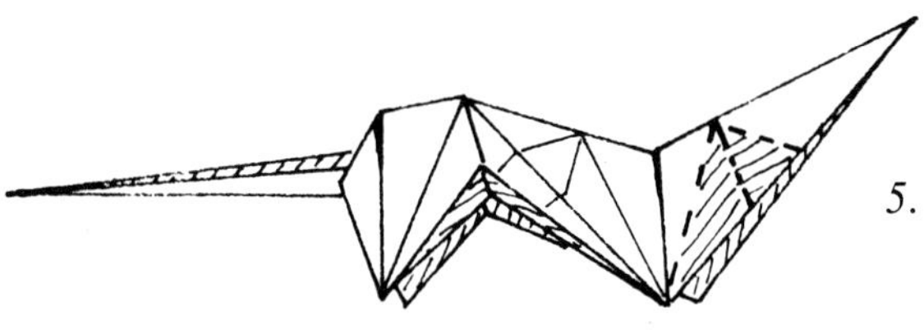

5. Kopf durch Harmonikafaltung (Tal/Berg/Tal) herstellen.

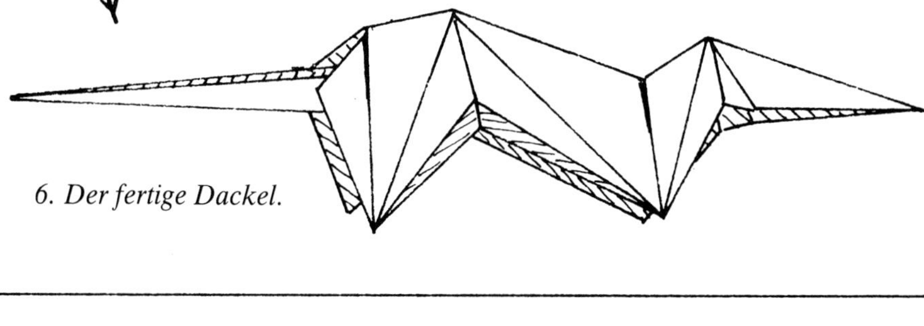

6. Der fertige Dackel.

ÜBER DEN VERFASSER

JAMES MINORU SAKODA wurde in Lancaster, Kalifornien, geboren. Seine Ausbildung erhielt er in Kalifornien und an der Toyo Universität in Japan. 1949 machte er seinen Doktor an der Universität von Kalifornien. Seit der Zeit hat Dr. Sakoda über ein Dutzend Artikel veröffentlicht. Er ist ein bekannter Sozialpsychologe, Statistiker und Programmierer. Er gewann einen Preis im Internationalen Papierfliegerwettbewerb, der von der Zeitschrift *Scientific American* 1967 veranstaltet wurde. Derzeit hat er eine Professur an der Brown University. Dr. Sakoda lebt mit seiner Familie in Barrington, Rhode Island.

Register

Es gibt zwei Register: Ein Register der *Grundformen und -faltungen* und ein Register der *Figuren*. Im Register der Grundformen und -faltungen finden sich auch Verweise auf bestimmte Schritte (in Klammern) beim Herstellen einer Figur (Seitenangabe). Symbole und Übungen finden sich auf den Seiten 21, 25 und 26.

REGISTER DER GRUNDFORMEN UND -FALTUNGEN

REGISTER DER FIGUREN

Literatur

Deutschsprachige Literatur

Irmgard Kneißler: *Das Origami-Buch.* Otto Maier Verlag, Ravensburg 1965

Robert Harbin: *Origami. Die Kunst des Papierfaltens.* Heyne Verlag, München 1971

Jerry Mander, George Dipple, Howard Gossage: *Das große internationale Papierflieger-Buch.* Heinrich Hugendubel Verlag, München, 12. Auflage 1989

Fremdsprachige Literatur

Julia und Martin Brossmann: *A Japanese Paper Folding Classic* (Auszüge aus dem *Kan no mado*). Washington D. C.: Pinecone Press 1961.

Isao Honda: *All about Origami.* Tokyo: Toto Bunka Co 1960. Erhältlich bei: Japan Publications Trading Co, Central P. O. Box 722, Tokyo, Japan.

Kunihiko Kasahara: *Origami o Tanoshimu Hon* (Freuen wir uns an Origami). Kubo Shoten, 2–21 Matsugaoka, Nakanoku, Tokyo, Japan.

Marie Gilbert Martin: *Pasteless Construction with Paper.* New York: Pageant Press 1951.

William D. Murray, Francis J. Rigney: *Paper Folding for Beginners.* New York: Dover Press 1960 (enthält eine Fülle traditioneller Origami-Figuren).

Samuel Randlett: *The Best of Origami.* New York: E. P. Dutton Co. 1961.

Vincente Sagredo Solorzano: *Papiroflexia Zoomorfica.* Valladolid, Spanien 1962.

Kosho Uchiyama: *Origami.* Kokudosha, Takata Toyokawa Cho, Bunkvo-Ku, Tokyo, Japan.

1968 World Topic Yearbook, Seite 78–79. Lake Bluff, Illinois: Tangley Oaks Educational Center 1968.

Im Englischen versierte Leser erhalten Bücher, Abonnements für den *Origamiam* und Origami-Papier vom Origami Center, 71 West 11th Street, New York, N. Y. 10011, U.S.A.

teffen Gnam

apierfalten

iere, Pflanzen, Bauten, Märchen aus Papier.

ine gründliche Einführung in die Kunst des apierfaltens bis hin zu komplizierten Modellen.

64 Seiten mit vielen Abbildungen und Faltnleitungen.

aperback

eter Engel

rigami

on Alligator bis Zen.

ie hohe Schule des Origami: Philosophische intergründe und 24 anspruchsvolle Modelle.

24 Seiten, mit zahlreichen Abbildungen und otos

appband

ack Botermans

lieger aus Papier

tart frei für 48 Modellflieger aus Papier.

20 Seiten mit 300 Zeichnungen und 48 Fotos

aperback

Richard Kline

Überflieger aus Papier

Der Papierflieger mit optimalen Flugeigenschaften – 7 Varianten aus einem Grundmodell

112 Seiten mit vielen Abbildungen

Paperback

J. Mander/G. Dipple/G. Gossage

Papierflieger

Modelle zum Selberfalten.

20 der schönsten Modelle der bekannten »Papierschwalben«.

124 Seiten mit Plänen und zahlreichen Abbildungen

Paperback

Papierflugzeuge

The Official Book of the Second Great International Paper Airplane Contest.

Stars und Sieger des internationalen Wettbewerbs mit Konstruktionsplänen zum Nachbau.

132 Seiten mit vielen Abbildungen

Paperback

Heinrich Hugendubel Verlag